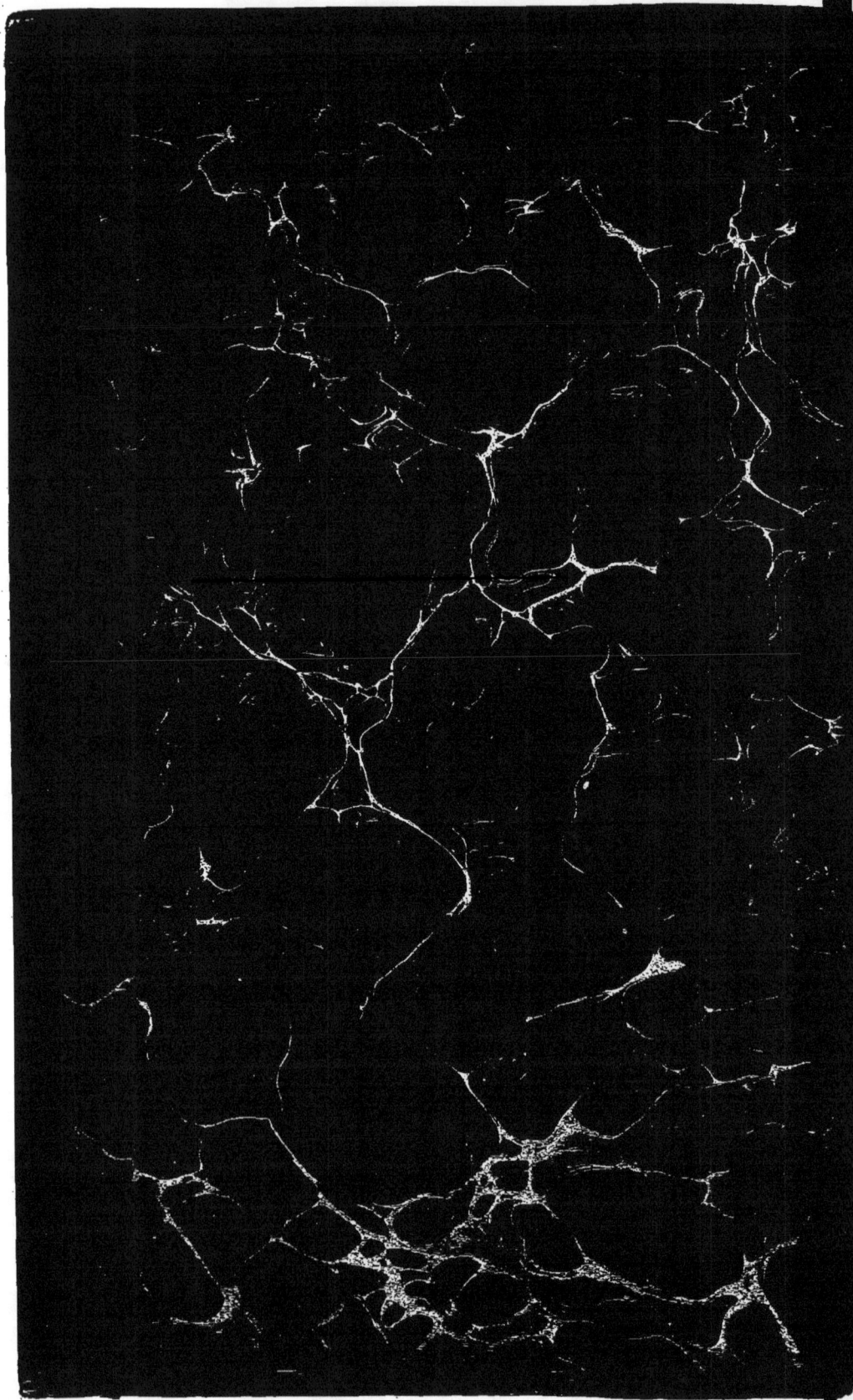

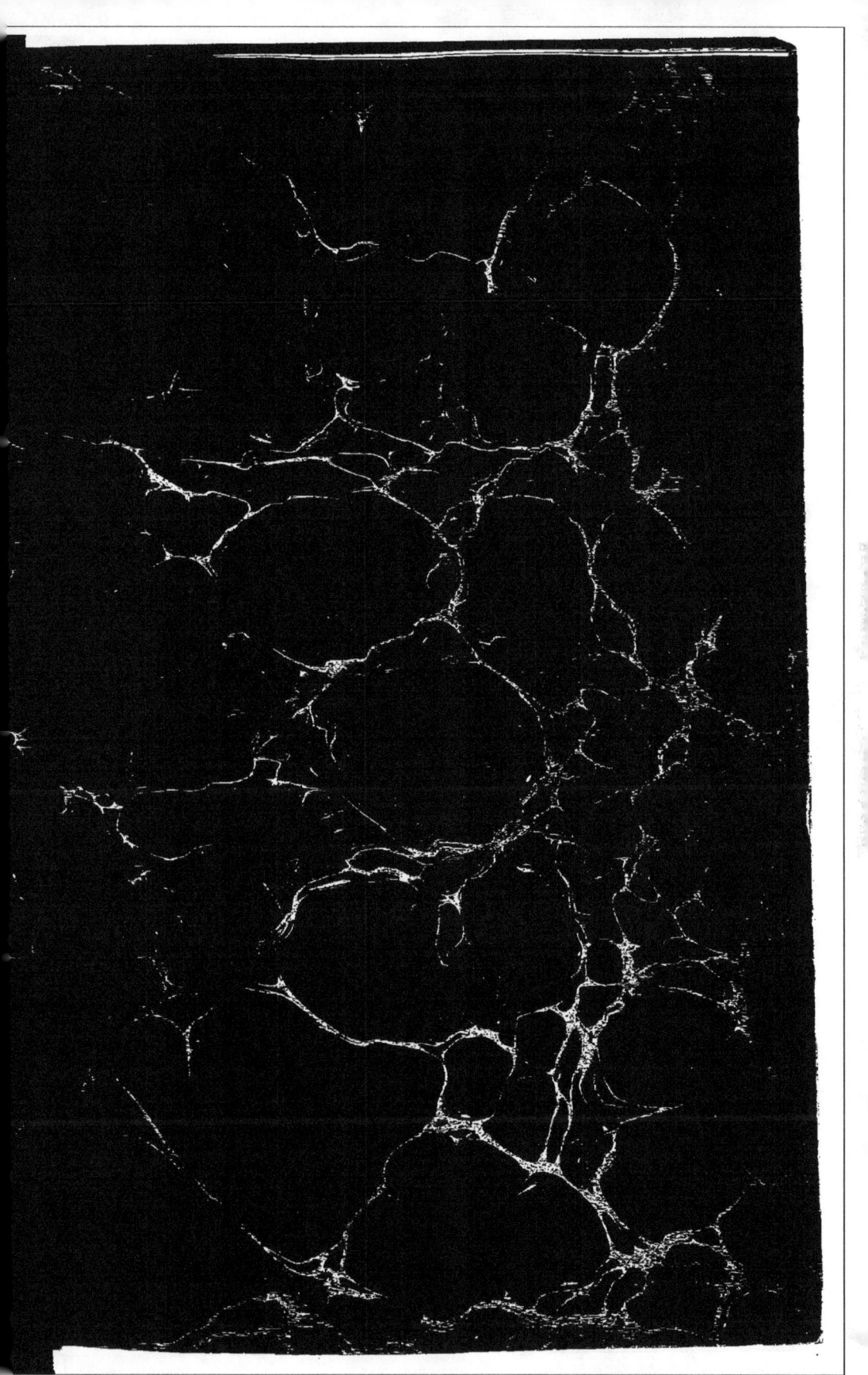

TRAITÉ

DU

CONTRAT DE TRANSPORT

PAR TERRE EN GÉNÉRAL

ET SPÉCIALEMENT PAR CHEMINS DE FER.

C.

TRAITÉ

DU

CONTRAT DE TRANSPORT

PAR TERRE EN GÉNÉRAL

ET SPÉCIALEMENT

PAR CHEMINS DE FER,

PAR D. CH. DUVERDY,

Avocat à la Cour impériale de Paris, Docteur en droit.

PARIS

IMPRIMERIE ET LIBRAIRIE CENTRALES DES CHEMINS DE FER

DE NAPOLÉON CHAIX ET Cⁱᵉ,

Rue Bergère, 20, près du boulevard Montmartre.

1861

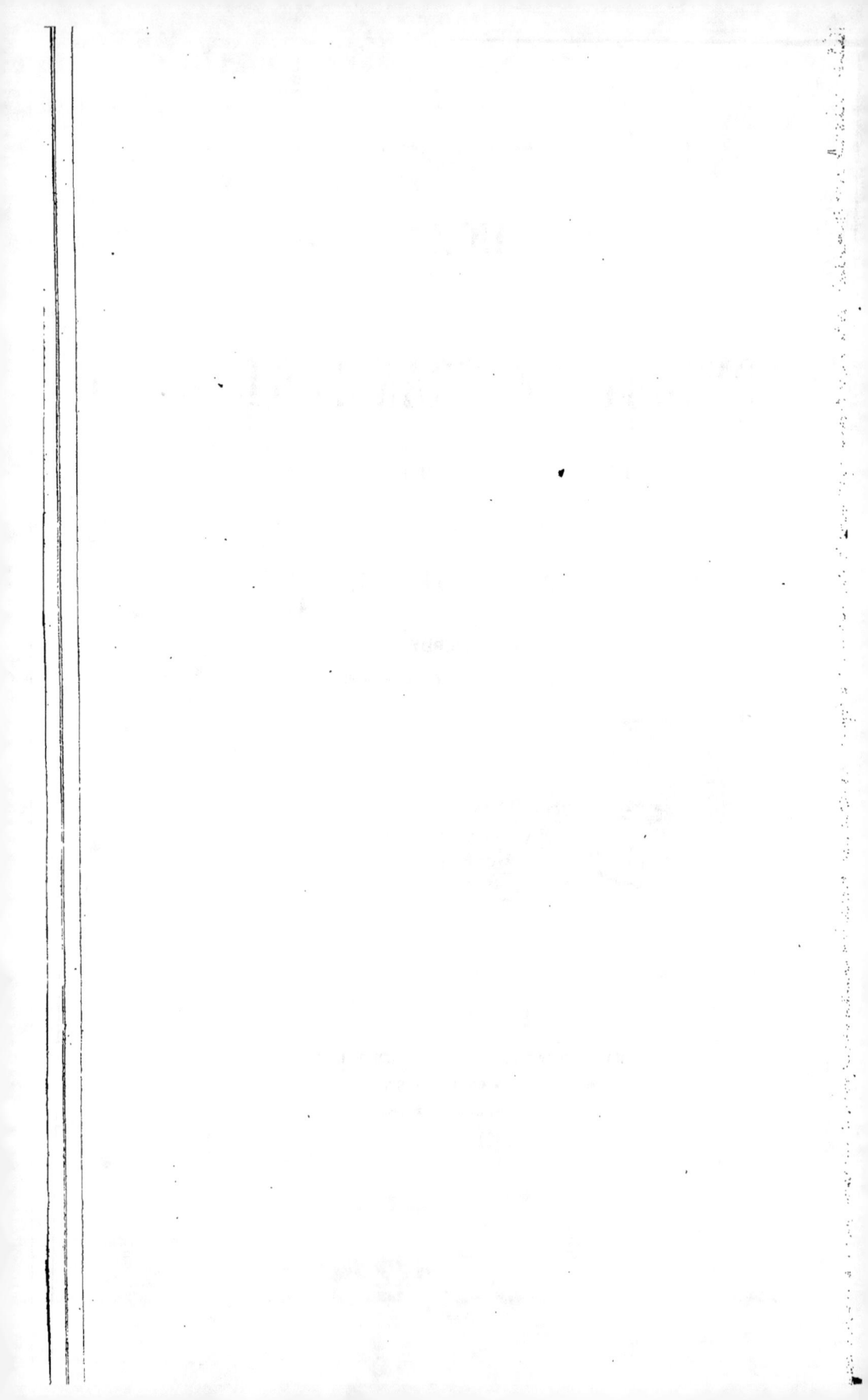

INTRODUCTION.

Le commerce est un échange perpétuel de produits divers d'individu à individu ou de peuple à peuple. Pour que cet échange puisse s'opérer, il faut que les marchandises, toutes les fois qu'elles ne sont pas consommées là où elles sont produites, soient transportées du lieu de production à celui de consommation. Le transport des marchandises est donc l'âme même du commerce.

Que deviendraient en effet le commerce et l'industrie si les denrées de l'Inde et de l'Amérique n'étaient pas transportées en Europe, et si tous les produits des manufactures européennes n'étaient pas transportés dans les contrées les plus lointaines de l'Amérique, de l'Asie et de l'Afrique?

L'industrie des transports est donc une des plus importantes qui existent. Dans l'enfance de la société, les transports se faisaient au moyen des bêtes de somme; c'est par les caravanes que les premiers échanges ont eu lieu entre l'Orient et l'Occident. Les bateaux sur les rivières, les navires sur la mer ont ensuite, par la facilité de transports qu'ils offraient, imprimé une activité nouvelle au commerce. Des progrès rapides se sont faits de jour en jour ; on a tracé des routes, on a pourvu à leur sûreté et à leur bon entretien ; on a perfectionné la science des constructions navales et de la navigation. Enfin la civilisation marchant toujours, il nous a été donné de voir des moteurs nouveaux, d'une rapidité sans exemple, substitués aux bêtes de somme, aux chevaux de trait et à l'action des vents. Des navires à vapeur ont traversé les mers, des chemins de fer ont sillonné les continents.

Les transports, si difficiles autrefois, se font aujourd'hui avec une célérité, avec une facilité prodigieuses ; les denrées des climats les plus chauds pénètrent dans les contrées les plus froides, et réciproquement. Aussi le commerce intérieur et international prend-il des développements inouïs; de nouvelles relations commerciales s'établissent sans cesse entre les points du globe les plus éloignés.

Ces relations, et c'est là le sort commun et fatal des transactions humaines, font souvent naître des procès entre les commerçants et les intermédiaires qui se chargent d'opérer les transports; aussi le législateur a-t-il dû s'occuper de régler ces rapports réciproques; de là plusieurs dispositions du droit civil et du droit commercial. Mais ces dispositions de la loi positive sont bien incomplètes aujourd'hui. Édictées il y a un demi-siècle, avant l'application de la vapeur à la locomotion, avant les trans-

formations que cette découverte a fait subir à
l'industrie des transports, elles ont besoin d'être
revisées et refondues en entier. La doctrine et
la jurisprudence sont constamment obligées, en
ce qui concerne surtout les transports par terre,
de suppléer au silence ou à l'insuffisance de
la loi.

C'est la partie de notre législation relative
aux transports terrestres que nous nous sommes proposé d'étudier.

Les textes qui régissent la matière des transports sont épars dans le Code Napoléon, le
Code du commerce et dans plusieurs lois spéciales. C'est que le législateur n'a pas considéré
le contrat de transport en lui-même comme un
contrat spécial, ayant ses règles propres, ayant
un caractère particulier. Nos codes ont vu dans
la convention qui a pour but le transport des
marchandises, une variété du louage de services, du mandat et de la commission. Le contrat de transport emprunte bien, si l'on veut,
quelque chose à ces trois contrats; mais de la

combinaison de ce qu'il emprunte à chacun d'eux résulte un ensemble qui constitue un contrat auquel il faut reconnaître une existence propre, auquel il faut donner un nom propre.

La fréquence, l'importance surtout du contrat de transport, doivent empêcher de le confondre avec le louage et la commission.

Nous nous sommes donc efforcé de définir le contrat de transport, d'indiquer les choses qui sont de son essence, et de déterminer les obligations qui dérivent de ce contrat pour les personnes qui y sont intéressées.

Nous avons dû, quant à présent, borner nos études et nos recherches aux transports qui s'opèrent sur terre, par les routes ordinaires, par les fleuves ou par les chemins de fer. Pour les transports qui s'opèrent par ces trois voies, les règles sont les mêmes. Le voiturier, le batelier, la compagnie de chemin de fer, ont, vis-à-vis des expéditeurs et des destinataires, les mêmes obligations générales; ils ont aussi

les mêmes droits. Juridiquement, et sauf quelques règles spéciales qui dérivent du mode
d'exploitation et du monopole des compagnies
de chemins de fer, la situation de tous les
agents des transports terrestres est donc la
même.

Il en est tout autrement des transports maritimes. Les conditions des voyages sur mer sont
toutes différentes de ceux qui ont lieu sur
terre. Les transports maritimes devaient donc
donner naissance à des principes, à des règles,
à des lois toutes différentes aussi de celles qui
régissent les transports terrestres. L'examen et
le commentaire des lois maritimes n'entraient
donc pas dans le cadre de cet ouvrage, où l'on
a cherché à étudier la matière des transports
terrestres, sur laquelle les documents législatifs
et juridiques sont moins nombreux que sur le
commerce maritime.

Depuis longtemps, en effet, l'industrie des
transports maritimes a des lois codifiées, com-
plètes et détaillées. L'industrie des transports

terrestres est encore à désirer qu'il lui en soit
donné de semblables.

Sans vouloir parler ici de la loi Rhodienne,
on sait que le Consulat de la mer, les Rôles
d'Oléron, les usages de la Hanse teutonique,
réglementent le commerce maritime depuis le
Moyen-Age.

C'est qu'à toutes les époques, la mer a été
ouverte au commerce ; il suffit de lui confier
des navires, et ses flots, avec l'aide des vents,
les portent sur tous les points du globe. Sur
terre, il ne suffit pas pour transporter des marchandises d'un lieu à un autre, de les charger
sur une voiture et de pousser les chevaux en
avant. Il faut des routes construites à grands
frais ; il faut des ponts pour franchir les rivières; il faut des travaux de terrassement
pour adoucir les pentes des montagnes et des
collines. Ce n'est pas tout encore, il faut que
les routes soient bien entretenues et aussi
qu'elles soient sûres.

Tous ces grands travaux ne peuvent se faire

que peu à peu. Les voies romaines, tout admi-
rables qu'elles étaient, étaient peu nombreuses. Au Moyen-Age, il n'y avait que des chemins le plus souvent défoncés, qui n'offraient
aucune sûreté. Ce n'est que dans les deux derniers siècles que l'on a commencé à avoir de
véritables routes. On comprend qu'avec une
viabilité aussi imparfaite que celle qui existait
sur terre, les transports terrestres soient restés
dans un état d'infériorité incontestable vis-à-
vis des transports maritimes. Moins fréquents,
moins importants que ces derniers, ils n'a-
vaient pas donné lieu à la formation d'usages
généraux qui pussent être rédigés et publiés
comme les usages maritimes.

Dans le siècle actuel, depuis la création de
ce réseau de voies publiques qui, sous le nom
de routes impériales, de routes départementales, de chemins de grande communication,
traversent l'Empire dans tous les sens, l'industrie des transports terrestres a pris des développements considérables. Sur toutes les routes
il y avait naguère des services réguliers de

messageries et de roulage accéléré. Aussi la doctrine et la jurisprudence ont-elles eu beaucoup à faire pour résoudre une foule de questions sur lesquelles les codes ne s'étaient pas suffisamment expliqués.

Récemment encore l'établissement des chemins de fer, en multipliant les transports terrestres, a donné naissance à un grand nombre de questions neuves et du plus haut intérêt tant pour le public que pour les compagnies elles-mêmes. A l'origine, les règles posées par l'administration n'étaient ni bien fixes ni bien certaines. Cela se conçoit, lorsqu'il s'agit de la réglementation d'une industrie sans précédents.

Peu à peu l'expérience est venue; et chaque nouveau cahier des charges donné aux nouvelles compagnies qui se formaient, contenait la preuve des progrès incessants que l'administration et les compagnies faisaient dans l'exploitation des chemins de fer.

Les cahiers des charges ainsi modifiés à

chaque concession nouvelle étaient donc loin
d'être uniformes. Cette diversité était regrettable, car les cahiers des charges ont force de
loi; et il ne convenait pas qu'en France, où le
principe de l'égalité devant la loi domine toute
la législation, chaque compagnie eût une loi
différente. Cela était fâcheux encore sous le
rapport de l'application des cahiers des charges,
car il fallait que les citoyens et les tribunaux
connussent tous ces cahiers divers suivant
les compagnies dont il s'agissait, soit dans
les transactions commerciales, soit dans les
procès.

Après quinze années d'études, l'administration est arrivée à publier une formule de cahier
des charges applicable à toutes les compagnies.
En 1857 et en 1859, profitant de l'occasion que
lui offraient soit des projets de fusion, soit des
concessions nouvelles, pour lesquels les compagnies avaient besoin de recourir au gouvernement, elle a donné ce nouveau cahier des
charges à toutes les compagnies actuellement
existantes. De cette façon il n'y a plus qu'une

seule et même loi pour régler l'exploitation de tous les chemins de fer.

Ce cahier des charges et les autres documents législatifs sur les chemins de fer ont été dans ce livre l'objet de plusieurs chapitres spéciaux, où l'on s'est efforcé d'examiner toutes les questions relatives aux transports qui ont été soulevées par l'établissement des chemins de fer.

Le but de l'auteur a été de réunir et d'exposer sous une forme pratique les principes et les règles de droit qui s'appliquent aux transports terrestres. Son but sera atteint si le public veut bien reconnaître que ce travail peut présenter quelque utilité.

TRAITÉ

DU

CONTRAT DE TRANSPORT

PAR TERRE

ET SPÉCIALEMENT PAR CHEMINS DE FER.

———◆●○●◆———

CHAPITRE Iᴱᴿ.

DU CONTRAT DE TRANSPORT EN GÉNÉRAL.

———

Comment il se forme et se contracte.— Lettres de voiture.

SOMMAIRE. — 1. Le contrat de transport est un contrat *sui generis*. — 2. Définition du contrat de transport. — 3. Des personnes entre lesquelles se forme le contrat de transport et qui peuvent réclamer son exécution. — 4. Souvent on donne le nom de commissionnaires de transports à de véritables entrepreneurs de transports.— 5. Conditions essentielles du contrat de transport. — 6. Il se forme par le simple consentement. — 7. Comment il se prouve contre l'expéditeur en l'absence d'acte écrit. — 8. Comment il se prouve contre le voiturier, dans le même cas. — 9. De la constatation du contrat par la lettre de voiture. — 10. Disposition sur ce point des cahiers des charges en ce qui concerne les compagnies de chemins de fer. — 11. La lettre de voiture doit-elle être faite en double original? — 12. Des énonciations que doit contenir la lettre de voiture. — 13. Sont-elles prescrites à peine de nullité? — 14. Peut-on prouver contre le contenu de la lettre de voiture? — 15. La lettre de voiture peut-elle être transmise par voie d'endossement? — 16. Opinion qui admet la validité de la transmission par endossement. — 17. Opinion contraire. — 18. Ce qu'il faut décider. — 19. Conséquences de la transmissibilité de la lettre de voiture par endossement. — 20. Bulletins de chargements, assimilés à la lettre de voiture, en ce qui concerne le privilége du commissionnaire pour ses avances. — 21. De l'endossement irrégulier de la lettre de voiture; de l'absence de cause. — 22. Suite. — 23. Conclusion.

2

1. — Le contrat par lequel une personne charge une autre personne d'effectuer le transport d'un lieu à un autre lieu de certains objets, paquets, colis ou marchandises, n'a pas dans la langue du droit un nom propre, distinct, spécial. La loi s'en occupe à propos de la matière générale du louage d'ouvrage et d'industrie. Il est possible que ce soit rigoureusement une variété de louage ; pour nous, nous aimerions mieux y voir un contrat *sui generis* innomé. Ce serait plus exact. En effet, le Code Napoléon, tout en appelant le contrat qui nous occupe un louage de services, est obligé, pour fixer les rapports de l'expéditeur avec le voiturier, de renvoyer à un autre titre, celui du *Dépôt* et du *Séquestre*. C'est donc un contrat qui participe des règles de deux autres contrats, du louage de services et du dépôt. Il nous semble que ce contrat spécial, qui a un objet tout particulier, pourrait recevoir le nom de *contrat de transport*.

Les auteurs du projet de Code civil avaient reconnu que le contrat de transport n'était pas un louage de services pur et simple. Ils avaient rédigé un article où il était dit que « le marché fait avec les voituriers par terre et par eau est un contrat mixte, qui participe de la nature du contrat de louage et de celui de dépôt. » Cet article fut retranché sur la demande de la section de législation du Tribunat, comme contenant une définition purement doctrinale.

La section de législation du conseil d'État avait

hésité à placer les articles relatifs aux voituriers dans le titre du *Louage*. Elle s'était demandé s'il ne conviendrait pas mieux de les placer au titre du *Dépôt*. Mais le conseil, dans la séance du 28 nivôse an XII, décida que ces articles figureraient au titre du *Louage* [1].

Ce n'était ni dans l'un ni dans l'autre de ces titres qu'ils auraient dû être placés ; il aurait fallu leur consacrer un titre spécial, car ils règlent un contrat d'une nature toute spéciale, qui n'est ni le contrat de louage, ni le contrat de dépôt, mais le contrat de transport.

2. — Le contrat de transport est une convention par laquelle une personne s'engage à transporter ou à faire transporter, pour le compte d'une autre, les objets qu'on lui confie, et par laquelle celui qui lui confie ces objets s'oblige à payer un prix pour le transport.

3. — Lorsque la personne qui se charge du transport doit l'effectuer par elle-même ou par ses préposés, on la nomme *voiturier* ou *entrepreneur de transports*. Lorsqu'au contraire elle ne s'est engagée qu'à faire opérer le transport et qu'elle en charge un ou plusieurs voituriers, on la nomme *commissionnaire de transports*.

Celui qui remet les objets à transporter au voi-

---

[1] Locré, *Législation civile*, etc., t. XIV, p. 369.

turier ou au commissionnaire s'appelle *expéditeur*.

C'est entre le voiturier ou le commissionnaire et l'expéditeur que le contrat se forme.

Lorsque les objets à transporter ne doivent pas, à leur arrivée au lieu de destination, être remis à l'expéditeur lui-même ou à ses préposés, une troisième personne peut se trouver intéressée dans le contrat de transport : c'est celle à qui les objets doivent être remis; on l'appelle *destinataire*.

Dans ce dernier cas, le contrat se forme toujours, comme il vient d'être dit, entre l'expéditeur et le voiturier; mais alors l'expéditeur, au lieu de stipuler seulement dans son intérêt, stipule aussi pour le destinataire : le voiturier, dans l'un et l'autre cas, ne stipulant toujours que pour soi-même. Quand l'expéditeur n'est plus propriétaire des objets qu'il remet au voiturier, quand il les a vendus à un négociant d'une autre ville, avec lequel il est convenu qu'ils voyageraient aux risques et périls de l'acheteur, il stipule pour le destinataire en traitant avec le voiturier. Le destinataire peut en effet réclamer directement l'exécution du contrat au voiturier, et il peut le poursuivre directement aussi en cas d'inexécution.

Que le voiturier soit un entrepreneur de roulage ou de messagerie, un maître de bateaux naviguant sur les fleuves et rivières, une compagnie de chemin de fer, cela ne change rien, on le comprend, à la nature du contrat de transport.

4. — Nous venons de dire qu'on appelait commissionnaire de transports la personne qui se charge de faire opérer un transport. En droit commercial, un commissionnaire est un mandataire d'une nature spéciale, qui contracte en son propre nom, quoique dans l'intérêt d'un commettant. Lorsqu'une personne se charge de faire transporter certains objets d'une place sur une autre, le nom de commissionnaire de transports peut lui être donné avec quelque raison. Mais dans la langue du commerce — et c'est là un usage vicieux qu'on ne pourra jamais réformer — on appelle commissionnaire de transports des personnes qui sont à proprement parler des entrepreneurs de transports, parce qu'elles font opérer les transports par des gens à leurs gages, ou bien parce que, tout en stipulant pour un commettant, elles se font payer pour le transport par le commettant plus qu'elles ne paient elles-mêmes au voiturier qu'elles mettent en œuvre. Le véritable commissionnaire ne doit jamais, en effet, faire figurer dans les comptes de son commettant des prix autres que ceux auxquels il vend ou achète; il doit se borner à percevoir ce que l'on appelle le droit de commission. S'il compte à son commettant un prix supérieur à celui d'achat ou inférieur à celui de vente, il sort de son rôle de commissionnaire et devient négociant pour son propre compte. Aussi ne devrait-on rigoureusement donner le nom de commissionnaires de transports qu'aux personnes qui ne font pas effectuer les transports par leurs gens, et qui ne font pas payer à l'expéditeur un prix supérieur à celui qui est stipulé par le voiturier. Quoi qu'il en soit, l'usage prévaudra toujours contre ces raisons. Ce qu'il faut seulement retenir des réflexions qui précèdent, c'est que le plus souvent ceux qui s'intitulent ou qu'on appelle commissionnaires de transports sont de véritables entrepreneurs de transports.

5. — Quatre conditions essentielles doivent se trouver réunies pour que le 'contrat de transport puisse exister ;

1° Qu'il y ait un objet à transporter ;

2° Qu'il y ait un expéditeur ;

3° Qu'il y ait un voiturier ;

4° Qu'il y ait un prix pour le transport.

Quant à l'existence d'un destinataire distinct de l'expéditeur, elle n'est pas de l'essence du contrat, l'expéditeur pouvant s'adresser à lui-même dans un autre lieu les objets à transporter. Il n'est pas non plus de l'essence du contrat de transport qu'il y ait un commissionnaire, l'expéditeur pouvant contracter directement avec le voiturier sans l'entremise de personne.

6. — Comme toutes les conventions en droit français, le contrat de transport se forme par le simple consentement des parties. Pour que le contrat existe il n'est donc pas nécessaire qu'il y ait un acte écrit passé entre le voiturier et l'expéditeur.

7. — Mais comment en prouvera-t-on l'existence et les conditions, s'il n'y a pas d'acte passé entre les parties, lorsqu'il s'agira d'une valeur de plus de 150 francs ?

Le contrat peut être invoqué soit par le voiturier, soit contre lui.

Si c'est le voiturier qui invoque le contrat pour se faire payer le prix de sa voiture, il prouvera le contrat, en l'absence d'acte, par le fait matériel du transport et par la détention des objets voiturés ; quant au prix stipulé, il le prouvera, si l'expéditeur est commerçant, par tous les moyens énoncés en l'article 109 du Code de commerce ; si l'expéditeur n'est pas commerçant et qu'il y ait procès, le juge devra fixer le prix d'après l'usage du commerce pour les transports faits dans des conditions semblables.

8. — Quand c'est contre le voiturier que le contrat de transport est invoqué, il faut distinguer si le voiturier est commerçant ou s'il ne l'est pas. Les voituriers qui ont sur certaines lignes des services fixes et périodiques, dont les départs sont annoncés à l'avance au public, sont commerçants ; c'est incontestablement des entrepreneurs de transports, et la loi déclare les entreprises de transports actes de commerce (article 632 du Code de commerce). Les compagnies de chemins de fer sont aussi considérées comme des entreprises commerciales. Les voituriers qui, sans avoir des services fixes et périodiques, se chargent cependant d'effectuer des transports pour quelque lieu que ce soit, et qui ont à cet effet un matériel spécial de chevaux, voitures, etc., sont encore commerçants, car ils sont aussi entrepreneurs de transports. Mais les personnes qui ne font pas habituellement des transports et qui en opèrent un ou deux par accident, ne sont pas commerçantes.

Dans le premier cas, lorsque le voiturier est commerçant, l'expéditeur peut prouver contre lui par tous les moyens énoncés en l'article 109 du Code de commerce.

Dans le second cas, lorsque le voiturier n'est pas commerçant, l'expéditeur peut prouver contre lui par la preuve testimoniale, même s'il s'agit de plus de 150 francs ; et ce, aux termes des articles 1782, 1950 et 1348 du Code Napoléon. En effet, pour les obligations à remplir, l'article 1782 assimile les voituriers aux aubergistes. Il considère les uns et les autres comme des dépositaires nécessaires. On s'est demandé si l'assimilation devait avoir lieu aussi pour la preuve à faire. Oui, évidemment, et nous ne concevons pas que le doute soit possible, en présence de la discussion qui a eu lieu au conseil d'État le 14 nivôse an XII [1]. Il est constant, pour nous, que le législateur s'est, à propos de l'article 1782, occupé de la preuve à faire contre le voiturier, et qu'il a entendu l'assimiler complétement à cet égard à l'aubergiste et au dépositaire nécessaire [2].

9. — Tout ce qui précède se rapporte au cas où il n'y aurait pas d'acte écrit ; mais ordinairement,

---

[1] Locré, *Législation civile*, etc., t. XIV, p. 357, au procès-verbal de la séance du 14 nivôse an XII.

[2] Voir Pardessus, *Droit commercial*, nº 540 ; Clamageran, *du Louage d'industrie, du Mandat et de la Commission*, nº 235 ; *Conf.* Troplong, *Louage*, nº 908.

dans l'usage du commerce, on constate le contrat de transport par un acte nommé *lettre de voiture*.

L'article 101 du Code de commerce dit que « la lettre de voiture forme un contrat entre l'expéditeur et le voiturier, ou entre l'expéditeur, le commissionnaire et le voiturier. » D'après ce qui précède, on comprend que le mot *forme* de cet article n'est pas juridiquement exact. En effet, le contrat existe avant la rédaction de la lettre de voiture, il est formé dès qu'il y a accord entre les parties. La lettre de voiture est seulement destinée à constater ce qui a été convenu et arrêté par les contractants. Il faudrait donc, pour que le texte de l'article 101 ne parût pas attribuer à la lettre de voiture un autre effet que celui qu'elle doit avoir, que le mot *forme* fût remplacé par le mot *constate*. On verra, en effet, que dans beaucoup de circonstances où il n'y a ni lettre de voiture ni acte équivalent, le contrat de transport n'en existe pas moins et n'en produit pas moins tous ses effets entre l'expéditeur et le voiturier.

Le contrat de transport n'a donc pas besoin d'être constaté par une lettre de voiture. L'expéditeur et le voiturier, s'ils sont d'accord, peuvent n'en pas rédiger. Mais, du moment où l'une des parties veut que l'expédition soit constatée par une lettre de voiture, l'autre doit accéder à sa volonté. Ordinairement c'est l'expéditeur qui réclame la rédaction de cet acte : c'est lui qui, en effet, a le plus d'intérêt à pouvoir s'en prévaloir, puisque le voiturier a pour lui le fait matériel du transport et la détention de la chose voiturée.

10. — Originairement, les compagnies de chemins de fer refusaient de constater les expéditions de marchandises par des lettres de voiture ; elles se bornaient à délivrer des récépissés ou extraits de leurs livres, contenant la plupart des énonciations de l'article 102 du Code de commerce, et elles faisaient accompagner les marchandises de feuilles d'expédition qui étaient remises aux conducteurs des trains et qui contenaient les mêmes indications que les récépissés.

Actuellement l'article 49 du nouveau cahier des charges, imposé à la plupart des compagnies en 1857 et 1859, a changé cet état de choses ; il dit :

« Toute expédition de marchandises sera constatée, si l'expéditeur le demande, par une lettre de voiture dont un exemplaire restera aux mains de la compagnie et l'autre aux mains de l'expéditeur. »

L'article continue :

« Dans le cas où l'expéditeur ne demanderait pas de lettre de voiture, la compagnie sera tenue de lui délivrer un récépissé qui énoncera la nature et le poids du colis, le prix total du transport et le délai dans lequel ce transport devra être effectué. »

Ce récépissé, qui contient la plupart des énonciations que nous allons voir exigées par l'article 102 doit, comme moyen de preuve, produire les mêmes effets qu'une lettre de voiture.

11. — D'après tout ce qui vient d'être dit, on comprend que la lettre de voiture n'a pas besoin d'être rédigée en double original, pour être admise comme preuve du contrat de transport. L'article 1325 du Code Napoléon ne s'applique pas, en effet, aux matières commerciales. Pardessus s'exprime ainsi à cet égard : « En ce qui concerne les actes synallagmatiques, il n'est pas nécessaire de les rédiger en autant d'originaux qu'il y a de parties intéressées, lorsqu'ils ont pour objet quelques négociations commerciales ; car dès qu'elles peuvent être prouvées par la correspondance, les factures, les bordereaux revêtus d'une simple signature, la preuve testimoniale même, sans limitation à une certaine somme, et les simples présomptions, il n'y a pas de motifs raisonnables d'exclure la preuve qui résulterait d'un écrit signé des parties, mais non fait double, ou qui ne mentionnerait pas sa rédaction en cette forme [1]. »

Quoiqu'il résulte de là que la lettre de voiture puisse être faite en simple original, les parties feront bien cependant de la rédiger en double, pour que l'expéditeur puisse avoir entre les mains un original. C'est lui le plus intéressé à conserver ce moyen de preuves ; et, comme d'après l'usage du commerce, le voiturier est en général porteur de la lettre de voiture, l'expéditeur, si elle était faite simple, serait

---

[1] Pardessus, *Cours de droit commercial*, t. II, n° 245, édition 1825. — Voyez aussi, en ce sens, Bravard-Veyrières, *Manuel de droit commercial*, p. 174, 4ᵉ édition.

dépourvu de cet acte et éprouverait peut-être de la
difficulté à suppléer à son défaut. Il est donc plus
sûr, pour l'expéditeur, de rédiger la lettre de voiture en double original. Aussi est-ce une sage disposition que celle de l'article 49 du nouveau cahier
des charges des chemins de fer qui dit que si l'expéditeur demande une lettre de voiture, il en sera
dressé deux exemplaires, dont l'un pour la compagnie
et l'autre pour l'expéditeur.

Voilà une disposition d'un décret qui dit qu'en
matière de transport par chemins de fer, les lettres
de voiture doivent être faites doubles. Si une lettre de
voiture pour un transport par voie de fer était faite
simple, qu'en faudrait-il conclure? Faudrait-il décider que l'article 49 du cahier des charges rend applicable l'article 1325 du Code Napoléon, et que
cette lettre de voiture faite simple contrairement à
l'article 49 ne serait pas valable comme moyen de
preuves? Ce serait là une décision erronée; en effet
la dernière disposition de ce même article 49 disant
qu'au lieu de lettre de voiture les compagnies peuvent se borner à remettre un récépissé à l'expéditeur,
il est évident que le décret n'a pas voulu déroger
aux principes qui régissent les preuves en matière
commerciale. Dans le but de faciliter les rapports du
public avec les compagnies, il veut que la lettre de
voiture, quand il y en a, soit faite en double exemplaire ; mais il laisse d'ailleurs aux dispositions du
Code de commerce sur les preuves commerciales tout
leur empire.

Lorsque les expéditions sont faites par des commis-

sionnaires, il arrive souvent que l'original ou les
originaux de la lettre de voiture restent entre les
mains du commissionnaire ou de l'expéditeur, ou
bien que l'original ou un des originaux est adressé
au destinataire. Le commissionnaire ne remet alors
aux voituriers qu'il emploie qu'une copie de la lettre
de voiture. Cette copie, dans les usages du commerce, s'appelle *fausse lettre de voiture*. Par opposi-
tion, on nomme l'original *bonne lettre de voiture*.

12. — Voyons maintenant comment doit être for-
mulée la lettre de voiture.

La loi a pris soin de prescrire toutes les énonciations que la lettre de voiture doit contenir. L'article 102 du Code de commerce est ainsi conçu :

« La lettre de voiture doit être datée.

» Elle doit exprimer :

» La nature, et le poids ou la contenance des objets à transporter ;

» Le délai dans lequel le transport doit être effectué.

» Elle indique :

» Le nom et le domicile du commissionnaire par
l'entremise duquel le transport s'opère s'il y en a
un ;

» Le nom de celui à qui la marchandise est
adressée;

» Le nom et le domicile du voiturier.

» Elle énonce :

» Le prix de la voiture ;

» L'indemnité due pour cause de retard.

» Elle est signée par l'expéditeur ou le commissionnaire.

» Elle présente en marge les marques et numéros des objets à transporter.

» La lettre de voiture est copiée par le commissionnaire sur un registre coté et parafé, sans intervalle et de suite. »

Cet article ne dit pas que la lettre de voiture doit contenir le nom et le domicile de l'expéditeur; il ne parle que du nom et du domicile du commissionnaire s'il y en a un. Il y a là une omission de rédaction facile à rectifier. Évidemment lorsqu'il n'y a pas de commissionnaire, la lettre de voiture, pour être régulière, doit contenir le nom et le domicile de l'expéditeur qui l'a signée [1].

---

[1] Voici un spécimen de lettre de voiture :

Marseille, ce   186

Voiture » fr. » c.	Monsieur,
Rembours. » 35 c.	A la garde de Dieu et de N...., voiturier de Montpellier (ou par le chemin de fer de Paris à Lyon et à la Méditerranée),
Total....	vous recevrez quinze caisses graine de sésame, marquées comme en marge, du poids de 3,000 kilos, lesquelles devront vous être rendues bien conditionnées le......
D. M. S.	à peine de perte pour ledit voiturier du tiers du prix du transport (ou pour ledit
Nº 1 à 15.	chemin de fer du dixième du prix du transport), et vous paierez la somme de...... par 100 kilos et vous rembourserez la somme de 35 centimes.

Signature et adresse de l'expéditeur ou du commissionnaire.)

A *Monsieur*.....

A *Dijon*.

13.—L'article 102 ne dispose pas que les énonciations qu'il contient doivent se trouver à peine de
nullité dans la lettre de voiture. En effet, il a été dit
ci-dessus que la lettre de voiture est un moyen de
preuve, et que son existence n'est pas nécessaire
pour la validité du contrat de transport. Le défaut
de quelques-unes des énonciations de l'article 102 ne
peut donc avoir aucune influence sur le contrat
même, puisque le défaut de lettre de voiture n'en a
pas. Le moyen de preuve sera incomplet; mais de
même qu'on peut substituer d'autres preuves à la
lettre de voiture lorsqu'il n'en existe pas, de même
on pourra, en l'absence de quelques énonciations,
recourir à d'autres moyens de prouver les conventions des parties. Il arrivera quelquefois qu'en présence des allégations contraires des intéressés, il
sera difficile de découvrir quelles ont été ces conventions. Le juge devra alors suppléer au défaut de
preuves en appliquant l'usage des lieux. Ainsi supposons une lettre de voiture incomplète, qui ne men-
tionne pas le prix de la voiture; si, en cas de
contestation, on n'établit pas que l'expéditeur et le
voiturier sont convenus de tel ou tel prix, le juge
devra fixer le prix d'après ce qui a lieu ordinairement pour des transports semblables.

14. — Il faut maintenant rechercher quelle est
la valeur de la lettre de voiture comme moyen de
preuve. Pourrait-on être admis à prouver contre les
énonciations qu'elle contient, par exemple au moyen
de la preuve testimoniale? Non. En effet, l'art. 1341

du Code Napoléon dit qu'il n'est reçu aucune preuve par témoins, contre et outre le contenu aux actes, et cet article s'applique aussi bien en matière commerciale qu'en matière civile [1] ; mais on sait que l'article 1341 ne prohibe pas la preuve testimoniale ou tout autre moyen de preuve, lorsque la partie qui veut en faire usage contre un acte soutient qu'il y a dans cet acte des énonciations mensongères qui sont le résultat du dol ou de la fraude. Aussi faut-il admettre qu'on peut prouver contre les termes d'une lettre de voiture s'ils sont argués de dol ou de fraude [2].

15. — De tout ce qui précède il résulte que la lettre de voiture est un titre dont l'expéditeur et le destinataire peuvent se prévaloir contre le voiturier, et dont le voiturier peut aussi se prévaloir contre eux pour se faire payer le prix de sa voiture. Ce titre peut-il, comme les effets de commerce, être mis en circulation, c'est-à-dire la lettre de voiture peut-elle être transmise par voie d'endossement ?

Sur ce point, les opinions sont divisées. Les uns veulent que la transmission par voie d'endossement puisse toujours avoir lieu ; les autres distinguent entre le cas où la lettre de voiture est à ordre et celui où elle ne l'est pas, et ils disent que dans le premier cas l'endossement est valable et qu'il ne l'est pas dans le second.

---

[1] Bonnier, *Traité des preuves*, nomb. 93.
[2] Voyez Bravard-Veyrières, *Manuel de droit commercial*, 4ᵉ édition, p. 173.

16. — La première opinion se fonde sur l'usage du commerce ; les lettres de voiture ne sont presque jamais à ordre, et cependant on les transmet par voie d'endossement sur le duplicata expédié au destinataire. Lorsque la question de la validité de l'endossement d'une lettre de voiture qui n'était pas à ordre s'est présentée devant les tribunaux, et notamment devant la Cour de cassation, on a produit des parères portant de nombreuses signatures, où il était attesté que, d'après l'usage constant du commerce, on transmettait les lettres de voiture par endossement, sur le duplicata, quoiqu'elles fussent à personne dénommée.

Un parère en date des 7 et 8 janvier 1847, signé par MM. Carez, Ganneron et Lebobe, tous trois anciens présidents du tribunal de commerce, contient entre autres le passage suivant :

« Pendant la durée de leur longue carrière commerciale, les soussignés n'ont jamais vu de lettre de voiture à ordre ; et, néanmoins, il est d'un usage constant et général dans le commerce d'attribuer au porteur, par endossement, d'une lettre de voiture, tout ce à quoi le titulaire de la lettre de voiture a droit [1]. »

17. — Pour l'opinion contraire, on dit que l'u-

---

[1] M. Troplong, *Du gage*, nomb. 341, dit cependant que la lettre de voiture non à ordre n'est pas transmissible par endossement, mais M. Troplong ne connaissait pas ce parère ; s'il l'eût connu, sa décision eût probablement été différente.

sage du commerce ne peut prévaloir contre les dispositions de la loi ; qu'il est de principe, en matière de droit commercial , qu'on ne peut transmettre par endossement que les titres dans lesquels on a stipulé ce mode particulier de transmission ; que la loi n'interdit pas de faire des lettres de voiture à ordre, et que, par conséquent, si l'expéditeur veut que sa lettre puisse être négociée par endossement, il lui est loisible de faciliter cette négociation au destinataire en faisant la lettre de voiture à son ordre; mais que, lorsque cette lettre est à personne dénommée , l'expéditeur ou ses ayants droit ne peuvent et ne doivent connaître que le destinataire dénommé à la lettre de voiture, et qu'ils ont le droit de refuser de se trouver en rapport d'affaires avec le tiers porteur. Cette opinion s'appuie sur la jurisprudence de la Cour de cassation, qui a dit dans un arrêt du 12 janvier 1847 [1] : « que les lettres de voiture ou connaissements *ne peuvent être régulièrement négociés par voie d'endossement que lorsqu'ils sont à ordre ;* que, hors ce cas , la transmission qui en est faite ne constitue qu'un transport ordinaire qui ne produit pas les effets attachés par le Code de commerce à l'endossement, et ne confère pas au cessionnaire plus de droits que n'en avait son cédant [2]. »

18. — Quant à nous, nous n'hésitons pas à penser que l'usage constant du commerce doit être suivi

---

[1] *Journal du Palais*, 1847, 1, 134.
[2] Voyez Massé, *Droit commercial,* tom. VI, nomb. 512.

comme une règle positive. En effet, le Code est muet
sur la manière dont peuvent se transmettre les lettres
de voiture. En matière commerciale, on doit, dans
le silence de la loi, recourir aux usages. Or y a t-il
un usage plus constant que celui qui rend les lettres
de voiture transmissibles pour endossement, même
lorsqu'elles ne sont pas à ordre? Cet usage vaut une
disposition expresse de la loi [1].

19. — De la décision que nous venons d'adopter,
il y a plusieurs conséquences à tirer ; d'abord, en ce
qui concerne le voiturier : le tiers porteur de la lettre
de voiture aura contre lui tous les recours et toutes
les actions que pouvait avoir le destinataire à raison du transport des marchandises expédiées ; ensuite, en ce qui concerne les tiers, le tiers porteur
pourra se prévaloir des dispositions de l'article 93
du Code de commerce qui dit que « tout commissionnaire qui a fait les avances sur des marchandises à lui expédiées d'une autre place pour être vendues pour le compte d'un commettant, a privilége,
pour le remboursement de ses avances, intérêts et
frais, sur la valeur des marchandises.... si avant
qu'elles soient arrivées il peut constater, par un connaissement ou par une lettre de voiture, l'expédition
qui lui en a été faite. » Ainsi, si le commettant tombe
en faillite les marchandises étant en cours de voyage,

---

[1] Voyez sur cette question et en ce sens, Lehir, *Mémorial
du commerce*, 1847, t. I, p. 19 ; Delamarre et Lepoitevin, *Traité
de la commission*, t. VI, nomb. 96.

le commissionnaire est privilégié sur les autres créanciers, de telle façon qu'il peut toucher la totalité de
ses avances, frais et débours sur la valeur des marchandises. Le tiers porteur de la lettre de voiture
qui a fait des avances sur des marchandises se trouve
absolument dans la même situation que le commissionnaire; il y a donc en ce qui le concerne mêmes
raisons de décider pour lui reconnaître le privilége
de l'article 93. Cette décision peut s'appliquer dans
deux cas : 1° lorsque le destinataire est un commissionnaire qui transporte la lettre de voiture à une
personne qui a fait des avances sur les marchandises
encore en route ; 2° lorsque le destinataire est propriétaire des marchandises par l'achat qu'il en a fait
à l'expéditeur, et qu'il endosse la lettre de voiture
au profit d'un commissionnaire qu'il charge de les
vendre et qui fait des avances sur ces marchandises
avant leur arrivée. Dans ce dernier cas, le commissionnaire tiers porteur se trouve dans la situation
prévue par l'article 3, seulement son commettant est
le destinataire au lieu d'être l'expéditeur.

20. — Puisque nous parlons du privilége de l'article 93, c'est ici le lieu d'aborder une question qui
s'est présentée plusieurs fois à propos de l'application de cet article. Pour que le commissionnaire
puisse se prévaloir du privilége qui lui est accordé
pour ses avances, il faut qu'il puisse justifier ou de
la consignation des marchandises dans ses magasins
ou dans un dépôt public, ou bien de leur expédition

constatée par une lettre de voiture ou par un connaissement.

S'il n'y a ni connaissement ni lettre de voiture, mais simplement un bulletin de chargement adressé au commissionnaire, pourra-t-il, s'il a fait des avances sur les marchandises en cours de voyage, invoquer également le privilége·de l'article 93 ? Oui, si le bulletin de chargement contient les énonciations exigées par l'article 102 du Code de commerce. Quoique n'ayant pas la forme habituelle, ce bulletin devra être considéré comme une véritable lettre de voiture. En effet, la loi ne prescrit pas, en cette matière, de formule sacramentelle; c'est donc avec raison que par arrêt du 31 juillet 1844, la Cour de cassation a déclaré l'article 93 applicable à un commissionnaire auquel il avait été adressé des bulletins de chargement qui contenaient : la nature et le poids des objets à transporter, le délai dans lequel le transport devait être fait, le nom du destinataire, le nom, le domicile et la signature du voiturier, le prix de la voiture et la marque des objets à transporter. C'était là une véritable lettre de voiture [1].

21. — Vient maintenant une autre question :

S'il y a eu transmission par voie d'endossement d'une lettre de voiture, pour que le tiers porteur puisse invoquer le bénéfice de l'article 93, faut-il

---

[1] *Journal du Palais*, 1844, II, 673; Alauzet, n° 446; Troplong, *Gage*, n° 343. — Voyez aussi Cassation, 31 juillet 1846; Dalloz, 47, I, 59.

qu'il soit saisi par un endossement régulier? Ses droits
seraient-ils les mêmes si l'endossement était irrégulier? par exemple, s'il n'indiquait pas la valeur fournie? Et comme la valeur fournie ne peut consister
que dans les avances faites par le tiers porteur, ce
tiers porteur aurait-il le privilége de l'article 93, si
l'endossement fait en sa faveur ne contenait pas la
mention d'avances faites par lui?

Ce point est assez vivement controversé. Pour nous,
nous n'hésitons pas à penser que l'omission de la
valeur fournie, dans l'endossement d'une lettre de
voiture ou d'un connaissement (car la question est la
même pour le connaissement que pour la lettre de
voiture), n'est pas un obstacle à ce que le tiers porteur se prévale des dispositions de l'article 93.

En effet, l'article 93 n'exige pas que le commissionnaire justifie de ses avances par le connaissement ou la lettre de voiture. Le connaissement ou
la lettre de voiture doivent seulement prouver que
les marchandises lui ont été expédiées. Quant à ses
avances, il les prouvera d'autre façon. On comprend,
du reste, que le connaissement ou la lettre de voiture ne doivent pas être causés, puisque ce ne sont
pas des actes translatifs de propriété.

En effet, il ne faut pas confondre la lettre de
voiture avec le contrat, qui confère des droits au
destinataire sur la marchandise expédiée : ou cette
marchandise voyage pour le compte du destinataire,
et alors il y a eu un contrat de vente entre l'expéditeur et le destinataire, ou elle voyage pour le
compte de l'expéditeur, et alors il y a eu un contrat

de commission entre le destinataire et l'expéditeur. On voit donc que dans l'un et l'autre cas il existait avant le contrat de transport un autre contrat. Quelquefois, comme dans le cas de vente, cet autre contrat est translatif de propriété; mais il faut se garder de le confondre avec le contrat de transport.

Or, le contrat de transport ne transférant pas la propriété, comment la lettre de voiture, qui est l'instrument qui constate ce contrat, pourrait-elle être translative de propriété? La lettre de voiture, comme le connaissement, confère donc seulement au commissionnaire la possession qui lui est nécessaire pour remplir son mandat, c'est-à-dire pour vendre, pour le compte de son commettant, les marchandises expédiées. C'est pour ces raisons que, dans les énonciations qu'aux termes de la loi doivent contenir les lettres de voiture et les connaissements, on ne trouve pas la mention de la valeur fournie. Si le connaissement et la lettre de voiture n'ont pas besoin de cette mention, pourquoi l'exiger dans l'endossement dont ils peuvent être revêtus? Le commissionnaire, qui transmet à un autre la lettre de voiture qui lui est adressée, change-t-il donc la nature du contrat constaté par cette lettre? Il a reçu mandat de vendre pour l'expéditeur les marchandises dont on lui transfère la possession; il transmet cette possession avec son mandat au bénéficiaire de l'endossement. L'endossement constate donc un second contrat exactement semblable au premier. Comment pourrait-on vouloir alors que l'endossement contînt des énonciations qui ne se trouvent pas dans l'acte primitif, lettre de voiture ou connaissement?

Lorsque le destinataire n'est pas un commissionnaire agissant pour le compte de l'expéditeur, mais lorsque c'est un acheteur propriétaire des marchandises, il en est de même. Il ne transmet pas, il est vrai, le mandat dont il est chargé, puisqu'il n'est pas commissionnaire; mais, en se faisant faire des avances sur des marchandises en voyage, il donne un mandat au commissionnaire prêteur. On trouvera donc dans tous les cas, en allant au fond des choses, un mandat; c'est pour cela que l'endossement des lettres de voiture ne peut pas contenir de mention de la valeur fournie [1].

Remarquez d'ailleurs que, si l'on exige que l'endossement soit causé, on va faire faire aux parties tout autre chose que leur volonté. L'endos étant causé, il va y avoir transport de la propriété aux tiers porteur. Les parties qui ne veulent que constituer un gage, que transférer la possession, que donner un mandat de vendre, vont faire malgré elles, par l'obligation où elles sont de causer l'endos, un acte ayant pour les tiers la forme et les apparences d'une translation de propriété. Voilà une conséquence du système que nous combattons qui suffirait à elle seule pour le faire condamner.

---

[1] Voyez sur ce point Alauzet : *Commentaire du Code de commerce*, n° 439 et suivants.

Delamarre et Lepoitevin : *Contrat de commission*, t. VI, n°s 97, 98, 99 et suivants.

M. Troplong se range cependant à l'opinion contraire. Il dit : « Il est évident que le mandat résultant de l'endos irrégulier est de ceux qui rendent le
mandataire passible de toutes les exceptions qu'on
pourrait opposer au mandant. Le vendeur non payé
de la marchandise a donc pu dire à ce mandataire :
« Vous représentez l'acheteur ; vous n'avez pas plus
» de droits que lui. Je pourrais revendiquer la mar-
» chandise sur lui ; je la revendique sur vous [1]. »

C'est la question par la question, car il s'agit justement de savoir si l'endos, sans mention de valeur
fournie, peut empêcher ce raisonnement de l'expéditeur, si le tiers porteur, qui a fait des avances au
destinataire, les marchandises étant en cours de
voyage, se trouve dans la même position que le
commissionnaire dont parle l'article 93, et s'il peut
invoquer le bénéfice de cet article.

Pour nous, nous pensons que c'est une grave
erreur que de vouloir appliquer les règles de l'article 137 du Code de commerce aux endossements
des lettres de voiture ou des connaissements. En effet,
il faut remarquer que si l'article 137 veut que la
valeur fournie soit indiquée dans l'endos de la lettre
de change, c'est que l'article 110 exige que la lettre
de change elle-même contienne la mention de la
valeur fournie. Mais les articles 102 et 281 n'exigent
ni l'un ni l'autre que la lettre de voiture ou le connaissement contienne une pareille énonciation ; c'est

[1] *Du gage*, n° 334.

pour cela qu'il n'est pas nécessaire non plus que les ordres mis à leur dos soient causés.

Les articles 110 et 137 ont disposé que les lettres de change et leurs endos contiendraient l'indication de la valeur fournie parce que ce sont des actes translatifs de propriété ; quant à la lettre de voiture et au connaissement, ils ne transfèrent, comme il vient d'être expliqué ci-dessus, que la possession, ce qui est tout autre chose.

22. — Dans leur *Traité de la commission*, MM. Delamarre et Lepoitevin ont très-bien fait la distinction qui convient entre l'endos des lettres de change et celui des lettres de voiture et des connaissements. Ils appellent le premier endos-transport, et le second endos-mandat.

« L'un, disent-ils, n'est qu'une transmission de pouvoir, dont la cause, quelle qu'elle soit, peut rester secrète entre le commettant et le commissionnaire, sans que l'intérêt des tiers soit compromis, ni que l'efficacité du mandat en souffre ; l'autre, au contraire, transport, aliénation de propriété à l'égard de tous, doit exprimer la valeur fournie, pour mettre les créanciers du cédant à lieu de vérifier si cette cause du transport est juste, ou si l'aliénation ne fait pas fraude à leurs droits [1]. »

De cette différence entre l'endos-mandat de la lettre de voiture et l'endos-transport de la lettre de

---

[1] *Contrat de commission*, t. VI, nomb. 89.

change et des effets de commerce, la Cour de Douai
avait tiré des conséquences fort justes dans un arrêt en date du 14 avril 1838. On lisait dans cet ar-
ret, qui a été cassé par la Cour de cassation le
1er mars 1843 : « Qu'on ne saurait conclure de ce
que l'endos du connaissement ne porte pas l'indication de la valeur fournie que sa remise n'ait opéré
à son égard qu'un simple mandat révocable ; que dans
ce cas, à la différence de celui de la lettre de change,
il n'y a pas de vente de droits, nécessité dès lors
d'une valeur fournie en échange, et par suite de sa
mention sur la lettre, etc. [1]. »

Cette doctrine nous paraît devoir être préférée à
celle de la Cour de cassation. En effet, dans son arrêt du 1er mars 1843, cette Cour veut appliquer à
l'endos des lettres de voiture et des connaissements,
les règles de la lettre de change; elle dit notamment
qu'un endos irrégulier d'un connaissement ne peut
en opérer transport, et qu'il ne vaut que comme mandat. Elle suppose donc que dans l'opinion qu'elle com-
bat, on veut que l'endos du connaissement ou de la
lettre de voiture opère le transport. Or, c'est une erreur ; nous avons établi que l'endos de ces actes n'é-
tait pas translatif de propriété, qu'il transférait
seulement la possession, cette possession nécessaire
au créancier gagiste pour qu'il puisse avoir un
privilége. L'arrêt du 1er mars 1843 dit que l'endos
irrégulier ne vaut que comme mandat ; mais
l'endos d'une lettre de voiture, fût-il régulier, ne

---

[1] Voyez les deux arrêts, *Journal du Palais*, 1843, 1, 367.

vaudrait jamais que comme mandat donné à un
commissionnaire, comme mandat conférant à celui
qui le reçoit le privilége du créancier gagiste; c'est
là le sens de l'article 93 du Code de commerce.

La Cour de cassation paraît avoir cru que l'endos
du connaissement ou de la lettre de voiture pouvait
produire une translation de propriété ; de là l'erreur
dans laquelle elle est tombée.

Nous terminerons cette discussion en rapportant
quelques passages d'un arrêt du 5 janvier 1844, par
lequel la Cour de Douai a persisté dans sa jurisprudence, malgré la cassation qui venait, en 1843, d'être
prononcée contre son arrêt de 1838.

« Attendu, dit cette Cour, qu'il s'agit dans la
cause non d'une convention de vente ou de ces-
sion, mais d'un contrat de mandat ou de commission; que par ce contrat Lecomte (destinataire,
acquéreur des marchandises) n'a transmis à Ca-
vrois (commissionnaire qui avait fait des avances)
aucun droit de propriété sur les marchandises à lui
expédiées; qu'il l'a seulement chargé de recevoir
et de vendre pour son compte lesdites marchandises, sur lesquelles il lui a demandé des avances ;
que, relativement à un tel contrat, il n'a été ni
pu être question entre les parties ni de prix de
vente, ni de valeur fournie en retour d'une chose
qui ne passait pas dans le domaine du commissionnaire ;

» .....Attendu que la transmission d'un connaissement par un commettant à un commissionnaire,

dans le cas des articles 91 et suivants du Code de commerce — cet endossement n'étant qu'un mandat — ne doit pas, pour être valable, exprimer une valeur fournie ; que la nature de la convention est même exclusive de la possibilité d'une telle mention ; que l'expression de la valeur fournie ferait dégénérer en un autre contrat la convention réellement intervenue entre les parties ; que le commettant doit et peut même d'autant moins exprimer une telle valeur, que l'endossement a lieu le plus souvent hors la présence du commissionnaire, même à son insu, et à l'occasion d'un contrat qui ne reçoit sa perfection que postérieurement et par l'acceptation du commissionnaire . . . . . [1] »

On ne pouvait faire un résumé plus fort et plus concluant de toutes les raisons qui militent pour l'opinion adoptée par la Cour de Douai.

23. — Notre conclusion sur toutes les questions qui viennent d'être discutées est donc que les lettres de voiture, quoique non à ordre, peuvent être transmises par la voie de l'endossement ; que l'endossement de ces lettres transfère aux tiers porteurs le droit de se prévaloir du privilége de l'article 93 du Code de commerce ; et que l'endos des lettres de voiture, pour produire cet effet, n'a pas besoin d'énoncer la valeur fournie.

---

[1] *Journal du Palais*, 1845, 1, 226.

CHAPITRE II.

OBLIGATIONS DES ENTREPRENEURS DE TRANSPORTS.

SECTION PREMIÈRE.

Remise au destinataire. — Tenue de registres. — Responsabilité.

24. — La première des obligations du voiturier est d'effectuer le transport des objets qui lui sont confiés, dans les conditions de temps et de prix stipulées entre lui et l'expéditeur. En parlant de la responsabilité du voiturier, nous verrons quelles sont les conséquences de l'inexécution de cette obligation.

Le voiturier, venons-nous de dire, doit exécuter le

transport suivant les conditions convenues. La remise des objets transportés au destinataire est un des éléments de cette obligation complexe. Comment cette remise doit-elle s'opérer? Il faut distinguer: ou bien le voiturier n'est chargé de transporter les marchandises que dans ses propres magasins, gares ou entrepôts, et alors le destinataire en doit venir prendre lui-même livraison ; ou bien le voiturier doit livrer les marchandises au domicile du destinataire.

Dans le premier cas, le voiturier doit, à l'arrivée des marchandises, donner avis au destinataire qu'il en peut venir prendre livraison; dans le second, il doit les lui conduire.

25. — Mais il peut se faire que le voiturier ne trouve pas le destinataire, et qu'il ne puisse alors soit l'aviser de l'arrivée, soit lui faire livraison. Quel parti devra-t-il prendre en cette circonstance? S'il sait que la marchandise n'est pas sujette à détérioration, il fera bien de prévenir l'expéditeur pour lui demander de nouveaux ordres ; mais si la marchandise est de nature à s'avarier, ou seulement s'il craint qu'elle ne se détériore, pendant le temps qui serait nécessaire pour avoir une réponse de l'expéditeur, il doit, conformément à l'article 106 du Code de commerce, s'adresser, par requête, au président du tribunal de commerce ou au juge de paix, pour faire ordonner, suivant les circonstances, soit la vente, soit le dépôt ou le séquestre des marchandises dans un lieu public.

Le président du tribunal de commerce et le juge

de paix n'ont pas ici une compétence concurrente ; on ne s'adressera au juge de paix que dans les localités où il n'y a pas de tribunal de commerce. Là où il y a un tribunal consulaire, si le président est empêché, ce sera à un juge du siége que la requête sera présentée et non au juge de paix.

Le voiturier qui se sera adressé au magistrat aura mis sa responsabilité à couvert.

Faudra-t-il cependant qu'avant de se faire autoriser à déposer les marchandises dans un lieu public, il ait fait dresser un procès-verbal de perquisition constatant qu'il n'a pas pu trouver les destinataires? La loi n'exige rien de semblable. C'est au juge à qui la requête est présentée à exiger du voiturier la justification qu'il a cherché le destinataire sans pouvoir le trouver.

Merlin rapporte que, sous notre ancien droit, le voiturier n'était pas déchargé de sa responsabilité, lorsque, ne trouvant pas le destinataire, il déposait les marchandises voiturées au bureau des marchands, sans avoir fait dresser de procès-verbal de perquisition. Et il cite [1] un arrêt du parlement de Flandre, en date du 13 avril 1785, qui, quoique le voiturier eût fait un dépôt régulier au bureau des marchands, ordonna avant faire droit que le voiturier serait tenu de prouver que le destinataire n'avait plus de domicile au lieu de destination, lors du transport. On pouvait dire cependant que si le bu-

---

[1] *Questions de droit*, vo *Voiturier*, § 1.

reau des marchands avait reçu le dépôt, c'est qu'é-
videmment le destinataire n'avait plus de domicile
dans la localité. Le destinataire était un négociant ;
or, s'il eût habité encore la ville de destination, le
préposé du bureau des marchands l'eût connu et
n'eût pas reçu un dépôt fait parce que l'on ne pouvait trouver le domicile de ce négociant qu'il eût
immédiatement indiqué. D'un autre côté, comme ce
dépôt était purement volontaire, qu'il n'avait aucun
caractère judiciaire, on peut s'expliquer l'arrêt du
parlement de Flandre. Mais aujourd'hui on ne pourrait pas, par une décision avant faire droit, obliger le
voiturier de prouver que le destinataire n'avait pas
de domicile au lieu de destination, après une ordonnance du juge prescrivant le dépôt des marchandises
voiturées. En effet, l'intervention de la justice régula-
rise la position du voiturier et dégage sa responsabilité.

26. — On ne pourrait prétendre que le voiturier,
ne trouvant pas le destinataire, devrait réexpédier la
marchandise à l'expéditeur. En effet, bien que l'article 106 ne parle que du refus de recevoir par le
destinataire, il doit par identité de motifs s'appliquer
au cas où le destinataire n'est pas trouvé. Aussi la
Cour de cassation a-t-elle, par arrêt du 21 mars 1848,
cassé un jugement du tribunal de commerce de Li-
sieux, qui avait déclaré qu'un voiturier aurait dû réexpédier un paquet dont le destinataire n'avait pas
été trouvé au lieu de destination, et qui avait condamné ce voiturier à payer les frais que l'expédi-

teur avait faits pour découvrir qu'il avait encore le
paquet à sa disposition. Voici les motifs principaux
de cet arrêt :

« Attendu que le commissionnaire (ou voiturier)
doit (lorsque le destinataire n'a pas été trouvé) garder par devers lui l'objet qu'il avait été chargé de
transporter ou le déposer dans le lieu indiqué par la
justice ; qu'il a le choix libre entre ces deux obligations, les seules qui lui soient alternativement imposées ; que le mandat commercial ne lui prescrit point
le devoir de renvoyer cet objet à l'expéditeur ;
qu'une telle rigueur ne résulte d'aucun texte de loi,
et qu'elle est même repoussée par la disposition de
l'article 1er du décret du 13 août 1810, rendu pour
l'exécution des articles 106 et suivants du Code de
commerce, laquelle disposition est évidemment exclusive de l'obligation de réexpédier à l'expéditeur
puisqu'elle ordonne que, après six mois, les objets
non réclamés seront vendus aux enchères publiques, etc. [1]. »

Des termes de cet arrêt, il résulte que le voiturier
n'avait pas avisé l'expéditeur de ce que la livraison
n'avait pas pu être faite au destinataire. Si ce voiturier n'était pas expressément obligé par la loi à donner à l'expéditeur l'avis en question, nous devons reconnaître qu'il est regrettable qu'il ne s'y soit pas
soumis lui-même. Le voiturier qui ne prévient pas
l'expéditeur qu'il n'a pas trouvé le destinataire com-

---

[1] Sirey, 1848, 1, 271.

met une négligence que les tribunaux, dans l'appréciation des faits, peuvent, suivant les circonstances, considérer comme une faute de nature à engager sa responsabilité. Ainsi, la Cour impériale de Lyon, dans une affaire où le destinataire n'avait pas été trouvé par les employés de la Compagnie du chemin de fer d'Orléans et où, par le retard dans la livraison, les marchandises avaient perdu presque toute leur valeur, a déclaré la Compagnie responsable de la valeur des marchandises en se fondant entre autres motifs sur ce que cette Compagnie avait commis une *négligence impardonnable en ne prévenant pas l'expéditeur, qui près d'un mois après l'expédition écrivait pour demander ce qu'était devenu son colis* [1]. Si l'expéditeur eût été prévenu, il aurait immédiatement donné les indications les plus précises sur le destinataire, et la livraison aurait été faite en temps utile. Aussi faut-il décider que les voituriers agiront prudemment lorsqu'ils préviendront l'expéditeur de la difficulté qu'ils éprouvent pour trouver le destinataire.

27. — La seconde des obligations du voiturier ou du commissionnaire de transports est de tenir registre des choses qu'il est chargé de transporter.

L'article 1785 du Code Napoléon s'exprime ainsi :

« Les entrepreneurs de voitures publiques par

---

[1] Arrêt du 25 juin 1856, *Moniteur judiciaire de Lyon* du 15 juillet 1856.

terre et par eau et ceux des roulages publics, doivent tenir registre de l'argent, des effets et des paquets dont ils se chargent. »

L'article 96 du Code de commerce dit :

« Le commissionnaire qui se charge d'un transport par terre ou par eau est tenu d'inscrire sur son livre journal la déclaration de la nature et de la quantité des marchandises, et, s'il en est requis, de leur valeur. »

Nous avons vu dans le chapitre précédent qu'il n'était pas nécessaire pour que le contrat de transports existât et produisît tous ses effets, qu'il y eût une lettre de voiture. L'obligation imposée aux voituriers et commissionnaires de tenir registre des bagages et marchandises n'est pas non plus essentielle pour l'existence et la validité du contrat de transport.

Mais les voituriers ou commissionnaires qui n'enregistreraient pas conformément à la loi les objets à eux confiés soit par des expéditeurs, soit par des voyageurs accompagnant ces objets, s'exposeraient à des contestations sans nombre.

Sachant leur habitude de ne pas se conformer aux prescriptions de la loi, des voyageurs ou des expéditeurs de mauvaise foi pourraient leur réclamer des objets d'une valeur considérable, après avoir eu soin de se ménager quelques apparences de preuves qui pourraient tromper les tribunaux, et qu'ils auraient d'autant plus de facilité à faire admettre que les voituriers n'auraient pas de registre à leur opposer.

Nous allons voir les conséquences du défaut d'enregistrement par le voiturier ou le commissionnaire à propos de la troisième obligation qui résulte pour eux du contrat de transport.

28. — Cette troisième obligation est de répondre de la perte et des avaries des objets à transporter.

L'article 1784 du Code Napoléon dit :

« Ils (les voituriers) sont responsables de la perte et des avaries des choses qui leur sont confiées, à moins qu'ils ne prouvent qu'elles ont été perdues et avariées par cas fortuit ou force majeure. »

De son côté l'article 103 du Code de commerce s'exprime ainsi :

« Le voiturier est garant de la perte des objets à transporter, hors les cas de la force majeure. — Il est garant des avaries autres que celles qui proviennent du vice propre de la chose ou de la force majeure. »

L'article 98 du même Code a une disposition analogue à l'égard des commissionnaires. Il est conçu comme voici :

« Il (le commissionnaire) est garant des avaries ou pertes de marchandises et effets, s'il n'y a stipulation contraire dans la lettre de voiture ou force majeure. »

29. — Nous venons de dire que l'article relatif au commissionnaire était analogue à ceux qui concernaient le voiturier ; nous avons employé le mot *analogue* et non l'expression *identique*, parce que, comme on a pu le remarquer, il y a une différence, quoique légère, entre l'article 98 et l'article 103. L'article 98 contient ces mots : *s'il n'y a stipulation contraire dans la lettre de voiture ;* l'article 103 ne contient rien de semblable. C'est que les voituriers ne peuvent pas stipuler qu'ils seront affranchis de toute responsabilité en cas de perte ou d'avarie [1]. Il y a, en effet, un principe de droit qui dit que nul ne peut stipuler qu'il ne répondra pas de sa faute ou même simplement de son fait. Mais le commissionnaire qui n'opère pas les transports lui-même peut très-bien et très-régulièrement stipuler qu'il ne répondra pas de la faute ou du fait des voituriers qui transporteront les marchandises. C'est ce qui explique la différence qui existe entre les articles 98 et 103. Ainsi que le remarque M. Alauzet, c'est peut-être le seul cas où il soit utile de distinguer l'entrepreneur de transports du voiturier [2].

30. — La conséquence de tout ceci, c'est que la mention insérée dans une lettre de voiture, sur les prospectus d'un voiturier ou sur les bulletins délivrés par lui qu'il ne répond pas des bagages ou des marchandises qui lui sont confiés, est nulle et ne peut être invoquée contre le voyageur à qui appar-

---

[1] Jugé que cet article 98 ne peut être étendu au voiturier ; tribunal de commerce de Cologne, 23 octobre 1850; *Journal du Palais,* 1853, I, 146.

[2] Alauzet, *Commentaire du Code de commerce,* numéro 467.

tenaient les bagages ou contre l'expéditeur des marchandises perdues ou avariées. Par arrêt du 21 janvier 1807 [1], la Cour de cassation a déclaré que le tribunal de commerce de Pau n'avait violé aucune loi, et avait par conséquent bien jugé en décidant que la clause qu'un entrepreneur de roulage avait introduite dans une lettre de voiture, rédigée par lui, pour stipuler qu'il ne garantirait ni le bris ni le coulage, était nulle, et que le voiturier ne pouvait valablement arguer de l'acceptation tacite de cette condition par l'expéditeur. La question a encore été jugée par arrêt de la Cour d'Alger, en date du 16 décembre 1846 [2]. La Compagnie Bazin-Périer, qui faisait le transport des voyageurs et des marchandises entre la France et l'Algérie, imprimait sur ses prospectus et sur les bulletins de place délivrés aux voyageurs, qu'elle ne répondait pas des bagages. L'arrêt condamne justement cette prétention par les motifs que voici :

« Attendu qu'il ne peut dépendre de la volonté des entrepreneurs de voitures publiques par terre ou par eau de s'affranchir de la responsabilité légale qui pèse sur eux, en imprimant sur les bulletins délivrés aux voyageurs qui viennent retenir leur place, que l'administration ne répond pas des bagages; qu'une pareille clause est contraire à l'essence du contrat de louage de services (contrat de transport),

---

[1] *Journal du Palais*, à sa date. Voy. aussi Aix, 6 août, 1823; *Journal du Palais*, à sa date.
[2] *Journal du Palais*, 1847, II, 300.

et qu'elle n'est consentie, ni expressément, ni tacitement par les voyageurs, qui, en recevant leur bulletin, ne sont jamais mis en demeure d'accepter ou
de rejeter cette clause particulière qu'il contient, etc. »

La Cour de cassation a encore jugé le 26 janvier
1859 que la stipulation faite par une Compagnie de
chemin de fer qu'elle ne devrait aucune garantie à
l'expéditeur est nulle et sans effet, et qu'elle ne soustrait pas la Compagnie à l'action en responsabilité
de l'expéditeur si les marchandises ont été avariées
pendant le voyage [1].

Il est donc constant que les voituriers ne peuvent
pas se soustraire à l'obligation que la loi leur impose
d'être garants de la perte et des avaries des objets
et effets qui leur sont confiés.

31. — Mais peuvent-ils limiter cette responsabilité ?

Les entrepreneurs de voitures publiques ont souvent élevé la prétention de ne payer, en cas de perte
des effets qui leur étaient remis, qu'une somme déterminée par eux à l'avance. Ils inscrivent en général, sur les bulletins de place ou de bagages remis
au voyageur, qu'ils ne paieront que 150 francs pour
une malle perdue et 50 francs pour un sac de nuit
ou un portemanteau. C'est un usage dans lequel
persistent toutes les entreprises de transports malgré

---

[1] *Gazette des tribunaux* du 27 janvier 1859.

la jurisprudence qui s'est toujours déclarée contraire à cette prétention des voituriers.

Voici d'où vient cet usage : lorsque les messageries étaient exploitées par une régie nationale, la limitation de la responsabilité de cette régie avait été faite par une loi du 24 juillet 1793 dont l'article 62 était conçu dans les termes suivants :

« Si la perte ou le dommage des effets, ballots ou marchandises dont la régie est responsable ne peut être évalué par experts à la vue des objets cassés ou endommagés, l'évaluation faite lors de l'enregistrement servira de règle pour fixer l'indemnité. A défaut de possibilité d'estimation sur la vue des objets détériorés ou cassés, et d'estimation déclarée lors du chargement ou si le paquet se trouve perdu, l'indemnité sera de 150 livres. »

Cet article, fait pour un cas spécial, ne pouvait pas être invoqué par les voituriers pour échapper à la complète exécution de l'obligation qui leur est imposée de répondre des objets qu'ils transportent. Limiter soi-même sa propre responsabilité, c'est s'y soustraire.

Mais, disaient les voituriers avant l'établissement de la jurisprudence actuelle, la limitation de notre responsabilité a lieu par suite d'un engagement synallagmatique. Nous prévenons le public en imprimant sur les papiers de nos administrations que notre responsabilité ne peut excéder certaines limites; le voyageur consent à cette limitation, en acceptant sans protestation le bulletin qui lui est remis. On a

repoussé avec beaucoup de raison une pareille argumentation ; on a jugé qu'un contrat ne pouvait pas
se former par la remise d'un bulletin imprimé, qui
contenait dans un coin ou au dos une petite clause
que le voyageur n'avait pas le temps de lire le plus
souvent, et où il était dit qu'on ne lui rembourserait
que telle somme en cas de perte de tel objet ; qu'il
ne résultait pas de ce que le voyageur avait mis dans
sa poche le bulletin constatant l'enregistrement de son
bagage, la preuve qu'il eût donné son consentement
à la petite clause souvent imperceptible invoquée par
le voiturier. La jurisprudence est aujourd'hui unani-
mement fixée en ce sens ; l'ancienne thèse des voituriers ne se plaide plus au palais.

32. — Des voituriers ont essayé quelquefois de
soutenir, pour restreindre leur responsabilité dans les
limites qu'ils annoncent en général dans leurs bulletins imprimés, que l'expéditeur est tenu de leur faire
à l'avance une déclaration de la valeur des objets à
transporter, et que ce n'est que dans le cas où cette
déclaration a été faite, dans la forme et de la manière
prévues par l'article 96 du Code de commerce, que
la valeur totale et réelle de l'objet perdu peut être
réclamée d'eux. Les messageries royales avaient
soutenu cette thèse en 1832 devant la Cour de Paris, mais un arrêt du 7 juillet 1832 [1] la condamna
dans les termes suivants :

« Considérant qu'aucune disposition de loi, aucun

---

[1] *Journal du Palais*, à sa date.

règlement ou usage n'oblige le propriétaire des objets confiés aux voitures publiques, à en déclarer la valeur à l'avance ; que seulement, lorsque cette valeur n'a pas été déclarée et inscrite sur les registres de l'entrepreneur, comme le propriétaire a le droit de l'exiger, c'est au propriétaire à prouver quelle était la valeur des objets perdus. »

Sans doute, il est préférable que l'expéditeur fasse à l'avance la déclaration de la valeur des objets qu'il confie au voiturier ; mais le défaut de cette déclaration ne peut faire déchoir l'expéditeur du droit de prouver la valeur des objets que le voiturier ne peut représenter.

Il n'est peut-être pas sans intérêt, à propos du sujet qui nous occupe, de jeter un coup d'œil sur la jurisprudence d'un pays voisin où le Code Napoléon et notre Code de commerce sont encore en vigueur ; nous voulons parler de la Prusse rhénane.

Les compagnies des chemins de fer rhénans ont dans leurs règlements particuliers une clause où ils disent qu'en cas de perte des objets à transporter, elles ne paieront pas plus de 20 thalers (75 francs) par quintal ; et elles annoncent que, si les expéditeurs leur confient des objets d'une valeur plus considérable, ils peuvent contracter une assurance spéciale, pour qu'en cas de perte on leur restitue une indemnité égale à la valeur des colis perdus. Plusieurs fois des marchandises ont été perdues, notamment en 1850, par le chemin de fer rhénan, et, en 1851, par le chemin de fer de Cologne-Minden. Dans les deux cas, les expéditeurs ne voulurent pas accepter l'in-

demnité que leur offraient les compagnies sur le pied
de 20 thalers par quintal. Le 27 septembre 1850,
le tribunal de commerce de Cologne jugea qu'aux
termes de l'article 103 du Code de commerce, le
voiturier est toujours responsable des marchandises
qui lui sont confiées ; que cette disposition est d'ordre public, et qu'il n'y peut être dérogé par la mention faite sur la lettre de voiture de la partie du
règlement où la compagnie limite elle-même sa responsabilité.

La Cour d'appel de Cologne a également jugé, par
arrêt du 29 janvier 1852, que la clause des règlements des chemins de fer, limitant l'indemnité à payer
en cas de perte de colis à 20 thalers par quintal,
était nulle, comme contraire aux articles 6 et 1133
du Code Napoléon. Cette Cour a, en effet, considéré
comme contraire à l'ordre public toute stipulation qui
pouvait avoir pour but de restreindre la garantie
que les voituriers doivent aux expéditeurs, aux termes
de l'article 103 du Code de commerce.

La validité de la clause condamnée par le tribunal
de commerce et par la Cour d'appel de Cologne a cependant trouvé des défenseurs parmi les jurisconsultes
étrangers. Ils ont dit que si l'on ne peut stipuler
qu'on ne répondra pas de son dol, on peut par les
conventions régler les effets de la faute. Ils ont cité
la loi 23 ff. de *Regulis Juris* : « *Hoc servabitur quod
initio convenit : legem enim contractus dedit ;
excepto eo, quod Celsus putat non valere, si conve-
nerit ni dolus præstatur ; hoc enim bonæ fidei judicio contrarium est ; et ita utimur* (Ulpien). » Et

la loi 7 ff. *Nautœ, caupones et stabularii ut recepta restituant*, au proœmium : « *Si prœdixerit exercitor* (le voiturier), *ut unus quisque vectorum res suas servet, neque damnum se prœstaturum, et consenserint vectores* (les expéditeurs) *prœdictioni, non convenitur.* » (Il s'agit ici du *damnum ex facto nautarum exercitoris*.)

Sans être allé aussi loin, M. Arntz[1], professeur à la faculté de Bruxelles, dit que les clauses des chemins rhénans doivent être valables, mais seulement en tant qu'elles n'ont pas pour résultat de décharger le voiturier de la responsabilité que le dol ou une faute grave de sa part pourrait lui faire encourir ; il cite un arrêt de la Cour d'appel de Cologne du 3 décembre 1849, qui aurait jugé en ce sens.

34. — La question a été portée devant la Cour de cassation du royaume de Prusse, par un pourvoi formé contre le jugement du tribunal de commerce de Cologne, en date du 27 septembre 1850, cité plus haut. Cette Cour, par arrêt du 16 mars 1852, a cassé le jugement du tribunal de commerce. Elle a décidé en principe que la clause restrictive de la responsabilité des chemins de fer, considérés comme voituriers, n'était pas nulle comme contraire à l'ordre public, mais elle a reconnu qu'elle ne pouvait avoir pour effet d'empêcher l'expéditeur de réclamer toute la valeur des objets perdus. L'arrêt a interprété la clause en question, en disant que les chemins de fer,

---

[1] *Journal du Palais*, 1853, 1, 146, à la note.

par la mention qu'ils en faisaient sur les lettres de
voiture, n'avaient pour but que de chercher à déterminer à l'avance l'étendue de leur risque, ce qui
n'est pas contraire à l'ordre public. De telle sorte
que la Cour a cassé par suite d'une susceptibilité un
peu trop grande. Elle déclare que la clause n'est pas
nulle, mais elle reconnaît en même temps qu'elle
n'est pas opposable aux expéditeurs. Qu'est-ce que
la validité d'une clause dont on ne peut se prévaloir
contre son adversaire ? Pour nous, nous ne faisons
aucune différence entre cette validité et la nullité
proclamée par les tribunaux français et les tribunaux
rhénans.

Voici, d'ailleurs, le texte de l'arrêt du 16 mars
1852, qui est une preuve de plus de la subtilité de
l'esprit germanique.

« La Cour, — attendu qu'il s'agit uniquement de
savoir si la demanderesse en cassation pouvait se
charger du transport du ballot en question , sous la
condition exprimée au paragraphe 16 de son règlement de transport, portant qu'en cas de perte des objets
à transporter, l'indemnité due par la Compagnie est
fixée à raison de 20 thalers par quintal, sauf le cas
d'une assurance spéciale ; ou si une clause de cette
nature, lorsqu'elle est intervenue entre les parties,
soit expressément, soit tacitement, doit être considérée comme contraire aux lois sur la responsabilité
des voituriers, et par conséquent comme nulle et non
avenue ; — attendu que d'après l'article 103 du Code
de commerce et le paragraphe 25 de la loi du 3 no-

vembre 1838 [1], les compagnies de chemins de fer
sont, comme les voituriers en général, responsables de
la perte des objets à transporter, hors les cas de force
majeure ; — qu'il est évident que le paragraphe
mentionné pour le transport n'avait ni pour objet ni
pour but de changer ou de modifier les obligations
que les lois citées imposent aux voituriers, et qu'il
était dès lors inutile, dans l'espèce, de discuter la
question de savoir si ces obligations pouvaient être
légalement changées ou modifiées par des stipulations
particulières des parties ; — que le paragraphe sus-
mentionné ne dit pas que la perte des objets à transporter aura pour le voiturier des effets autres que
ceux que la loi y attache, et *notamment que ce paragraphe ne détruit et ne limite pas le droit de l'expéditeur de réclamer la véritable valeur des objets
perdus ;* — que l'assurance particulière prescrite par
ce paragraphe (du règlement de la Compagnie) n'a
évidemment d'autre but que de constater d'avance
la valeur des objets avec autant de certitude que le
comporte l'exploitation industrielle à laquelle la Compagnie se livre ; — attendu qu'aucune loi ne défend
au voiturier de prendre les mesures qui lui semblent
les plus propres, et qui ne sont pas incompatibles

---

[1] En Prusse il y a une loi du 3 novembre 1838 qui, dans son
§ 25, astreint les chemins de fer à toutes les obligations des voituriers par terre et qui, par là, décide explicitement qu'il faut
leur appliquer le Code Napoléon et le Code de commerce. Cette
disposition était surabondante. Mais le législateur prussien n'a
pas voulu qu'un doute pût s'élever sur la situation légale des
compagnies de chemins de fer, comme entreprises de transports.

avec l'industrie qu'il exerce, pour se convaincre suffisamment tant de l'existence que de la valeur des objets qu'il se charge de transporter à l'effet de se prémunir contre les dangers qui pourraient résulter de l'erreur ou de la fraude ; — que les conventions faites dans ce but avec l'expéditeur des marchandises sont licites et ne sont défendues par aucune loi ; — que dès lors le tribunal de commerce, en déclarant en principe illégale la disposition du paragraphe 16 du règlement de transport de la demanderesse en cassation a faussement interprété les articles 103, Code de commerce, 1134, Code civil, et le paragraphe 25 de la loi du 3 novembre 1838, casse, etc. »

La Cour de cassation de Prusse a dans une autre espèce reconnu une certaine valeur à des clauses insérées dans les connaissements ou lettres de voiture des bateaux à vapeur du Rhin. Les compagnies propriétaires de ces bateaux insèrent dans leurs connaissements qu'elles ne répondront pas de toute avarie causée par l'eau ou par le feu, et que tout dommage provenant d'une de ces deux causes devra être regardé comme résultant d'un cas fortuit. Il a été jugé par la Cour d'appel de Cologne, le 24 février 1844, et par la Cour de cassation du royaume de Prusse, le 10 mars 1845, qu'une pareille clause ne déchargeait pas la Compagnie des bateaux à vapeur de la responsabilité que pouvait lui faire encourir ou son dol ou sa faute, mais qu'elle avait pour effet d'intervertir les rôles entre le voiturier par eau et l'expéditeur; que c'était à l'expéditeur à prouver que les avaries causées par le feu ou l'eau provenaient soit du dol soit de la faute de la Compagnie, et qu'il y avait dans la clause susmentionnée une dérogation conventionnelle à l'article 1784 du Code Napoléon.

Cette décision ne nous paraît pas plus juridique que celle du 16 mars 1852; en effet, la clause des connaissements des bateaux à vapeur du Rhin ne tend à rien moins qu'à modifier une des obligations qui résulte pour eux de l'article 1784 du Code Napoléon, et par là à restreindre leur responsabilité. En mettant la preuve à la charge de l'expéditeur, on rend sa position plus difficile devant les tribunaux. La loi dit que toutes les fois qu'il y a perte de colis confiés à un voiturier, le voiturier est présumé en faute. Le voiturier peut-il stipuler que dans tel ou tel cas la perte des colis sera présumée être le résultat de la force majeure? Nous ne saurions le penser, car nous voyons, dans une stipulation de cette sorte, une limitation de la responsabilité du voiturier, un moyen d'échapper à une des obligations imposées par la loi; or il est évident pour nous, par suite de la comparaison des articles 98 et 103 du Code de commerce, que le voiturier ne peut, même par une stipulation expresse et régulière, se soustraire en tout ou en partie aux obligations et à la responsabilité qui lui incombent en cas de perte des objets dont il doit effectuer le transport.

35. — Tel est le principe; il s'applique rigoureusement à la responsabilité du voiturier en cas de perte totale des colis à transporter. Mais, comme toutes les règles générales, il comporte quelques exceptions : 1° pour la responsabilité en cas d'avarie lorsque l'emballage paraît défectueux ; alors le voiturier peut faire avec l'expéditeur une stipulation de non-garantie; 2° pour la responsabilité en cas de retard, lorsque le voiturier réduit le prix du transport, pour se soustraire à une garantie indéterminée.

Nous parlerons plus au long de ces exceptions à propos de la responsabilité en cas d'avarie et des tarifs conditionnels [1].

36. — La conséquence de ce principe que les voituriers ne peuvent pas limiter conventionnellement leur responsabilité, est que les tribunaux refusent d'appliquer les stipulations faites dans ce but de limitation par les voituriers.

Lorsqu'il s'agit de conventions privées entre un expéditeur et un voiturier, les magistrats trouvent dans leur conscience que les stipulations limitatives de la responsabilité sont contraires à la loi; ils les déclarent non valables, et à bon droit selon nous. On peut discuter la décision qu'ils adoptent, mais on ne peut pas dire qu'ils outrepassent les limites de leur autorité.

Toutefois, s'il s'agissait de stipulations limitatives de la responsabilité, contenues dans des tarifs à prix réduits, homologués par l'administration supérieure, il nous semble que le pouvoir des tribunaux ne serait plus le même. Les tarifs homologués par le ministre

---

[1] Voyez *infrà*, numéros 74 et 193.

des travaux publics, ont le caractère d'actes administratifs [1]. Or, en vertu de la règle de la séparation des pouvoirs, les tribunaux ordinaires ne peuvent apprécier et juger les actes administratifs; ils peuvent en ordonner l'exécution et l'application entre les parties, mais là s'arrête leur droit. Ce serait donc, de leur part, empiéter sur les attributions du pouvoir administratif que de déclarer illégales et non valables certaines conditions, insérées dans un tarif, car ce serait apprécier et juger un acte administratif.

Les parties qui croiraient avoir à se plaindre des conditions insérées au tarif sur la responsabilité de la Compagnie du chemin de fer, devraient donc en poursuivre, s'il y avait lieu, l'annulation ou la réformation par les voies administratives. Mais ce que l'on pourrait se demander, c'est s'il ne vaudrait pas mieux que l'administration repoussât des tarifs des stipulations dont la jurisprudence refuse l'application dans les termes ordinaires du droit.

A cette question, il y a une réponse qui ne manque pas d'une certaine force. Dans le tarif général, l'administration ne permet d'insérer aucune clause qui déroge aux règles générales du contrat de transport. On ne trouve des clauses de cette nature que dans les tarifs à prix réduits, où on peut les considérer comme des compensations des réductions

---

[1] Voyez *infrà*, chap. VII, *de l'établissement des tarifs*, et chap. IX, *du caractère administratif des tarifs et des conséquences qui en découlent.*

de prix consenties par les compagnies. Ces dernières peuvent donc répondre aux expéditeurs qui critiquent ces clauses : « Si le tarif à prix réduit ne vous convient pas, faites faire vos expéditions selon le tarif général. Vous êtes libres de choisir celui qui vous convient. D'après le tarif ordinaire, vous avez contre les compagnies les droits les plus étendus, mais vous payez plus cher. D'après le tarif à prix réduits, vous avez des droits plus restreints contre les compagnies, mais vous payez moins cher. Toutefois, si vous optez pour le tarif à prix réduits, il faut le prendre dans son ensemble, tel qu'il a été homologué par l'administration ; et il n'est pas possible d'en effacer telle ou telle clause, car, sans la présence de ces clauses, les compagnies n'eussent sans doute pas abaissé leurs prix. »

Ce raisonnement a d'ailleurs été appliqué plusieurs fois par la jurisprudence à des expéditeurs qui, après avoir opté pour les tarifs à prix réduits, voulaient obtenir une indemnité plus forte que celle qui est stipulée dans les conditions de ces tarifs. On lit, en effet, dans un arrêt de la Cour impériale de Bourges, en date du 20 février 1860 : « Que les expéditeurs qui opèrent en dehors du tarif général sont mal venus à se plaindre du tarif spécial, alors qu'ils en profitent par l'abaissement des prix et la célérité des transports ; et qu'enfin, tenir pour non avenue la clause relative dont s'agit (elle restreignait l'indemnité pour le retard au prix du transport) serait scinder le contrat qui régit les tarifs spéciaux, et créer aux compagnies une condition tout autre que celle

qu'elles ont entendu accepter et que l'autorité compétente a cru devoir leur faire [1]. »

Maintenant que nous savons le voiturier soumis à
trois obligations principales :

1° Effectuer le transport suivant les conditions
stipulées;

2° Tenir registre des objets qu'il est chargé de
transporter;

3° Être responsable de ces objets sans pouvoir limiter la responsabilité que la loi lui impose,

Nous allons étudier les conséquences de cette responsabilité.

38. — Nous avons, dans ce chapitre, posé le
principe de la responsabilité du voiturier.

Nous avons maintenant à rechercher quelle est l'é-
tendue de cette responsabilité et dans quel cas elle
s'applique.

En règle générale l'étendue de la responsabilité du
voiturier est celle du préjudice causé par l'inexécution de ses obligations. Nous verrons bientôt les
modifications dont cette règle est susceptible.

Le préjudice éprouvé par le propriétaire des objets
à transporter peut provenir de trois causes différentes.
Il peut provenir :

1° Soit de la perte totale de la chose confiée au
voiturier ;

---

[1] *Journal du Palais*, 1860, 252. — Voyez aussi Paris, 29 février 1860; *Gazette des tribunaux* du 6 mars suivant.

2° Soit de la perte partielle de cette chose, c'est-à-dire des avaries qu'elle a subies aux mains du voiturier;

3° Soit du retard dans l'arrivée au lieu de destination.

SECTION DEUXIÈME.

.

—

Responsabilité de l'entrepreneur de transports en cas de perte totale.

39. — La responsabilité du voiturier découle de la nature du contrat de transport ; elle est de plus consacrée par la loi, comme nous l'avons dit dans le chapitre précédent (article 1784 du Code Napoléon, 98 et 103 du Code de commerce). Il résulte de là que le voiturier qui ne remet pas à destination les objets qui lui ont été confiés est présumé en faute. C'est donc à lui à prouver les cas fortuits ou la force majeure, quand il veut échapper à la responsabilité de la loi [1].

40. — Il y a, entre les cas de force majeure et les cas fortuits, cette différence que la force majeure implique le fait de l'homme, tandis que sous le nom de cas fortuits on comprend les événements qui ne procèdent que du hasard.

Ceci expliqué, on peut dire qu'on doit entendre par cas de force majeure ou cas fortuits les événements — quelle que soit leur cause — que la prudence et la vigilance d'un bon père de famille ne peuvent ni prévoir ni détourner. Balde [2] définit ainsi le cas de force majeure et le cas fortuit : *Accidens quod per custodiam, curam vel diligentiam mentis humanæ non potest vitari ab eo qui patitur.*

On peut citer, comme exemple de cas fortuit, celui d'un incendie se développant spontanément dans un chargement et le consumant tout entier. Dans une espèce où un accident de cette nature s'était produit,

---

[1] Aix, 6 août 1823. *Journal du Palais,* à sa date.
[2] Sur la loi 6, au Code *de pigneratitia actione.*

la Cour de Paris a jugé, par arrêt du 24 février
1820 [1], que le voiturier dont la voiture avait été
brûlée avec son chargement n'était pas responsable
vis-à-vis des propriétaires des marchandises détruites.
Le motif qui avait déterminé la Cour était que la
cause de l'incendie n'avait pu être connue, et que,
par conséquent, elle ne pouvait être regardée que
comme le résultat d'un cas fortuit.

Mais, si l'incendie provenait de matières inflammables chargées par l'entrepreneur de transports
sur la même voiture ou dans le même wagon que
d'autres marchandises, il ne faudrait pas adopter la
même décision. En effet, quoique la cause de l'incendie se développant au sein des matières inflammables pût être un cas fortuit ou de force majeure,
l'entrepreneur de transports serait responsable de la
perte des autres marchandises, comme ayant commis une faute en les réunissant dans le même chargement avec des matières exposées par leur nature à
se mettre facilement en combustion [2].

Les inondations, dont nous avons été témoins en
1856 étaient des cas fortuits. On sait qu'à Tours
la gare du chemin de fer d'Orléans fut complétement
envahie par les eaux et que beaucoup de marchandises y furent détruites. Quelques négociants, à qui
appartenaient ces marchandises, ne se rendant pas à
l'évidence des faits, intentèrent des procès en responsabilité à la Compagnie du chemin de fer ; mais

---

[1] *Journal du Palais*, à sa date.
[2] Cour de Paris, 29 avril 1820. *Journal du Palais*, à sa date.

ils les perdirent et furent repoussés par l'exception
tirée du cas fortuit.

41. — On s'est demandé si le vol commis pendant
que la marchandise est confiée au voiturier, qu'elle
se trouve soit en cours de voyage, soit dans des
magasins lui appartenant, peut être considéré comme
un cas de force majeure. Le droit romain disait sur
cette question : *Quæ fortuitis casibus accidunt, cum
prævideri non potuerunt, in quibus etiam agressura
latronum est, nullo fidei judicio præstantur* [1]. Et
Denis Godefroid énonçait, comme un point hors de
doute, que *latronum agressura fortuitis casibus nu-
meratur* [2]. Cela voulait-il dire que tous les vols devaient être rangés parmi les cas de force majeure ?
Nous ne le pensons pas. Par *agressura latronum* il
faut entendre un vol à main armée et non pas un
de ces vols ordinaires que, dans le langage de notre
droit criminel, on appellerait un larcin ou une filou-
terie, et que le droit romain nommait *furtum*. Nous
pensons donc que l'entrepreneur de transports ne
peut pas invoquer la force majeure, toutes les fois
qu'il s'agit de vols qu'une surveillance active, de sa
part ou de celle de ses préposés, eût suffi pour
empêcher. Et nous ne reconnaissons le caractère de
cas de force majeure qu'au vol commis avec violence,
ou par un attroupement auquel la résistance n'était
pas possible [3].

---

[1] Code *de pigneratitia actione.* L. 6.
[2] Sur la loi précitée.
[3] Pardessus, *Droit commercial*, t. 11, n° 545. — Cour de Lyon,
15 mai 1839 ; *Journal du Palais*, 1839, 1, 624.

42. — C'est au voiturier qui allègue la force majeure
ou le cas fortuit qui a fait périr la marchandise à
administrer la preuve de cette force majeure ou de
ce cas fortuit. Comment cette preuve devra-t-elle
être faite? Quelques auteurs soutiennent que la
preuve ne peut résulter que de procès-verbaux dressés
par un officier compétent, qui se transporte sur les
lieux de l'accident et en vérifie lui-même les causes
et les conséquences [1]. Un arrêt de la Cour de Colmar, en date du 6 janvier 1815 [2], a admis implicitement cette doctrine. Dans l'espèce qui était soumise à cette Cour, le voiturier invoquait à sa décharge
la force majeure, et il produisait des certificats pour
prouver qu'un débordement du Rhône l'avait surpris
en route. Le tribunal de commerce de Strasbourg
avait refusé d'admettre les certificats en preuve, « parce
qu'ils avaient été rédigés après l'arrivée de la marchandise à Strasbourg, tandis qu'ils auraient dû l'être
pendant qu'elle se trouvait encore sur les lieux. »
La Cour de Colmar confirma le jugement, en s'appuyant, entre autres motifs, sur ce que « les cas de
force majeure doivent être dans le moment même,
en quelque sorte, constatés par l'autorité locale. »

Nous ne saurions accepter cette doctrine. En effet,
la loi est muette sur la manière dont le voiturier doit
prouver la force majeure. Il faut alors recourir aux
règles générales sur la preuve : or, d'après les règles
posées par la loi en matière commerciale, la preuve

[1] Pardessus, *loc. cit.*
[2] *Journal du Palais,* à sa date.

peut se faire par tous les moyens possibles. Nous ne voyons pas pourquoi on dérogerait à ce principe, en ce qui concerne la force majeure ou les cas fortuits allégués par le voiturier. C'est au juge à apprécier les moyens de preuve que l'on produit à sa barre ; mais tous peuvent s'y produire.

43. — Le voiturier ne doit pas se borner seulement à prouver la force majeure, mais il doit encore établir qu'il ne lui a pas été possible de la prévenir ou de s'y soustraire. C'est ce qui a été jugé par arrêt de la Cour de Metz du 18 janvier 1815, où il est dit : « Que les voituriers et commissionnaires sont dans la même classe et catégorie que les dépositaires forcés ou salariés, qui ne peuvent exciper des cas fortuits ou de la force majeure, pour se dispenser de la garantie de la perte des marchandises confiées à leur garde, qu'autant qu'ils justifient qu'il n'y a eu ni imprudence, ni négligence ou incurie de leur part, et qu'ils ont été dans l'impuissance de prévoir, prévenir, éviter et atténuer les effets de l'événement qui amena fortuitement la perte ou les avaries des choses dont ils se trouvaient dépositaires, comptables ou gardiens responsables [1]. »

Il y a, en effet, des circonstances où le voiturier peut être déclaré responsable de la perte des marchandises qui lui étaient confiées, quoiqu'il y ait eu force majeure ou cas fortuit. Par exemple, le voiturier s'est écarté de la route ordinaire, il a pris des che-

---

[1] *Journal du Palais*, à sa date.

mins de traverse, sa voiture s'y est brisée ; dans
l'accident, des barriques ont été défoncées et des liquides se sont répandus par terre. Voilà bien un cas
fortuit, car c'est le mauvais état du chemin, auquel
le voiturier ne pouvait pas remédier, qui a été la
cause directe de l'événement; mais le voiturier était
en faute d'avoir quitté la route ordinaire, aussi doit-
il être rendu responsable de la perte des marchandises. On pourrait citer beaucoup d'espèces analogues
où la conduite des voituriers doit faire modifier la
règle générale qu'en cas de force majeure ou d'é-
vénements fortuits ils ne sont pas responsables.

44. — N'y a-t-il pas, outre la force majeure, des
cas où le voiturier peut élever la prétention de ne
pas répondre de la perte ?

Que décider, par exemple, au cas de défaut d'enregistrement provenant du fait d'un voyageur accompagnant ses colis, ou du fait de l'expéditeur ?
Nous ne parlons pas ici du cas où le défaut d'enregistrement proviendrait du voiturier, parce que
nous avons eu occasion plus haut de remarquer [1]
qu'alors le voiturier est en faute et que par conséquent
sa responsabilité est complétement engagée. Mais si,
au départ, le voyageur ou l'expéditeur ne font pas
enregistrer leurs bagages ou leurs marchandises, le
voiturier ne saurait être garant de la perte. En effet,
le rendre garant en pareille circonstance, ce serait
le livrer à la merci de tous les gens de mauvaise foi.

---

[1] N° 27.

45. — Sous notre ancien droit, l'obligation imposée aux voituriers de tenir des registres existait
aussi; or, il a été jugé par un arrêt du parlement de
Paris du 31 janvier 1693, que le voiturier n'était
pas responsable des paquets que les voyageurs n'a-
vaient pas fait inscrire. — Guyot, en rapportant cet
arrêt, le faisait suivre des réflexions suivantes : « Les
motifs de cette jurisprudence sont aussi justes que
sages. Si vous remettez un dépôt à un cocher,
sans en faire charger la feuille, et sans vous en assurer, à quel titre le maître en serait-il garant? Il
peut dire n'avoir rien eu à garder, et, dans le vrai,
il n'a contracté aucun engagement avec vous. Il peut
d'ailleurs opposer qu'il y a fraude de votre part, et
que vous n'avez omis l'enregistrement que pour avoir
du cocher meilleur compte et frustrer le maître de
ses droits [1]. »

46. — Il est quelquefois assez difficile de savoir
si l'enregistrement n'a pas eu lieu par le fait du voiturier ou par celui du voyageur. Ainsi un voyageur
réclame un colis qu'il dit avoir remis au départ à
un employé de l'entreprise de transport; la remise
à l'employé est constante et le colis est perdu. Que
décider?

Pour résoudre cette question, il faut rechercher à
quel employé le colis perdu a été remis. A-t-il été
remis à un employé préposé spécialement à la réception et à l'enregistrement des bagages et marchan-

---

[1] Merlin, *Répertoire*, v° *Messageries*, § 2, nomb. 1.

dises, et cet employé a-t-il été inexact dans l'accomplissement de ses fonctions? Alors l'entrepreneur de transports est responsable. L'objet perdu a-t-il au contraire été remis-à un employé qui n'est pas chargé du service des bagages et des messageries? Alors l'entrepreneur de transports n'est pas responsable [1].

47. — Vainement le voyageur ou l'expéditeur dont le colis a été perdu soutiendrait-il, pour obtenir des dommages-intérêts, qu'aux termes de l'article 1384 l'entrepreneur de transports est responsable de tous ses employés. L'entrepreneur de transports ne peut être responsable de ses employés que lorsqu'ils remplissent les fonctions qu'il leur a confiées. Si donc un voyageur ou un expéditeur remet un colis à un cocher ou à un conducteur de train, l'entreprise n'est pas responsable de la perte de ce colis.

Un sieur Suard avait remis à Fraillat, cocher de Huot, entrepreneur de transports de Paris à Montargis, un paquet qui avait été égaré. Le tribunal de Montargis avait condamné Huot à payer à Suard la valeur de ce paquet, et le motif sur lequel cette condamnation s'appuyait « était que Huot, comme tout entrepreneur, était civilement responsable des faits des personnes qu'il employait pour le fait de son entreprise. »

Ce jugement, déféré à la Cour de cassation, fut cassé le 29 mars 1814. L'arrêt dit: « Attendu que

---

[1] Cassation, 5 mars 1811. — Sirey, *coll. nouv.*, à sa date.

le tribunal de Montargis n'a pas reconnu que Pierre Fraillat fût préposé par Huot pour recevoir les marchandises confiées à son roulage ; — qu'il résulte du dispositif du jugement que le paquet ou ballot dont il s'agit n'a pas été remis, par le fils Suard, dans le lieu de l'entrepôt des marchandises du roulage, et n'a pas été inscrit sur le registre de la messagerie, d'où il suit que Huot n'a pas été légalement chargé de ce ballot, et que ce n'est que par une fausse application des articles 1384 et 1785 du Code Napoléon que ledit Huot a été déclaré responsable de la valeur de ce même ballot [1]. »

Cette jurisprudence est conforme à l'esprit de l'article 1384 ; le maître ne doit, en effet, répondre de son préposé que lorsque ce préposé s'acquitte des fonctions qui lui sont confiées. Or, un cocher ou un conducteur de train n'est pas préposé pour recevoir les marchandises à transporter ; ses fonctions sont tout autres. S'il reçoit des marchandises, il agit en dehors de ses fonctions, l'entrepreneur ne saurait donc être responsable ; c'est au voyageur ou à l'expéditeur de s'imputer de s'être adressé à un employé qui n'avait pas qualité pour recevoir ses colis, et par conséquent pour en charger l'entrepreneur de transports.

48. — Puisque nous parlons de remise de colis aux conducteurs des messageries, c'est ici le lieu de

---

[1] *Journal du Palais*, à sa date. — Voyez aussi Cassation, 5 mars 1811 ; *Journal du Palais*, à sa date.

mentionner une observation fort sage qui a été faite par plusieurs auteurs sur cette question.

« Si l'objet a été remis à l'employé, qui porte spécialement le nom de conducteur dans les entreprises de messageries, une distinction est à faire : au lieu du départ, il n'a pas qualité pour recevoir ; le colis doit être présenté au bureau d'inscription, mais dans le cours du voyage, il est préposé et engage la responsabilité de l'administration [1]. »

49. — Il a cependant été jugé par la Cour de Paris, le 15 juillet 1834, que l'entrepreneur de transport était responsable de la perte, même lorsque les objets perdus et non enregistrés avaient été remis au départ à un employé qui n'était pas préposé à la réception des bagages et messageries. L'arrêt dit :

« Considérant que le défaut d'inscription, sur les registres ou feuilles des entrepreneurs des voitures publiques, des effets ou marchandises à eux confiés, ne les décharge point de la responsabilité en cas de perte, mais impose seulement au voyageur l'obligation de prouver le fait du dépôt ;

» Considérant dans l'espèce qu'il est constant, par les documents du procès et non contesté, qu'un portemanteau contenant divers objets a été confié par Lenglet au conducteur de la voiture de Reims à Laon, au moment de son départ, le 15 mars 1833, et que ledit portemanteau a été perdu en route ;

---

[1] Alauzet, *Commentaire du Code de commerce*, n° 463. Cette distinction avait d'abord été faite par M. Troplong, *du Louage*, n° 934.

6

» Considérant que Carpentier, en sa qualité d'entrepreneur desdites voitures publiques, est responsable des faits de son conducteur comme de tout autre préposé, etc. [1] »

En droit strict cet arrêt serait mal rendu, mais il y a eu sans doute quelques considérations de fait qui ont déterminé les magistrats. Aussi est-ce là une décision toute particulière qui ne peut faire jurisprudence.

Il faut donc tenir pour certain que la responsabilité du voiturier ne peut pas être invoquée, lorsque les colis perdus n'ont pas été enregistrés par le fait du voyageur ou de l'expéditeur, et lorsqu'ils n'ont pas été remis à un employé chargé de leur réception.

50. — Souvent les voyageurs traitent, pour le transport de leur personne et de leurs bagages, avec des voituriers qui n'ont pas de service régulier établi sur la route à parcourir. En pareil cas, il n'est pas dans l'usage de faire inscrire les bagages ; les voituriers n'ont de registre que pour leurs services réguliers. Si les bagages d'un voyageur qui a ainsi traité avec un voiturier pour un voyage à volonté viennent à être perdus, le voiturier pourra-t-il, pour repousser l'action en responsabilité du voyageur, invoquer le défaut d'enregistrement des bagages ? Évidemment, non ; car les voituriers n'ayant pas de registre pour les voyages à volonté, ce n'est pas de

[1] *Journal du Palais*, à sa date. — Sirey, 34, 2, 482.

la faute du voyageur si l'enregistrement n'a pas pu
avoir lieu.

« Attendu, dit un arrêt de la Cour de Lyon du
15 mai 1839, que Déal (voiturier) n'ayant point de
service régulier de messagerie établi sur la route
de la Palisse, on comprend aisément qu'il ne saurait avoir de registre ouvert pour un transport sur
cette route, et qu'on ne peut imputer à faute contre
Tourraton (voyageur) de n'avoir pas fait faire l'inscription de sa malle sur un registre qui n'existait
pas, mais qu'il n'est pas moins constant, en fait, que
Déal s'est chargé comme voiturier du transport de
la malle.... Condamne Déal à payer à Tourraton la
somme de 300 francs [1]. »

51. — Outre les voituriers qui se chargent de
voyages à volonté, il y a des entreprises de voitures
publiques qui sont dans des conditions exceptionnelles et qui, par la manière dont elles s'exploitent, ne
peuvent pas enregistrer les colis qu'elles transportent.
Nous voulons parler des fiacres et des omnibus. Les
entrepreneurs de ces voitures sont responsables,
comme tous les voituriers, des bagages des personnes qu'ils transportent; car la remise des colis
qui leur est faite par les voyageurs est un véritable
dépôt nécessaire.

On comprend que ces entrepreneurs ne peuvent
pas avoir des bureaux d'enregistrement; mais leurs
cochers sont préposés à la réception et à la surveil-

---

[1] *Journal du Palais*, 1839, I, 624.

lance des bagages. Aussi, s'il y a perte d'un colis après la remise qui en a été faite au cocher ou au conducteur, la responsabilité remonte jusqu'à l'entrepreneur.

52. — Les entreprises de voitures de place ont essayé de décliner cette responsabilité. Mais un arrêt de la Cour de cassation du 1er mai 1855 [1] et un arrêt de la Cour impériale de Rouen, rendu après le renvoi de cassation, le 27 février 1856 [2], leur ont donné tort. Elles invoquaient les règlements de police qui leur ont imposé des obligations particulières ; mais elles ne prouvaient pas et ne pouvaient pas prouver que les règlements les eussent dispensées des obligations imposées aux voituriers par la loi générale.

D'après leur raisonnement, les chemins de fer auraient pu élever la prétention de se soustraire à la responsabilité qui incombe aux voituriers, parce que eux aussi sont dans des conditions d'exploitation toutes spéciales, et parce qu'ils sont aussi soumis à des règlements de police particuliers.

Dans l'espèce où sont intervenus les arrêts précités, l'entrepreneur poursuivi disait que le transport des bagages par les fiacres étant gratuit, il ne devait pas être responsable. C'était encore une mauvaise raison ; en effet, tous les voituriers transportent gra-

---

[1] *Journal du Palais*, 1855, II, 596.

[2] *Journal du Palais*, 1857, 816. — Voyez dans le même sens un arrêt de la Cour impériale de Paris du 17 décembre 1858 (4e ch.), *Gazette des tribunaux* du 23 décembre 1858.

tuitement les bagages des voyageurs jusqu'à un
certain poids, les chemins de fer jusqu'à 30 kilogrammes, et ils n'en sont pas moins responsables, en
cas de perte, des bagages ainsi transportés gratuitement.

Aujourd'hui que le tarif en vigueur pour les fiacres
de Paris leur alloue une rétribution de 20 centimes
pour le transport de chaque colis, les entrepreneurs
de ces voitures pourraient encore moins s'abriter
derrière le mauvais argument qu'ils avaient essayé
en 1855.

53. — Quant aux entrepreneurs d'omnibus, voici
dans quelles circonstances la question a été jugée à
leur égard.

Un sieur Sempé, arrivant à Paris par le chemin
de fer d'Orléans, avait pris, dans la cour de la gare,
un des omnibus du chemin de fer. Sa malle avait
été placée sur l'impériale de la voiture où il était
monté. Lorsqu'il fut arrivé à destination, le cocher
ne put lui rendre sa malle ; elle avait été, par erreur,
donnée à un individu qui était descendu en route, et
qui l'avait réclamée comme lui appartenant. Il y avait
dans la malle 5,600 francs en or. Le tribunal de la
Seine, trouvant qu'il y avait eu imprudence de la
part de M. Sempé à placer une somme de cette importance dans une malle, avait condamné l'entreprise
des omnibus du chemin de fer d'Orléans à payer
seulement 1,500 francs. L'avocat de la Compagnie
reconnaissait que M. Sempé avait averti le cocher
que sa malle contenait de l'or, de sorte que la res-

ponsabilité de l'entreprise des omnibus était complétement engagée. Aussi, sur l'appel, la Cour impériale
de Paris la condamna à rembourser les 5,600 fr. [1].

Ainsi, quoique les entreprises de fiacres et d'omnibus ne puissent pas avoir de bureaux d'enregistrement, elles n'en sont pas moins responsables des
colis remis à leurs cochers, parce que ceux-ci sont
préposés à la réception et à la garde des bagages
des voyageurs.

54. — Lorsque l'enregistrement de l'objet perdu
n'a pas pu avoir lieu par le fait de l'entrepreneur de
transports, ce dernier est responsable de la valeur de
l'objet perdu. Ainsi, il y a des chemins de fer où
un règlement interdit aux voyageurs d'entrer dans la
salle d'enregistrement des bagages avant d'être munis de leurs billets de place. Les facteurs de l'administration, dès qu'un voyageur arrive à la gare, transportent les bagages dans la salle qui leur est affectée.
Le voyageur ne peut les accompagner. Il faut qu'il
aille d'abord prendre son billet ; s'il est en avance, il
faut qu'il attende l'ouverture du bureau ; il faut aussi
quelquefois qu'il fasse queue assez longtemps. Muni
enfin de son billet, il retourne à la salle des bagages
pour faire enregistrer ses colis. Mais il y en a un de
moins. Il est évident que la compagnie est responsable de la perte de ce colis. Le voyageur a été, par
les règlements, éloigné de ses bagages. Il n'y a pas
eu enregistrement, c'est vrai, mais le voyageur allait

---

[1] Arrêt du 24 novembre 1857, *Gazette des tribunaux* du 25.

y faire procéder. Ayant remis ses colis aux facteurs, dans la salle des bagages, pendant qu'il était obligé d'attendre qu'il pût avoir son billet, il a suivi la foi de l'administration de la compagnie, qui doit alors l'indemniser de toute la valeur de l'objet perdu [1].

55. — La conséquence du principe posé ci-dessus, que les entrepreneurs de transports ne sont pas responsables des colis que les voyageurs n'ont pas fait enregistrer, est qu'ils ne sont pas garants de la perte des objets dont les voyageurs ne se dessaisissent pas. Ce point a été reconnu par M. le ministre des travaux publics, dans une décision du 20 août 1857, relative à l'exploitation des chemins de fer. Nous aurons à revenir sur cet acte dans quelques instants [2].

56. — Il peut se présenter un cas qui nous paraît équivaloir à un défaut d'enregistrement provenant du voyageur ou de l'expéditeur, et qui partant doit avoir pour effet de modifier la responsabilité de l'entrepreneur de transports. Sa responsabilité, avons-nous dit [3], doit être égale à l'étendue du préjudice causé ; mais, si le voyageur ou l'expéditeur font, lors de l'enregistrement, de fausses déclarations ou s'il y a de leur part une réticence équivalant à une fausse déclaration, l'entrepreneur de transports sera-t-il donc toujours obligé de rembourser toute la valeur de

---

[1] Voyez en ce sens : jugement du tribunal civil de la Seine du 16 octobre 1857; *Gazette des tribunaux* du 22 octobre 1857.
[2] *Infrà* n° 64.
[3] N° 38.

l'objet perdu? Tout le monde sait que tous les voituriers, messagistes ou compagnies de chemins de
fer ont des tarifs spéciaux pour le transport des
matières précieuses et des valeurs d'or et d'argent.
Supposez un voyageur ou un expéditeur qui, pour ne
pas payer les taxes. édictées pour ces sortes de valeurs, déclare un colis où il y a de l'or, par exemple,
comme contenant des effets d'habillements. Le voiturier, dans ces circonstances, doit-il, s'il y a perte
du colis, rembourser la valeur réelle de l'or qui y
était renfermé, ou doit-il seulement la valeur apparente de l'objet qui lui a été remis?

57. — Nous n'hésitons pas à décider que l'entrepreneur de transports n'est pas responsable des valeurs ou des matières précieuses qui ne lui ont pas
été déclarées[1], sauf une distinction dont il sera
bientôt question, relativement à l'argent que les voyageurs emportent pour les nécessités du voyage. Cependant la responsabilité indéfinie du voiturier a été
appliquée par un arrêt de la Cour impériale de Paris
du 12 janvier 1852[2]. Voici dans quelles circonstances :

---

[1] Voyez en ce sens : Toullier, t. XI, n° 255 ;
Duvergier, *Traité du Louage*, n° 329 ;
Marcadé, sur l'article 1785 ;
Zachariæ, *Cours de droit civil français*, t. III, p. 43 ;
Vanhuffel, *Traité du Louage et du Dépôt appliqué aux voituriers*,
p. 50, n° 11 ;
Sourdat, *Traité de la responsabilité civile*, t. II, n° 1006 et suiv.
[2] *Journal du Palais*, 1852, I, 420.

Une Anglaise, Mme Lloyd, avait pris à Boulogne le chemin de fer pour Amiens ; en entrant dans la voiture, elle avait à la main un sac de nuit. Un employé lui fit remarquer que ce sac était trop volumineux pour qu'elle pût le garder avec elle, et, malgré ses protestations, il le prit pour le placer dans le wagon aux bagages. Il le fit peser et remit à Mme Lloyd un bulletin constatant que le poids de ce sac était de 6 kilos. A l'arrivée, le sac ne fut pas retrouvé ; il fut réclamé par Mme Lloyd, qui fit connaître alors qu'il contenait un écrin de diamants valant 10,000 francs. Le lendemain, on le lui rapporta, mais l'écrin avait disparu, et le sac, au lieu de 6 kilos, n'en pesait plus que 4. — La Compagnie du chemin de fer d'Amiens à Boulogne refusa de payer la valeur de l'écrin perdu ; elle soutenait que rien ne prouvait la présence de l'écrin dans le sac de nuit, au moment où il avait été remis à l'employé qui l'avait fait enregistrer ; que la Compagnie ne pouvait pas répondre des diamants et objets d'une aussi grande valeur, lorsqu'on ne les lui déclarait pas ; qu'il existait, en effet, dans le tarif un prix spécial pour le transport des pierreries et des valeurs d'or et d'argent ; que ce tarif était plus élevé que celui fixé pour le transport des autres objets, parce que la Compagnie courait plus de risques et parce qu'elle était obligée à plus de surveillance et de précautions pour le transport de ces matières précieuses ; qu'elle ne pouvait donc être responsable que lorsqu'on lui avait payé le prix de ce tarif spécial ; que le voyageur qui s'y était soustrait et qui avait laissé classer ses bagages parmi les colis ordinaires, ne pouvait réclamer que le prix habituel des colis de cette nature, et qu'il n'était pas recevable à demander qu'on lui remboursât la valeur des bijoux qu'il n'avait pas déclarés.

L'arrêt rendu dans cette affaire a posé en principe que le défaut de déclaration ne déchargeait pas l'entrepreneur de transports de sa responsabilité, et qu'il avait seulement le droit de réclamer reconventionnellement le prix du tarif spécial ; puis, admettant en fait que la déclaration de la dame Lloyd devait être sincère, il a condamné la Compagnie du chemin de fer à lui payer la valeur de son écrin de diamants.

58. — Jusqu'à cet arrêt du 12 janvier 1852, la jurisprudence s'était prononcée dans un sens opposé. Nous citerons notamment un arrêt de la Cour de Douai du 17 mars 1847 [1]. Il s'agissait de 1,100 fr. d'espèces placés par un voyageur dans une malle perdue par la Compagnie du chemin de fer du Nord. La Cour de Douai s'est fondée, pour écarter la réclamation des 1,100 francs, sur ce qu'il y avait un tarif spécial pour les valeurs d'or et d'argent ; elle a considéré qu'en ne payant pas le supplément de prix stipulé dans le tarif pour le transport de l'argent monnayé, le voyageur « n'avait pas mis la Compagnie à même de prendre des soins proportionnés à la valeur des objets précieux qu'il lui confiait, et l'a-

---

[1] *Journal du Palais*, 1849, 1, 362.

vait privée de la prime qui devait, en cas de perte, servir à l'indemniser du risque qu'elle courait; que, n'ayant ni déclaré l'existence de l'argent dans la malle ni payé la prime, il ne pouvait réclamer contre la Compagnie les conséquences d'une responsabilité à laquelle elle n'avait pas entendu se soumettre. »

La Cour de Douai avait, dans cette occasion, suivi la jurisprudence qui avait prévalu jusqu'à l'arrêt de 1852 précité. Parmi les anciens arrêts qui avaient repoussé les réclamations des voyageurs, lorsqu'ils soutenaient que, dans leurs bagages perdus, il y avait, soit de l'argent comptant, soit des bijoux, il en est un de la Cour impériale de Bruxelles du 28 avril 1810 [1], qui avait posé les principes d'une manière très-juridique. Aussi n'est-il peut-être pas inutile d'en rappeler ici les dispositions principales.

Un voyageur réclamait à une entreprise de messageries la valeur d'un portemanteau perdu, qui, disait-il, contenait 4,000 francs en espèces. Lors de l'enregistrement de son bagage, il n'avait pas déclaré la présence de cet argent dans son portemanteau. Après avoir visé l'article 1785 du Code Napoléon, l'arrêt continue ainsi : « Attendu que la désignation au moins générique des objets à transporter est d'autant plus indispensable, lorsqu'il s'agit d'espèces d'or ou d'argent, que ces objets exigent un soin plus

---

[1] *Journal du Palais*, à sa date.—Voyez aussi en ce sens : Lyon, 6 mars 1821 ; *Journal du Palais*, à sa date; Montpellier, 15 juillet 1826, *id.*

particulier et immédiat de la part du conducteur
pour leur conservation, et que c'est à raison de cette
surveillance et du péril qu'il est dû une indemnité
proportionnelle à l'entreprise ;

» Que, dans l'espèce, l'appelant est en aveu que
le registre de l'entrepreneur contient sa déclaration
qu'il n'a indiqué aucune somme en or ou en argent
qui aurait pu être renfermée dans son portemanteau qu'il a laissé placer sur l'impériale de la voiture ;
qu'il n'a pas non plus acquitté le trentième usité
pour le transport de l'argent, mais qu'il s'est borné
à payer le seul salaire sur le poids d'un portemanteau et d'un ballotin ou paquet, montant à la somme
de 1 fr. 50 c. ;

» Attendu qu'ayant ainsi négligé de donner connaissance à l'entrepreneur de la somme qu'il réclame,
et de satisfaire ce qui aurait été dû de ce chef, les
parties ne peuvent être censées avoir voulu contracter
aucun engagement relatif au transport d'argent ;
qu'ainsi il n'y a point de formes habiles à une action
en restitution de l'argent, dont le registre ne contient point la déclaration ni la preuve du chargement, etc. »

59. — Un arrêt de la Cour impériale de Paris du
10 avril 1854, rendu sous la présidence de M. le
premier président Delangle, a aussi très-énergique-
ment proclamé les vrais principes sur ce sujet. Il est
bon d'en rappeler les termes :

« Considérant que les tarifs annexés aux lois qui
ont autorisé l'établissement des chemins de fer va-

rient suivant la nature et la valeur des objets transportés, la difficulté du transport, l'étendue de la responsabilité en cas de perte ; que notamment l'or,
l'argent, les bijoux et finances sont soumis à des
perceptions réglées annuellement par l'administration
sur les propositions des compagnies ;

» Considérant que ces tarifs, rendus publics, forment entre les compagnies et les particuliers un contrat dont l'exécution ne peut être éludée d'aucune
part ;

» Que l'expéditeur qui confie au chemin de fer
un colis sans en spécifier le contenu, et qui, faisant
fraude aux droits de la compagnie, ne paie le prix
de transport qu'en raison du poids matériel, alors
que la désignation des objets renfermés dans le colis
aurait donné lieu à une perception dix ou vingt fois
plus forte, ne saurait, la perte se réalisant, être admis à réclamer de l'entreprise une indemnité dont elle
n'a pas connu la chance et reçu la compensation, et à
lui imposer les conséquences des dissimulations pratiquées à son détriment ;

» Qu'une déclaration sincère est d'autant plus nécessaire que des précautions plus grandes sont naturellement apportées à la conservation et à la remise
d'effets de nature à tenter la cupidité, etc. [1]. »

Par cet arrêt, la Cour impériale de Paris est donc
revenue sur la jurisprudence qu'elle avait adoptée le

---

[1] *Journal du Palais*, 1854, II, 586. — Voyez dans le même
sens un jugement du tribunal de la Seine, deuxième chambre, du
23 novembre 1860 ; *Gazette des tribunaux* du 19 décembre 1860.

12 janvier 1852. Il s'agissait dans l'espèce d'un paquet remis au chemin de fer d'Orléans sous la désignation de boîte en fer ; or, cette boîte, qui avait
été perdue, contenait pour 96,000 francs de valeurs,
dont 30,000 francs en billets de banque [1]. L'expéditeur réclamait la restitution de ces 30,000 francs,
plus 20,000 francs à titre de dommages-intérêts.
C'est cette demande qui a été repoussée avec beaucoup de raison par l'arrêt qui vient d'être rapporté.

En effet, le contrat qui intervient entre le voiturier
et l'expéditeur est un contrat vraiment commutatif,
et les voyageurs ou expéditeurs ne doivent pas être
recevables à invoquer la responsabilité du voiturier,
quand, par leurs réticences, ils ont éludé de payer le
risque qu'ils mettaient à la charge du voiturier.

60. — Nous avons indiqué plus haut [2] qu'il y
avait une distinction à faire pour l'argent que les
voyageurs emportaient dans leurs bagages pour les
besoins du voyage. Cette distinction a été appliquée
souvent par la doctrine et par la jurisprudence ; et il
faut l'approuver. Plusieurs arrêts, parmi lesquels on
doit remarquer celui de la Cour de Douai du 17 mars
1847, cité ci-dessus [3], ont admis que les entrepreneurs de transports étaient responsables, en cas de
perte d'un colis, *des sommes modiques* que le voyageur y aurait placées *pour subvenir aux frais de*

---

[1] Sur les fausses déclarations voyez *infrà*, chapitre *Obligations
de l'expéditeur et du destinataire*, nos 139 et 140.

[2] No 57.

[3] No 58.

route. Un arrêt de la Cour impériale d'Angers, en date du 20 janvier 1858, a statué dans le même sens en condamnant la Compagnie du chemin de fer d'Orléans à rembourser à un voyageur une somme de 1,300 francs qui avait été renfermée par lui dans une malle perdue [1]. L'arrêt a apprécié, en fait, que cette somme était en proportion présumée avec les besoins du voyage : le voyageur allait d'Angers à Toulouse pour passer un mois dans cette dernière ville.

La question de la responsabilité indéfinie du voiturier s'est présentée encore devant la Cour de Bordeaux dans des circonstances qu'il est bon de rappeler. Un Anglais, M. Forrest, réclamait à la Compagnie des chemins de fer du Midi une somme de 25,000 francs, qu'il disait contenue dans un sac de nuit qu'on ne pouvait lui représenter. La Cour n'a pas hésité à décider que la Compagnie ne pouvait être responsable de cette somme. On avait, à propos de ce procès, produit plusieurs consultations de MM. Rodrigues, Dufaure, de Vatimesnil, Paillard de Villeneuve, du barreau de Paris, et Vaucher, du barreau de Bordeaux. Tous ces jurisconsultes avaient très-nettement tranché la question suivant l'opinion que nous avons adoptée. Ils déclaraient que les voituriers ne pouvaient pas être tenus de rembourser autre chose que l'argent constituant ce qu'on nomme la bourse de voyage.

---

[1] *Gazette des tribunaux* du 30 janvier 1858.

61. — L'article 1782 du Code Napoléon assimile pour la responsabilité le voiturier à l'aubergiste. Il n'est peut-être pas inutile de voir, à propos de la question qui nous occupe, l'application que fait la jurisprudence de l'article 1952 relatif aux aubergistes. Cet article dit : « Les aubergistes ou hôteliers sont responsables, comme dépositaires, des effets apportés par le voyageur qui loge chez eux; le dépôt de ces sortes d'effets doit être regardé comme un dépôt nécessaire. » Certes, voilà des expressions bien générales ; cependant la jurisprudence a toujours admis pour les hôteliers le même tempérament que pour les entrepreneurs de transports, en ce sens qu'elle ne les rend responsables que des valeurs *dont ils sont présumés avoir accepté la responsabilité, eu égard à la position sociale du voyageur et à la tenue habituelle de l'hôtel dans lequel on le reçoit.* Telles sont les expressions d'un arrêt de la Cour de Rouen du 4 février 1847 [1].

La jurisprudence, en refusant d'admettre le principe de la responsabilité indéfinie des aubergistes ou hôteliers, a fait une très-saine application de l'article 1952. Ses décisions sur ce sujet sont extrêmement sages et conformes en tous points à l'esprit de la loi. Lorsque l'on se reporte aux travaux préparatoires du Code civil, on voit que la section de législation du conseil d'État avait proposé, pour l'article qui est devenu l'article 1952 du Code Napoléon, la rédaction

---

[1] Voyez en ce sens les arrêts suivants de la Cour impériale de Paris : 21 novembre 1836, 7 mai et 26 décembre 1838.

suivante : « L'hôtelier ou l'aubergiste est responsable des effets apportés par le voyageur, encore qu'ils n'aient pas été remis à sa garde personnelle. » Le Tribunat trouva que cette rédaction donnait un caractère beaucoup trop absolu à la responsabilité des aubergistes. Il fit en conséquence les observations suivantes : « Il a paru beaucoup trop rigoureux d'assujettir les aubergistes ou hôteliers, sans distinguer aucune circonstance et sans excepter aucun cas, à la responsabilité de tout ce qu'un voyageur aurait apporté chez eux, quand même ce serait des objets du plus léger volume et du plus grand prix, et que même le voyageur n'aurait prévenu personne. »

La conclusion à laquelle arrivait le Tribunat était que la solution de la question devait être laissée à l'arbitrage du juge. C'est en usant de la faculté que la loi leur attribue que les tribunaux ont posé, en ce qui concerne la responsabilité des aubergistes, les règles que nous avons rapportées plus haut. Du moment qu'en appliquant l'article 1952 on limitait cette responsabilité aux objets et valeurs qui étaient en rapport avec la situation du voyageur et les besoins du voyage, et qu'on ne l'étendait pas aux sommes importantes dont l'aubergiste n'était pas présumé avoir voulu accepter la responsabilité, on ne pouvait pas avoir une autre règle d'appréciation pour les voituriers.

62. — Il y a cependant des arrêts qui ont condamné des hôteliers à rembourser intégralement les valeurs réclamées par des voyageurs, quelle que fût

7

d'ailleurs l'importance de ces valeurs mais, il faut
remarquer que ces arrêts ont été rendus dans des
espèces où les valeurs réclamées avaient été volées
par des domestiques de l'hôtel [1]. C'est là une application des articles 1384 et 1953 combinés, qui
n'a rien que de très-raisonnable et de très-juste. En
effet, aux termes de l'article 1384, l'hôtelier est in-
définiment responsable de ses gens de service, quand
ils commettent un vol ou un autre délit dans l'hôtel
où ils sont employés. Il faudrait décider de même
à l'égard du voiturier, s'il était établi que le colis
qui contenait des valeurs importantes et qui a disparu a été volé par un de ses employés; car, dans ce
cas, il ne serait plus responsable en vertu des articles 1782 et 1952, mais en vertu de l'article 1384
qui pose le principe d'une responsabilité indéfinie.

63. — Jusqu'à présent nous avons parlé indistinctement du voyageur qui avait renfermé dans ses
bagages des valeurs ou des matières précieuses, et
de l'expéditeur qui en avait placé dans un colis
confié par lui au voiturier. C'est qu'en effet pour
nous la situation du voyageur et celle de l'expéditeur
sont les mêmes lorsqu'il y a absence de déclaration.
Cependant on a essayé de faire une distinction au

---

[1] Il y a en ce sens un arrêt de la Cour de cassation du 11 mai
1846. Cet arrêt n'a appliqué le principe de la responsabilité indéfinie que parce qu'il y avait eu vol commis par un des gens
de l'hôtel.

profit du voyageur. Dans l'espèce soumise à la Cour impériale de Bordeaux, dont il a été question ci-dessus [1], le tribunal de commerce avait condamné la Compagnie des chemins de fer du Midi à restituer au sieur Forrest la somme de 25,000 francs qui se trouvait dans le sac de nuit perdu pendant le trajet de Bayonne à Bordeaux ; un des motifs sur lesquels s'appuyait le tribunal était que le tarif relatif aux valeurs et matières précieuses *ne s'appliquait pas aux expéditions accompagnées par le voyageur*, c'est-à-dire aux bagages. D'où le tribunal tirait la conséquence *que, de toute évidence, il fallait reconnaître que les bagages accompagnés ne devaient être l'objet d'aucune déclaration de la part du voyageur.* Cette distinction est purement arbitraire et il n'y en a trace ni dans les cahiers des charges ni dans les tarifs. Jamais, avant l'établissement des chemins de fer, on n'avait tenté de faire une pareille distinction, et, dans toutes les espèces rapportées ci-dessus, où des entreprises de messageries étaient en cause, les arrêts ont toujours reconnu que les tarifs relatifs au transport de l'or, de l'argent et des matières précieuses s'appliquaient aussi bien aux bagages qu'aux objets expédiés seuls. Il ne faudrait pas aujourd'hui, sans aucun motif plausible, rendre la position des compagnies plus mauvaise que ne l'était celle des entreprises de messageries.

64. — Il y a d'ailleurs un acte qui indique com-

---

[1] No 60.

ment l'administration publique comprend l'application des tarifs sur le transport des valeurs et métaux précieux. C'est l'arrêté ministériel du 20 août 1857. Voici en quels termes il est conçu :

« 1. — Les compagnies de chemins de fer ne doivent pas soumettre à la taxe les sacs d'espèces que les voyageurs peuvent garder avec eux dans les voitures sans gêner leurs voisins. »

« 2. — Pour les sacs d'espèces transportés dans ces conditions, et pour les autres objets dont les voyageurs ne se dessaisissent pas, les compagnies sont affranchies de toute responsabilité en cas de perte. »

« 3. — Le poids maximum des espèces en sacs, or, argent, billon, que les voyageurs peuvent garder avec eux gratuitement, est fixé à 25 kilogrammes. »

Il résulte de cet arrêté que le numéraire, sauf le cas où les voyageurs le gardent avec eux, doit toujours payer la taxe spéciale, et ce, même lorsqu'il est renfermé dans les bagages des voyageurs. L'arrêté dit encore que l'on ne peut garder avec soi gratuitement plus de 25 kilogrammes de numéraire ; donc, pour tout ce qui excède le poids maximum, on doit la taxe spéciale ; et, qui mieux est, bien que l'on ait payé cette taxe pour ce qui surpasse 25 kilogrammes, la compagnie n'est pas responsable en cas de perte. Si telle est la règle pour les valeurs en espèces que les voyageurs placent dans les voitures avec eux, comment pourrait-on soumettre les compagnies à une responsabilité indéfinie pour le

numéraire et les matières précieuses que les voyageurs ont placés dans leurs bagages, sans les déclarer
et en se soustrayant au paiement de la taxe spéciale?

65. — Les motifs de l'arrêté ministériel du 20
août 1857 se comprennent fort bien. On n'a pas
voulu que les voyageurs, en gardant avec eux des
sommes considérables, pussent priver les compagnies
de la perception des droits qui leur sont dus. D'autre
part, en présence du principe qui déclare le voiturier affranchi de toute responsabilité lorsque les
voyageurs gardent certains objets sous leur propre
surveillance, on ne pouvait décider que le paiement
de la taxe spéciale au-dessus de 25 kilogrammes
changerait les règles de la responsabilité, car le
voyageur qui ne confie pas ses valeurs aux employés
de la compagnie ne suit pas la foi de cette compagnie, et, de fait, la compagnie ne peut pas exercer de
surveillance sur ce que les voyageurs placent dans
les voitures où ils montent.

La conclusion qu'il faut tirer de cet arrêté ministériel du 20 août 1857, dont nous venons d'indiquer
les dispositions, c'est que, pour le transport des matières précieuses et des valeurs d'or et d'argent, il
n'y a pas à distinguer entre les expéditeurs et les
voyageurs, puisque les tarifs spéciaux s'appliquent
aussi bien aux bagages accompagnés par les voyageurs qu'aux colis expédiés seuls.

66. — Nous venons de voir quelle est l'étendue
de la responsabilité du voiturier et dans quels cas il

est garant de toute la valeur des objets perdus; il
nous reste à rechercher comment l'expéditeur établira la valeur des objets qu'il réclame.

Deux hypothèses peuvent se présenter : ou bien,
au moment de l'expédition, l'expéditeur a déclaré
au voiturier la valeur des colis qu'il lui confiait, et il
a fait mentionner cette valeur sur les registres du
voiturier ou du commissionnaire, conformément au
droit que lui donne l'article 96 du Code de commerce :
ou bien il n'y a eu ni déclaration ni mention de ce
genre.

Dans le premier cas, la valeur des objets perdus
est établie par la déclaration de l'expéditeur et par
la mention inscrite sur les livres du voiturier. Ce dernier est alors responsable de la valeur déclarée, et
c'est à lui, s'il ne veut pas se soumettre à cette responsabilité, à prouver que la déclaration était fausse
ou frauduleuse et que les objets perdus étaient d'une
moindre valeur.

Dans le second cas c'est à l'expéditeur à prouver
la valeur qu'il attribue aux colis manquants.

67. — Mais comment la preuve sera-t-elle faite?
Peut-on prétendre que, si l'expéditeur réclame plus
de 150 fr., il ne pourra être admis à prouver sa réclamation s'il n'existe pas entre le voiturier et lui un
acte écrit établissant que le voiturier a accepté la
responsabilité des objets qui lui était remis? Cette
question a été résolue contre les Messageries royales.
Elles soutenaient que les règles applicables aux entrepreneurs de transports étaient les règles du dépôt

et notamment l'article 1923 du Code Napoléon, et
que puisqu'il s'agissait de plus de 150 fr. et qu'il
n'y avait pas d'acte constatant le dépôt, l'expéditeur
ne devait pas être admis à la preuve de sa réclamation.

Par arrêt du 18 juin 1833, la Cour de cassation
a décidé : « Que l'effet de la responsabilité des Messageries était réglé, non par les principes du contrat
de dépôt, mais par les dispositions du Code civil et
du Code de commerce sur les commissionnaires et
les voituriers; que cette responsabilité s'étendait à
toute la valeur des objets perdus, et que, si le propriétaire n'avait pas déclaré cette valeur au moment
du chargement aux Messageries, déclaration purement facultative et qui n'est ordonnée par aucune
loi, c'était à ce propriétaire qu'il incombait de prouver la valeur des objets perdus, et que cette preuve,
qui pouvait s'établir par toute espèce de documents,
constituait une appréciation de faits qui rentre essentiellement dans les attributions souveraines du juge
du fait. »

Il faut en effet tenir pour certain que l'expéditeur pourra prouver sa réclamation par toute espèce
de documents et qu'il ne se verra pas arrêté par la disposition de l'article 1923 du Code Napoléon. Dans
l'espèce où a été rendu l'arrêt de la Cour de cassation
dont il vient d'être question, l'expéditeur prouvait la
valeur du ballot perdu par les factures des commerçants
chez qui il avait acheté les marchandises qu'il y avait
renfermées. Ce fut ces factures qui déterminèrent
la Cour de Paris à prononcer contre les Messageries

une condamnation égale à la valeur indiquée par l'expéditeur comme étant celle du ballot qui n'avait pas été remis à destination.

Mais supposons que l'expéditeur ne puisse pas produire de factures ou de documents émanés d'un tiers ; qu'il n'ait, par exemple, que ses propres livres de commerce. Dans une pareille hypothèse, sa réclamation devra-t-elle être admise pour sa totalité ? A cet égard, la plus grande latitude est laissée aux tribunaux. On sait que l'article 12 du Code de commerce dit que « les livres de commerce régulièrement tenus peuvent être admis par le juge pour faire preuve entre commerçants pour faits de commerce. » Les livres de l'expéditeur pourront donc être pris en considération par les tribunaux suivant les circonstances; mais ils ne feront pas foi par euxmêmes; ils ne lieront pas le juge, qui sera toujours libre d'assigner à l'objet perdu une autre valeur que celle résultant de leurs énonciations.

C'est ce qu'a fait la Cour de Paris dans un arrêt du 3 mars 1831.

Une caisse portant cette mention, *Orfévrerie*, avait été confiée à Marseille au courrier de la malle. Les expéditeurs n'avaient pas déclaré sa valeur, et ils avaient payé le transport à raison du poids, qui était de 1 kilo 1/2. La caisse fut volée en route. Les expéditeurs réclamèrent 4,691 fr. comme représentant la valeur des objets contenus dans la caisse. A l'appui de cette réclamation, ils apportaient leurs livres de commerce, qui donnaient en effet aux objets une valeur de 4,691 fr. Mais la Cour n'admit pas la preuve

résultant de ces livres. On lit en effet dans son arrêt :
« Considérant que les frères Jouanne ne justifient
pas suffisamment de la valeur des marchandises que
contenait ladite caisse, et qu'ils ne l'ont pas déclarée
en déposant la caisse au bureau des courriers; et, à
défaut de cette déclaration, arbitrant cette valeur à
la somme de 2,000 fr., etc. »

Il résulte donc de la jurisprudence que les expéditeurs sont admis à produire toute espèce de documents pour établir la valeur des objets perdus, et
que les tribunaux ont un pouvoir souverain pour
apprécier, ces documents et pour y puiser les éléments qui peuvent les décider à assigner aux colis
manquants telle ou telle valeur.

68. — Mais que devra-t-on faire en l'absence de
documents pouvant établir la valeur des objets perdus? On comprend que souvent le voyageur et l'expéditeur n'auront pas entre les mains des factures
prouvant la valeur des objets contenus dans les colis
confiés au messagiste ou au voiturier. Souvent aussi
il ne sera pas possible de recourir à des livres de
commerce ; car les voyageurs n'en ont pas et les expéditeurs ne sont pas tous commerçants. Le juge
devra-t-il alors croire, pour l'importance et la valeur des objets perdus, l'affirmation de l'expéditeur
ou du voyageur?

« L'ancienne jurisprudence ne faisait pas difficulté, dit Merlin [1], lorsque des effets se trouvaient

---

(1) *Répertoire*, v⁰ *Messageries*, § 2, nomb. 4.

perdus par la faute ou la négligence d'un maître de messageries ou de ses facteurs, de le condamner à en rendre la valeur au propriétaire sur la déclaration détaillée que celui-ci en donnait et qu'il affirmait véritable. Cette jurisprudence était fondée sur les principes qui ont fait de tout temps admettre le serment *in litem* dans les cas marqués par la loi ; et elle avait été notamment confirmée par un arrêt du Parlement de Paris du 30 mai 1656. »

Merlin cite encore deux arrêts rendus dans le même sens par le même Parlement, l'un le 16 mai 1760 et l'autre le 3 septembre 1761. Dans ces deux affaires les messagistes ont été condamnés à payer la valeur que les voyageurs assignaient aux objets perdus, à la charge toutefois par les voyageurs d'affirmer la sincérité de leurs réclamations [1].

Jousse dit de son côté : « Celui à qui appartiennent les objets perdus en est cru à son serment pour la quantité des effets donnés à voiturer, les particuliers n'étant pas obligés de charger les registres de messageries de tous les effets en détail [2]. »

69. — Cette ancienne jurisprudence était fort sage. Le Code Napoléon l'a admise dans son article 1369, en autorisant les tribunaux à recourir au serment litisdécisoire prêté par le demandeur lorsqu'ils se trouveront placés entre les seules alléga-

---

[1] *Loco citato.*

[2] *Commentaire sur l'ord.* de 1667, tit. XX, art. 2. — Voyez aussi Pothier, *Traité des obligations,* nomb. 931.

tions de l'expéditeur ou du voyageur et les dénéga-
tions du voiturier. Mais pour que ce serment sur la
valeur de la chose demandée puisse être déféré par
le juge, il faut qu'il n'y ait pas d'autre mode de
preuve possible. « Il y a lieu au serment litisdécisoire, dit M. Bonnier, toutes les fois qu'une perte
étant d'ailleurs établie, on ne peut en constater l'importance que par la déclaration de la partie même
qui l'a soufferte [1]. »

L'évaluation faite sous serment ne doit prendre
pour base que la valeur réelle de la chose perdue ;
elle ne doit pas considérer la valeur d'affection que
cette chose pouvait avoir pour son propriétaire. En
effet, on n'admet pas dans notre droit ce que l'on
appelait en droit romain *juramentum affectionis*, on
ne connaît que le *juramentum veritatis*.

On sait du reste que, même après avoir déféré le
serment, le juge est libre de ne pas accepter l'estimation faite par celui qui l'a prêté : *Etsi juratum
fuerit, licet judici absolvere, vel minoris condem-
nare* [2].

Enfin il faut remarquer que l'article 1369 du Code
Napoléon impose au juge l'obligation de fixer la
somme jusqu'à concurrence de laquelle le demandeur
en sera cru sur son serment.

---

[1] *Traité des preuves*, n° 32?.
[2] Marcianus, ff. *de in litem jurando*, l. 5, § 2. — Pothier, *op.
cit.*, n. 932. — Bonnier, *loco cit.*

SECTION TROISIÈME.

Responsabilité en cas d'avarie.

SOMMAIRE. — 70. Le voiturier est présumé responsable des avaries jusqu'à preuve contraire. — 71. Avaries causées par le vice propre de la chose. — 72. Des avaries provenant d'emballages défectueux. — 73. Le voiturier ne peut pas stipuler qu'il ne répondra pas des avaries d'une façon générale et absolue. — 74. Mais la clause de non-garantie est licite en cas d'emballage défectueux. — 75. Comment l'expéditeur doit-il être indemnisé en cas d'avaries arrivées à ses marchandises? — 76. Du pouvoir discrétionnaire des tribunaux en cette matière.

70. — Nous savons que le voiturier ne peut pas limiter sa responsabilité en cas de perte totale ; il ne peut pas la limiter davantage au cas d'avaries éprouvées par les marchandises qui lui ont été confiées.

De même qu'en cas de perte totale la loi présume que la perte provient de sa faute ou de son fait à moins qu'il ne prouve la force majeure, de même, quand il y a des avaries, elles sont présumées provenir de sa faute ou de son fait s'il ne prouve qu'elles procèdent de la force majeure ou du vice propre de la chose (article 103 du Code de commerce) ou de la faute de l'expéditeur.

Nous nous sommes expliqué plus haut sur la force majeure en cas de perte totale ; les règles sont les mêmes en ce qui concerne la force majeure qui a causé des avaries aux marchandises. Nous n'avons donc qu'à renvoyer à ce qui a été dit précédemment [1].

71. — Comme exemple d'avaries causées par le vice propre de la chose, on peut citer les déperditions auxquelles sont sujets les liquides. On sait que les liquides diminuent par l'évaporation et que l'évaporation se produit même quand ils sont renfermés dans des fûts. Aussi est-il d'usage que le destinataire ne puisse se plaindre lorsque le voiturier lui remet un fût auquel il manque une petite quantité de liquide; on nomme le vide qui peut exister « creux de route. » Il doit être modéré et proportionné à la nature du liquide, à la durée du voyage et à la capacité de la barrique.

72. — Quant aux avaries provenant de la faute ou du fait de l'expéditeur, c'est en général celles qui sont causées par un emballage défectueux. Le voiturier ne peut être responsable ni du bris ni du coulage, si on lui livre des marchandises dans de mauvaises conditions d'emballage. Quelquefois la vue des caisses que l'on remet à un voiturier indique qu'il doit y avoir un vice dans l'emballage. Alors le voiturier fera bien de refuser de les recevoir dans l'état où on les lui présente, ou de se faire donner par l'expéditeur décharge de la garantie à laquelle il pourrait être exposé si des avaries se produisaient.

C'est un des cas auxquels nous avons fait allusion

---

[1] Voyez n° 40 *suprà*.

plus haut [1] et dans lesquels le voiturier peut faire une stipulation de non-garantie. En effet, dans ce cas, il ne stipule pas qu'il ne répondra pas de sa faute ou de son fait, mais il prend ses précautions pour ne pas répondre d'avaries qui procéderaient d'un fait étranger à lui, du défaut d'emballage. Aussi en pareille circonstance la stipulation de non-garantie est-elle permise. A proprement parler, ce n'est pas une exception à la règle que le voiturier ne peut limiter sa responsabilité, car en réalité il ne la limite pas. Il reste toujours garant des avaries qui auraient une autre cause que le vice d'emballage. Il se borne à stipuler qu'il ne répondra pas du fait d'autrui, ce qui est parfaitement licite. Aussi les tarifs des chemins de fer approuvés par l'administration permettent-ils aux compagnies d'exiger de l'expéditeur une décharge de garantie lorsque l'emballage est défectueux.

73. — Mais une stipulation de non-garantie conçue en termes généraux et s'appliquant à toutes les avaries possibles sans distinguer leurs causes, ne serait pas une clause licite, et elle ne pourrait pas avoir pour conséquence de soustraire le voiturier à la responsabilité légale pour les avaries provenant de sa faute ou de son fait [2].

La jurisprudence s'est d'ailleurs prononcée en ce sens à plusieurs reprises. Un des arrêts les plus ré-

---

[1] Voyez nº 35.

[2] Voyez, pour les clauses de non-garantie insérées dans des tarifs à prix réduits, ce qui a été dit plus haut, nº 36.

cents sur cette question est celui qui a été rendu le
26 janvier 1859 par la chambre civile de la Cour
de cassation, sous la présidence de M. le premier
président Troplong[1].

Il s'agissait, dans l'espèce, d'une expédition de
Paris à Laval. L'expéditeur avait signé un engagement ainsi conçu : « Je m'engage à garantir l'administration des chemins de fer de l'Ouest de toutes les de-
mandes qui pourraient être formées contre elle à raison
de toutes avaries. » Une avarie évaluée à 103 francs
avait été constatée par le destinataire. Il n'était pas
établi qu'elle provînt d'un emballage vicieux. La compagnie du chemin de fer, invoquant l'engagement
souscrit par l'expéditeur, prétendait n'être pas responsable. Mais le tribunal de commerce de la Seine
repoussa cette prétention, et le pourvoi formé contre
son jugement fut rejeté.

Pour décider ainsi, la Cour de cassation s'est fondée sur ce qu'en permettant aux compagnies d'exiger des expéditeurs une décharge de garantie quand
l'emballage est défectueux, les tarifs le leur inter-
disent nécessairement en cas de bon emballage. La
Cour invoque ensuite l'article 1784 du Code Napoléon et l'article 103 du Code de commerce, qui rendent les voituriers responsables des avaries et qui ne
les autorisent pas à stipuler qu'ils ne seront pas responsables de leur faute ou de celle de leurs préposés.
Elle déclare aussi que l'article 98 du Code de commerce, cité par la compagnie à l'appui de ses préten-

---

[1] *Journal du Palais*, 1859, p. 812.

tions, n'est pas applicable à la cause, et elle se fonde
à cet égard sur la distinction qui a été faite plus
haut [1]. En effet l'article 98 ne statue que pour les
commissionnaires, et les compagnies de chemins de
fer ne sont pas des commissionnaires, mais des entrepreneurs de transports, des voituriers, car elles
effectuent elles-mêmes les transports dont on les
charge.

74. — Mais lorsque la décharge de garantie a été
exigée et donnée sur le vu d'un emballage paraissant
défectueux, les tribunaux ne peuvent pas, en cas d'a-
varies, faire peser la responsabilité sur le voiturier.
C'est ce qui a été préjugé par un arrêt d'admission
de la chambre des requêtes de la Cour de cassation
en date du 2 février 1858 [2].

Il s'agissait d'une espèce où une compagnie de
chemin de fer, trouvant un colis mal emballé, s'était
fait délivrer un bulletin de non-garantie par l'expéditeur sans réclamation de la part de celui-ci.

En effet les tribunaux ne peuvent, en pareil cas,
faire peser sur le voiturier la responsabilité des avaries que le colis a éprouvées pendant le transport.
Décider autrement ce serait annuler la convention de
non-garantie intervenue entre les parties.

75. — L'article 103 du Code de commerce rend
le voiturier responsable des avaries qui proviennent

---

[1] N° 29 *suprà*.
[2] *Gazette des tribunaux* du 3 février 1858.

de son fait ou de sa négligence ; mais il ne dit pas comment le propriétaire des objets avariés devra être indemnisé par le voiturier.

Le voiturier peut-il obliger le propriétaire de ces objets à les recevoir, en offrant de payer le déchet qu'ils ont subi ? Peut-il au contraire être contraint de les garder pour son compte et d'en payer la valeur ?

Merlin [1] rapporte un arrêt du Parlement de Paris, en date du 28 septembre 1779, qui a condamné le voiturier à prendre pour son compte des draps détériorés et à en payer toute la valeur au destinataire. Le voiturier offrait de payer la somme à laquelle des experts nommés par la Cour avaient estimé le dommage ; le destinataire repoussait ces offres. Cet arrêt juge une question de fait, et il est difficile d'en déduire des principes certains et positifs.

Quelle décision faut-il donc adopter ? Doit-on reconnaître au propriétaire des marchandises un droit tout-puissant d'option, de telle sorte qu'il puisse dans tous les cas se faire remettre les marchandises en exigeant une indemnité pour les avaries, ou qu'il puisse, quel que soit le dommage, obliger le voiturier à garder les marchandises en en payant la valeur, le tout à sa volonté ?

Nous ne saurions admettre une telle décision. Il peut en effet arriver que le dommage soit très-petit. Si en pareille circonstance le destinataire avait le droit de refuser de prendre livraison, il se-

---

[1] *Questions de droit*, v° *Voiturier*, § 2.

rait à craindre que son refus ne fût motivé, non
par l'avarie, mais par la variation du cours des
marchandises expédiées. Si ces marchandises sont en
hausse, le destinataire serait porté à les accepter
malgré une avarie de peu d'importance; si elles sont
en baisse, il inclinerait à saisir le prétexte de l'avarie
pour les refuser.

On voit donc qu'en présence de l'omnipotence du
droit du destinataire, le voiturier se trouverait souvent, sinon sacrifié, du moins exposé à l'être. Or il
a le même droit que le destinataire à la protection
de la loi et de la justice, et il ne faut pas soumettre ce
droit aux calculs inspirés au destinataire par ses intérêts personnels. Le destinataire ne doit donc pas
avoir un pouvoir absolu pour accepter ou refuser la
livraison quelle que soit l'avarie.

Faut-il alors déterminer quelle devra être l'importance de l'avarie pour que le destinataire puisse refuser la livraison? Faut-il dire, par exemple, qu'il
ne pourra user dè son droit d'option que lorsque
l'avarie aura fait perdre à la marchandise au moins
la moitié ou les trois quarts de sa valeur, et que,
dans tous les cas où l'avarie aura eu de moindres
conséquences, il devra se livrer, sauf au voiturier à
lui payer une juste indemnité?

Le Code de commerce a adopté cette façon de
procéder en ce qui concerne le délaissement. Il dit
dans son article 369 que l'assuré n'est admis à opérer
le délaissement des objets assurés que si la détérioration ou la perte va au moins à trois quarts. Mais
c'est là une disposition législative qui ne peut s'é-

tendre à un autre cas que celui pour lequel elle a été
édictée. Ce serait donc faire de l'arbitraire que d'enseigner que le droit d'option n'existe pour le destinataire que si l'avarie fait perdre à la marchandise la
moitié ou les trois quarts de sa valeur.

76. — Que décider alors? Il faut reconnaître que
les juges doivent avoir en cette matière un pouvoir
souverain d'appréciation. C'est eux qui déclareront,
suivant les circonstances de chaque affaire, si la livraison doit être acceptée nonobstant l'avarie, ou si
elle peut être refusée. De cette façon le voiturier ne
sera pas à la merci du destinataire; et ils trouveront
tous les deux une exacte et impartiale protection dans
la justice des tribunaux.

On devra surtout considérer si les marchandises,
malgré les avaries éprouvées, sont encore susceptibles
d'être mises dans le commerce. Si elles peuvent encore être négociées pour l'usage auquel elles étaient
destinées par l'expéditeur ou le destinataire, la réception devra en être ordonnée. Si au contraire elles
ne peuvent être vendues que comme déchet, alors on
devra les laisser au compte du voiturier. Application de ce principe a été faite par un arrêt du 18
janvier 1815 de la Cour de Metz [1]. Mais c'est là
une règle qui ne saurait être inflexible et absolue;
car en cette matière les faits particuliers de chaque
affaire doivent avoir une grande influence sur la décision du juge.

---

[1] *Journal du Palais,* à sa date.

SECTION QUATRIÈME.

Responsabilité en cas de retard.

SOMMAIRE. — 77. Du retard. — 78. Quand y a-t-il retard? Les tribunaux peuvent-ils décider qu'il y a retard avant l'expiration des délais
fixés par les cahiers des charges? — 79. Erreur d'un arrêt de la Cour de
cassation du 30 décembre 1857, qui déclare qu'il y a retard malgré la
stipulation de la lettre de voiture. — 80. La remise des marchandises
expédiées à grande vitesse par les chemins de fer doit être effectuée
dans les deux heures de l'arrivée effective des trains, et non dans les
deux heures de l'heure réglementaire de l'arrivée. — Critique de décisions qui ont jugé le contraire. — 81. Prescriptions du nouveau
cahier des charges donné aux compagnies de chemins de fer en
1857-1859 sur les stipulations de retard. — 82. De la fixation de
l'indemnité due pour le retard. — 83. Du laissé pour compte en cas
de retard. Exemples tirés de la jurisprudence. — 84. Pouvoir discrétionnaire des tribunaux en cette matière. — 85. L'indemnité pour
le retard ordinaire est fixée en général par les usages du commerce
au tiers ou au quart du prix de la voiture. — 86. Prétentions de
quelques compagnies de chemins de fer de ne plus stipuler, dans
les lettres de voiture, d'indemnité pour le retard. — 87. Moyens à
l'appui de ces prétentions. — 88. Décisions de la jurisprudence sur
cette question. — 89. Les compagnies de chemins de fer doivent
pouvoir refuser la stipulation d'une pénalité pour le retard, et, lorsqu'elles consentent à en stipuler une, elles peuvent en discuter le
taux. — 90. Par qui la retenue de l'indemnité stipulée pour le cas
de retard peut-elle être faite? — 91. Voyage fractionné par l'expéditeur. Comment se fait la retenue.

77. La responsabilité du voiturier ne s'applique
pas seulement au cas de perte totale de la chose ou
au cas d'avarie; elle s'étend encore au cas de retard
dans l'arrivée de la marchandise, à moins que le
voiturier ne prouve que le retard provient d'un cas
fortuit ou de la force majeure [1].

---

[1] Voyez ce qui a été dit sur la force majeure et les cas for-

L'article 102 du Code de commerce dit en effet que la lettre de voiture énonce le délai dans lequel le transport doit être effectué et l'indemnité due pour cause de retard.

Nous rechercherons d'abord dans quelles circonstances il y a retard de la part du voiturier, et ensuite quelles sont les conséquences du retard.

78. — Quand le délai dans lequel le transport doit être effectué a été énoncé dans la lettre de voiture, le retard commence lorsque le jour fixé pour l'arrivée est tout à fait expiré [1].

S'il a été dit dans la lettre de voiture que la marchandise doit être rendue à jour fixe, par exemple le 1er mai 1861, il ne peut s'élever de difficulté sur la supputation du jour de l'arrivée ; mais si la lettre de voiture dit que le transport devra être effectué en tant de jours de route, par exemple en dix jours, quel jour devra-t-on considérer comme celui qui est fixé pour l'arrivée ? D'après les usages du commerce, le jour où le départ doit avoir lieu n'est pas compris dans les jours de route, mais le jour de l'arrivée s'y trouve compris. Ainsi, si des marchandises ont été

_____

tuits *suprà* n° 40 à propos de la responsabilité en cas de perte totale.

[1] Aussi a-t-il été jugé que le voiturier qui arrive à destination avant minuit, le jour indiqué comme devant être le dernier du voyage, n'est pas en retard. — Arrêt de Lyon du 19 juin 1851, Lehir, *Mémorial du Commerce*, 1852, 2e partie, p. 146. — Tribunal de commerce du Havre, 15 octobre 1844, *Id.*, 1846, 2e partie p. 91.

remises à un entrepreneur de transports pour partir le 1er mai et pour être transportées en dix jours à Brest, le délai accordé pour le voyage n'expirera qu'avec la journée du 11 mai. Il n'y aura retard que si la marchandise n'est pas arrivée lorsque commencera la journée du 12.

Il arrive quelquefois que la lettre de voiture ne fixe ni le délai du transport, ni l'indemnité pour le retard, ou bien encore le contrat de transport n'a pas été constaté par une lettre de voiture. Faudra-t-il décider qu'en l'absence de la fixation d'un délai pour le transport, le voiturier n'est jamais en retard et que partant il ne peut y avoir lieu à réclamation d'indemnité contre lui? La jurisprudence ne l'a pas pensé, et elle a décidé, avec beaucoup de raison, que s'il apparaissait des circonstances ou de l'intention des parties que le transport dût être opéré pour tel moment déterminé, l'expéditeur et le destinataire étaient fondés à se plaindre si le transport n'était opéré qu'après le moment que les parties, en dressant la lettre de voiture, avaient dû nécessairement regarder comme celui de l'arrivée.

Ainsi il a été jugé que lorsqu'un entrepreneur de transports avait pris dans des affiches ou dans des prospectus l'engagement de livrer à destination avant une heure déterminée les marchandises qui lui seraient remises dans de certaines conditions, il était responsable s'il n'avait pas livré à l'heure indiquée des marchandises qui lui avaient été remises dans les conditions par lui fixées.

La Compagnie du chemin de fer d'Orléans avait

annoncé publiquement que les bœufs qui lui seraient
remis le dimanche avant 10 heures du matin, seraient rendus le lundi matin à Choisy-le-Roi, assez
à temps pour arriver à Sceaux avant l'ouverture du
marché. Plusieurs fois les bœufs, remis aux gares de
la Compagnie en temps utile, n'avaient pas été rendus par elle à Choisy à l'heure nécessaire pour qu'ils
pussent être conduits au marché de Sceaux. La Cour
impériale de Paris condamna la Compagnie à indemniser ces expéditeurs [1].

On décide encore que l'entrepreneur de transports,
même lorsqu'il n'y a ni délai stipulé dans la lettre de
voiture, ni engagement général pris envers le public,
peut être déclaré en retard et, comme tel, responsable
envers l'expéditeur, s'il résulte d'une convention tacite ou de l'usage que les marchandises doivent être
arrivées à un moment déterminé.

Les tribunaux ne sauraient apporter une trop
grande réserve, lorsqu'il s'agit d'appliquer des conventions tacites que l'expéditeur ou le destinataire
invoque et que l'entrepreneur de transports dénie.
Pour les expéditions faites par chemins de fer, il y a
un élément de décision que le juge doit toujours
avoir en vue. On sait que les cahiers des charges
fixent des délais dans lesquels les transports doivent
être opérés. Ces délais sont calculés suivant la distance kilométrique que la marchandise doit parcourir [2].

---

[1] 5 décembre 1850, *Journal du Palais*, 1851, I, 231; — 30 avril
1851, *id.* ; 1852, II, 640.

[2] Voyez *infrà* nos 219 et 220.

Or, lorsque la lettre de voiture est muette sur le temps dans lequel la marchandise devra être rendue à destination, le chemin de fer ne peut être déclaré en retard tant que le délai qui lui est accordé par son cahier des charges n'est pas expiré. En effet, nul n'est présumé avoir renoncé à un terme stipulé en sa faveur. Sur quoi se fonderait-on pour prétendre qu'une compagnie s'est engagée à renoncer aux délais fixés par son cahier des charges? Évidemment il faudrait pouvoir lui opposer un engagement formel et exprès de sa part.

Cependant il a été jugé quelquefois qu'une compagnie était en retard, quoique les délais qui lui étaient impartis par son cahier des charges ou par des arrêtés ministériels ne fussent pas expirés, et quoiqu'elle n'y eût dérogé par aucune stipulation. C'est ce qu'a décidé notamment le tribunal de commerce de Rouen dans l'espèce suivante [1] : — Un expéditeur avait remis à la Compagnie de l'Ouest, en gare des Batignolles, des porcs en destination de Rouen. Ces porcs avaient été remis à la Compagnie un jeudi, et ils étaient arrivés à Rouen le lendemain vendredi, mais, il est vrai, après la fermeture du marché aux porcs. L'expéditeur prétendait qu'il y avait retard dans l'arrivée, et il réclamait des dommages-intérêts.

La Compagnie répondait en invoquant l'arrêté ministériel du 15 avril 1859 qui, précisément pour le transport à petite vitesse des bestiaux de Bati-

---

[1] *Gazette des tribunaux* du 2 mai 1861.

gnolles à Rouen, lui accordait trois jours [1]. Elle soutenait qu'il n'y avait pas de retard, puisqu'elle avait livré à Roúen le deuxième jour les porcs en question. Le tribunal a repoussé ce système, qui devait cependant triompher. Il a donné les motifs suivants :

« Attendu que, pour repousser la responsabilité que Bailleul (l'expéditeur) entend faire peser sur elle, la Compagnie des chemins de fer de l'Ouest oppose l'arrêté ministériel du 15 avril 1859, arrêté aux termes duquel trois jours lui sont accordés pour recevoir à la gare de Batignolles et délivrer à Rouen les animaux qui lui sont confiés à transporter à petite vitesse ; qu'il y a donc lieu d'examiner si c'est sous l'empire de cet arrêté que les parties ont entendu contracter, ou si elles n'ont pas d'un commun accord voulu y déroger ;

» Or, attendu qu'il est établi au procès qu'une convention tacite résultant d'une longue pratique est intervenue entre Bailleul et la Compagnie des chemins de fer de l'Ouest, convention qui imposait à la Compagnie l'obligation de délivrer à Rouen le vendredi, vers 6 heures du matin, les porcs que Bailleul remettait la veille, de 2 à 3 heures du soir, à la gare de Batignolles; que les nombreuses expéditions effectuées dans les susdites conditions, tant avant qu'après celles qui font l'objet du débat actuel, démontrent surabondamment l'existence de cette convention ;

» Attendu que, pour obtenir les transports de

---

[1] Voyez *infrà* n° 220 *ter*.

Bailleul, alors qu'elle savait que les bestiaux du demandeur avaient besoin d'arriver à destination avant
l'heure du marché, la Compagnie de l'Ouest a nécessairement consenti à renoncer au bénéfice des délais
spécifiés dans l'arrêté ministériel du 15 avril 1859 ;
que la Compagnie n'est donc pas fondée à invoquer
ledit arrêté. »

Il résulte de cette doctrine que, parce qu'un entrepreneur de transports aura dans certains cas effectué des transports dans des délais moindres que
ceux qui lui étaient impartis, on pourra cependant
le déclarer en retard même lorsque ces délais ne
seront pas expirés. Mais alors on tombe dans l'arbitraire. Aujourd'hui il plaira à un tribunal de déclarer
que, bien qu'une compagnie ait trois jours pour
certains transports, elle doit, à peine de retard, les
opérer en deux. Demain un autre tribunal déclarera
qu'elle doit les opérer en un jour. Et pourquoi ? Parce
que dans une circonstance donnée le transport aura
été effectué en un jour.

Mais l'administration, qui dresse les cahiers des
charges et qui rend les arrêtés ministériels, sait bien
— ce que les tribunaux paraissent ignorer — qu'il
ne faut pas accorder aux compagnies seulement les
délais matériellement nécessaires, par exemple, pour
aller de Batignolles à Rouen. Elle sait bien qu'un
transport comme celui-là peut avoir lieu en un jour,
et même en quelques heures, quoiqu'à petite vitesse.
Cependant elle accorde trois jours, parce qu'elle sait
aussi qu'il peut y avoir des encombrements dans les
gares, des empêchements sur les voies, enfin une

foule de causes ne permettant pas à la compagnie de faire parvenir ses expéditions à Rouen dans le délai mathématiquement nécessaire. Ces prévisions de l'administration sont fort sages. Et lorsque les circonstances qu'elle a prévues viennent à se réaliser, les tribunaux, se jetant dans l'arbitraire, décident qu'il y a retard si le transport n'a pas été opéré dans le délai matériellement nécessaire !

Est-ce bien raisonner que d'induire une renonciation tacite des compagnies aux délais fixés par l'administration, de ce qu'ordinairement elles n'usent pas de ces délais en entier? L'expéditeur connaît les tarifs et les arrêtés ministériels. Dans l'espèce, il savait que la compagnie avait trois jours pour conduire ses porcs de Batignolles à Rouen. S'il ne les donne au chemin de fer que la veille du marché, c'est qu'il espère que rien ne s'opposera à ce que le transport ait lieu dans le délai matériellement nécessaire; mais il court cette chance en connaissance de cause. S'il voulait être sûr d'avoir ses porcs pour le jour du marché, il fallait ou qu'il les remît trois jours à l'avance à la gare de départ, ou qu'il stipulât expressément qu'ils seraient conduits à Rouen en un jour. S'il savait qu'un jour suffisait ordinairement, il savait aussi qu'il pouvait se présenter certaines circonstances que l'arrêté ministériel avait eues en vue et qui pouvaient empêcher le transport d'avoir lieu avec la célérité habituelle.

79. — Une fois entrée dans cette voie arbitraire, la jurisprudence devait être entraînée beaucoup plus

loin. C'est ce qui est arrivé; car il y a un arrêt de
la Cour de cassation du 30 décembre 1857 [1] qui a
jugé que, même lorsqu'un délai avait été stipulé dans
la lettre de voiture, l'entrepreneur de transports pouvait être tenu, sous peine d'indemnité pour retard,
de livrer les marchandises avant ce délai, et qu'il
était permis aux juges, malgré la stipulation expresse
de la lettre de voiture, de déclarer en fait que les
parties avaient entendu y déroger par une convention
tacite résultant d'un ensemble d'expéditions antérieures. Cette décision ne nous paraît pas plus juridique que la précédente; aussi n'est-il pas inutile
pour l'apprécier de rapporter l'espèce dans laquelle
elle est intervenue.

Un sieur Barthélemy expédiait par le chemin de
fer du Nord des porcs destinés à être vendus sur les
divers marchés où viennent s'approvisionner les
charcutiers de Paris. Il faisait notamment de fréquentes expéditions pour le marché de Saint-Germain-
en-Laye. Ordinairement ses porcs arrivaient toujours assez à temps pour l'ouverture du marché. Le
19 octobre 1856, ils arrivèrent en retard de quatre
heures et durent attendre, pour être vendus, le marché
suivant. Dans l'intervalle, il fallut les loger et les
nourrir à Saint-Germain, et le prix de vente fut inférieur à ce qu'il eût été le 19 octobre, la marchandise ayant baissé d'un marché à l'autre. Comme le
retard s'était produit sur la ligne du Nord, le sieur
Barthélemy assigna la Compagnie de ce chemin de

---

[1] *Gazette des Tribunaux* du 31 décembre 1857.

fer en réparation du préjudice qu'il avait éprouvé.
La Compagnie du Nord repoussait sa demande en
soutenant qu'il n'y avait pas eu retard dans l'arrivée
de ses marchandises. Elle invoquait son cahier des
charges, qui lui accordait deux jours pour le transport des marchandises par la petite vitesse et aussi
la lettre de voiture, rédigée spécialement pour l'expédition objet du litige, et dans laquelle le même
délai de deux jours avait été indiqué pour le transport. Or, les marchandises avaient été remises à
destination avant l'expiration du deuxième jour. La
Compagnie déclinait donc toute responsabilité.

Le tribunal de commerce de la Seine et la Cour
impériale de Paris ne s'arrêtèrent pas à ces moyens
de défense. Leurs décisions déclarèrent en fait
qu'entre l'expéditeur et la Compagnie il était intervenu un contrat tacite consacré par une longue
pratique ; que par ce contrat la Compagnie avait
accepté les porcs de Barthélemy pour les rendre à
destination à une heure qui pût permettre à l'expéditeur de les conduire au marché ; et elles admirent
que le contrat tacite, dont elles déclarèrent l'existence, devait prévaloir contre la stipulation précise
de la lettre de voiture relative au délai du transport
Le pourvoi formé contre l'arrêt de la Cour impériale
de Paris fut rejeté le 30 décembre 1857 [1].

---

[1] *Gazette des tribunaux* du 31 décembre 1857. — Voyez aussi
le numéro du 25 avril 1857, où se trouve le jugement du tribunal de commerce.

Dans l'espèce, il y avait quelque chose qui, selon nous, devait être décisif dans un sens opposé à celui qui a été adopté : c'était la clause de la lettre de voiture, qui accordait deux jours pour opérer le transport. — Ordinairement le chemin de fer du Nord avait effectué le transport dans un délai moindre que celui qui avait été fixé par les 'lettres de voiture. Mais cette habitude ne devait ni prévaloir contre une stipulation précise ni priver la Compagnie du délai que l'expéditeur lui avait imparti spécialement pour cette expédition. Il fallait qu'en signant la lettre de voiture l'expéditeur n'acceptât pas le délai de deux jours pour le transport et qu'il indiquât le moment précis où il voulait recevoir sa marchandise. Si, de ce que les entrepreneurs de transports sont habituellement en avance pour l'arrivée et la livraison des colis qui leur sont confiés, on tire un argument pour les priver des délais qu'ils ont stipulés, voici ce qui se produira : lorsque les marchandises seront arrivées avant le délai fixé, ils les garderont dans leurs gares ou dans leurs magasins jusqu'à l'expiration du délai, et les commerçants ne profiteront pas comme ils l'auraient pu de l'avance dans l'arrivée.

Dans l'espèce, la Compagnie du Nord avait justement stipulé un délai de deux jours parce qu'elle prévoyait l'éventualité d'un retard dans l'arrivée d'un train. Cette éventualité ne s'était pas produite pour un certain nombre d'expéditions successives; c'était tant mieux pour l'expéditeur. Le retard qu'elle avait prévu et contre lequel elle avait voulu se garantir se

produit, et voilà qu'on la prive du bénéfice de sa
stipulation! Aussi, selon nous, a-t-il été fait dans
cette circonstance une appréciation erronée de la
convention et des droits des parties.

Nous pensons donc que le juge ne peut pas, lorsqu'il y a un délai stipulé dans la lettre de voiture,
décider que le transport doit être effectué dans un
délai plus court, en se fondant sur ce que d'autres
marchandises auraient été précédemment transportées pour le même expéditeur dans un temps moindre que celui qui avait été constamment fixé par
écrit.

80. — On sait que les compagnies de chemins
de fer indiquent par des affiches le passage des
trains aux stations ou l'arrivée aux gares extrêmes ;
elles ont soin de dire qu'elles ne garantissent pas
l'exactitude du passage ou de l'arrivée des trains à
ces heures, qui sont simplement réglementaires. Si
un train arrive après l'heure réglementaire, l'expéditeur est-il fondé à alléguer qu'il y a là un retard dont
la compagnie peut être responsable à son égard ?

L'article 58 du cahier des charges, rendu commun à toutes les compagnies en 1857 et 1859, dit
que les marchandises expédiées à grande vitesse
doivent être mises à la disposition des destinataires
à la gare dans le délai de deux heures après l'arrivée du train. Que fait-il entendre par là? Cet article veut-il parler de l'heure de l'arrivée effective
ou de l'heure réglementaire?

Il est évident que le délai de deux heures doit

être calculé à partir de l'arrivée effective du train et
non à partir de l'heure réglementaire. En effet, souvent des trains sont en retard, et un retard de deux
heures sur les grandes lignes, par exemple de Marseille à Paris, n'a rien de bien extraordinaire. Si l'on
disait que la délivrance doit avoir lieu dans les deux
heures qui suivent l'heure réglementaire de l'arrivée,
il pourrait souvent se faire qu'un retard ayant lieu,
les expéditeurs ou les destinataires fussent en droit de
réclamer leurs marchandises avant que le train ne
fût entré en gare. — Il est donc tout à fait impossible que l'article 50 du cahier des charges ait voulu
parler de l'heure réglementaire; il compte à partir
de l'arrivée réelle des trains.

Un jugement du tribunal de commerce de la
Seine, en date du 25 novembre 1858, a cependant
décidé qu'une compagnie de chemin de fer serait
tenue de délivrer des marchandises expédiées par la
grande vitesse dans le délai de deux heures, à partir de l'heure réglementaire de l'arrivée des trains [1].
La partie du dispositif qui statue ainsi est, il faut
le reconnaître, exorbitante du droit commun et a fait
une fausse application de l'article 50 du cahier des
charges de 1857-1859 [2]. Dans l'espèce soumise au

---

[1] *Gazette des tribunaux* du 11 décembre 1858. — Le jugement du tribunal de commerce a depuis été confirmé par arrêt
de la Cour impériale de Paris, en date du 23 mars 1860. Voyez
Gazette des tribunaux du 25 mars 1860.

[2] Voyez aussi l'article 2 de l'arrêté ministériel du 1er septembre 1856, et l'article 4 de l'arrêté ministériel du 15 avril
1859.

tribunal, il s'agissait de lait livré tardivement par la Compagnie du chemin de fer de l'Ouest.

Au mois d'août 1857, vers l'époque de l'inauguration de la ligne de Cherbourg, une affluence considérable de voyageurs avait causé certains retards dans l'arrivée des trains du réseau de Normandie. Des expéditions de lait faites à un négociant de Paris, qui, d'après l'heure réglementaire de l'arrivée du train, auraient dû lui être livrées de très-grand matin, n'avaient été mises à sa disposition que beaucoup plus tard, les trains ayant éprouvé des retards de quatre ou cinq heures. Une fois notamment le lait avait été complétement gâté. Ces faits pouvaient donner lieu à une action en dommages-intérêts contre la Compagnie. Mais le tribunal n'aurait pas dû décider en principe que la livraison doit avoir lieu dans le délai de deux heures, à partir de l'heure réglementaire de l'arrivée des trains.

Nous venons de dire que les retards dont, dans l'espèce, se plaignait le marchand de lait, auraient pu donner lieu à une condamnation en dommages-intérêts contre le chemin de fer. En effet, le lait objet du transport doit être livré à une heure très-matinale aux consommateurs parisiens. Il était donc certain que la livraison devait en être effectuée par le chemin de fer avant une certaine heure de la matinée, par exemple avant l'heure où les acheteurs sont dans l'habitude de se présenter chez le marchand de lait pour faire leur provision journalière ; et, si la livraison avait eu lieu après ce moment, après l'heure de la vente du lait dans Paris, les juges pouvaient

déclarer qu'il y avait retard dans le transport par le
fait du chemin de fer, préjudice causé à l'expéditeur ou au destinataire, et il leur était loisible de se
baser sur les faits pour condamner le chemin de fer
à payer une indemnité, s'il ne justifiait pas d'un cas
fortuit ou de force majeure. Il y avait donc lieu dans
l'espèce à une appréciation de fait ; mais le jugement ne pouvait pas aller jusqu'à décider que la livraison doit se faire dans les deux heures de l'arrivée
réglementaire des trains.

81. — Aujourd'hui, en ce qui concerne les chemins de fer, la détermination du retard laisse beaucoup moins à l'arbitraire qu'auparavant. En effet,
d'après le nouveau cahier des charges de 1857-
1859, les compagnies de chemins de fer doivent
toujours constater par écrit le délai dans lequel le
transport doit être opéré. Ou bien on dresse une
lettre de voiture, et alors, aux termes de l'article 102
du Code du commerce, elle fixe le délai du transport. Ou bien, s'il n'y a pas de lettre de voiture, la
compagnie doit remettre à l'expéditeur un récépissé
indiquant le temps nécessaire au transport.

L'article 49 du cahier des charges en question dit
en effet : « Toute expédition de marchandises sera
constatée, si l'expéditeur le demande, par une lettre
de voiture dont un exemplaire restera aux mains de
la compagnie et l'autre aux mains de l'expéditeur.
Dans le cas où l'expéditeur ne demanderait pas de
lettre de voiture, la compagnie sera tenue de lui
délivrer un récépissé qui énoncera la nature et le

poids du colis, le prix total du transport et le délai dans lequel le transport devra être effectué. »

Si les prescriptions de cet article sont rigoureusement observées, il ne peut pas s'élever de débat pour rechercher l'intention relativement à la durée du transport et pour découvrir par voie d'interprétation si les compagnies des chemins de fer sont ou ne sont pas en retard. Mais si l'on rédige des lettres de voiture ou des certificats incomplets, il faudra appliquer les règles et les principes posés plus haut.

82. — Après avoir vu comment on peut déterminer si le voiturier est en retard, nous avons à examiner les conséquences du retard, c'est-à-dire à rechercher comment on doit fixer l'indemnité due à l'expéditeur ou au destinataire.

S'il y a une lettre de voiture, et si, conformément à l'article 102 du Code de commerce, cette lettre de voiture fixe l'indemnité due pour cause de retard, le voiturier est débiteur de la somme stipulée comme indemnité, sans que l'expéditeur ou le destinataire ait à justifier d'aucun préjudice. La clause pénale doit s'appliquer contre lui par cela seul que la marchandise n'était pas arrivée au moment voulu.

Il faut, de plus, remarquer que le paiement de l'indemnité stipulée ne libère le voiturier de l'action de l'expéditeur que lorsqu'il s'agit d'un retard ordinaire, qui n'a pas causé autrement de préjudice. Si le retard avait été considérable, et s'il avait entraîné des pertes énormes pour l'expéditeur ou le destinataire, le voiturier devrait être condamné à des dom-

mages-intérêts équivalents à tout le préjudice éprouvé.
Conformément à l'article 1149 du Code Napoléon,
les dommages-intérêts devraient représenter la perte
faite par l'expéditeur ou le destinataire et le gain
dont il a été privé.

En effet, par la stipulation de la lettre de voiture,
les parties ne prévoient qu'un retard ordinaire, un
retard de quelques jours, causant un préjudice de
peu d'importance, et de nature à être réparé par une
retenue sur le prix du transport. Elles ne prévoient
pas évidemment toutes les hypothèses possibles ;
elles ne contractent pas pour le cas où les conséquences du retard seraient considérables. C'est pour
cela que, suivant les circonstances, on admet les expéditeurs ou destinataires à réclamer des dommages-
intérêts outre la pénalité stipulée contre le voiturier. Mais, en pareil cas, il faut qu'ils justifient le
préjudice et la perte qu'ils ont subis ; il ne leur suffit
pas, comme pour réclamer l'exécution de la clause
pénale, de prouver que le délai de la lettre de voiture était expiré lors de la remise des marchandises [1].

C'est aux juges à rechercher si le dommage dont
se plaint l'expéditeur est réel et s'il est la conséquence directe du retard ; car on ne pourrait élever
la prétention de rendre les voituriers responsables
des conséquences indirectes, médiates et lointaines de
l'arrivée tardive des marchandises.

---

[1] Pouget, *Du transport par terre et par eau*, t. II, p. 176 et
suivantes.

83. — Comme moyen d'exécution, l'expéditeur et le destinataire peuvent-ils élever la prétention de laisser pour compte au voiturier les marchandises arrivées en retard ?

Il est aussi difficile de poser sur ce point une règle générale que sur la question de responsabilité en cas d'avarie [1]. C'est aux tribunaux qu'il appartient d'apprécier les faits de chaque espèce. Ils sont libres de choisir, pour régler l'indemnité, le mode de réparation qui leur paraît le mieux s'approprier aux faits de chaque affaire. Par exemple, si le retard avait eu pour conséquence de rendre les marchandises tout à fait inutiles, on pourrait obliger le voiturier à les garder et à en payer la valeur. M. Pardessus suppose le cas de marchandises arrivées après un certain temps de tolérance accordé par quelque loi pour la vente de marchandises étrangères prohibées. Dans ce cas évidemment les marchandises devraient être laissées au compte du voiturier.

Par arrêt du 3 août 1835, la Cour de cassation a décidé que rien ne s'opposait à ce que les juges, en cas de retard dans la remise à destination de marchandises, condamnassent le voiturier à en payer la valeur. Voici dans quelles circonstances. La maison Cazeing, de Nîmes, avait expédié à un négociant de Hambourg, nommé Lassar, des caisses de soieries. Lassar avait demandé ces soieries pour les envoyer à Stockholm. L'administration des Messageries Laffite et Caillard s'était chargée d'effectuer le trans-

---

[1] Voyez *suprà*, nº 75.

port à Hambourg. Or les caisses arrivèrent avec un retard assez considérable, après l'époque où les glaces avaient fermé la navigation de la Baltique. L'envoi à Stockholm ne pouvait donc avoir lieu. Lassar refusa les machandises, et il y était fondé. La maison Cazeing ne voulut pas les reprendre, prétendant les laisser à l'administration des Messageries. Ses prétentions furent admises par un arrêt de la Cour de Nîmes du 11 août 1831. Sur le pourvoi, la Cour de cassation rendit, le 3 août 1835, un arrêt où on lit :

« Attendu, en droit, que la loi, en gardant le silence sur le mode d'indemnité à laquelle elle soumet les commissionnaires de roulage, voituriers et entrepreneurs de messagerie, pour le cas où les marchandises sont arrivées tardivement à leur destination, a laissé aux tribunaux à déterminer cette indemnité d'après les faits et les circonstances ; d'où il suit que, dans l'espèce, en choisissant, pour régler l'indemnité qui n'était pas contestée, un mode de réparation entre plusieurs autres, la Cour de Nîmes n'a fait qu'user du droit qu'elle avait; etc. [1]. »

Cet arrêté contient une doctrine très-sage, qui a été souvent appliquée par les tribunaux.

Ainsi un autre arrêt de la Cour impériale de Lyon, en date du 25 juin 1856, dit : « Attendu, quant à la réparation du préjudice causé, que si, dans des circonstances ordinaires, elle peut et doit consister en une simple indemnité, il ne peut en être

---

[1] *Journal du Palais*, à sa date.

ainsi dans la cause, et qu'à raison de la position qui a été faite à l'expéditeur, on ne peut le forcer, après plus d'un an, à reprendre des marchandises de fantaisie et de mode [1]. »

84. — Ainsi il faut tenir pour certain qu'en cas de retard dans le transport, les juges ont un pouvoir discrétionnaire illimité pour déterminer la manière dont l'expéditeur ou le destinataire sera indemnisé. Un arrêt de la Cour de Paris, en date du 11 juillet 1835 [2], a cependant décidé en principe que l'on ne pouvait condamner le voiturier à garder pour son compte les marchandises arrivées en retard, parce que c'était prononcer contre lui une peine qui n'était établie par aucune disposition de loi sur la matière. Mais cet arrêt est isolé, et il ne peut prévaloir contre ceux que nous venons de citer. Il arrivera certainement que, dans le plus grand nombre des cas, l'indemnité sera réglée en une somme d'argent; mais ce ne peut pas être là une une raison pour exclure les autres modes de règlement.

Ces questions de règlement d'indemnité sont souvent fort difficiles à résoudre. Les parties élèvent presque toujours des prétentions exagérées, et les éléments d'appréciation sont rarement bien certains pour le juge. Aussi doit-il apporter le plus grand

---

[1] *Moniteur judiciaire de Lyon* du 15 juillet 1856.
[2] *Journal du Palais*, à sa date.

soin pour découvrir si en effet un préjudice a été causé par le retard, et dans quelles limites.

85. — Quant à l'indemnité stipulée pour le retard ordinaire dans les lettres de voiture, elle est, d'après l'usage le plus général, du tiers des prix du transport, quelquefois du quart. La fixation de cette indemnité, dans les lettres de voiture a donné lieu dans ces derniers temps à une grave question qui s'est produite à propos des transports opérés par les chemins de fer.

86. — Les compagnies ont élevé la prétention de ne plus accepter de lettres de voitures portant stipulation de la retenue du tiers du prix du transport en cas de retard. S'il se fût agi de voituriers ordinaires, la question n'aurait pas pu se présenter. En effet les voituriers sont libres de contracter comme ils l'entendent avec les expéditeurs, et de n'accepter que les conditions qui leur conviennent. De son côté l'expéditeur, est libre de chercher un voiturier autre que celui qui refuse d'accepter les stipulations de sa lettre de voiture. — Mais, dit-on, il n'en est pas de même lorsqu'il s'agit des transports par chemins de fer. En effet, les compagnies ont un monopole, et lorsqu'un expéditeur veut envoyer par voie de fer des marchandises de Paris à Bordeaux, par exemple, il n'est pas libre de choisir entre plusieurs entreprises de transports, parce qu'il n'y a qu'un chemin de fer de Paris à Bordeaux.

En matière de transports par chemins de fer, il

n'y a pas de concurrence possible. Il a donc fallu
que l'Administration intervînt, dans l'intérêt du public, pour établir par voie réglementaire des mesures qui, en d'autres matières, s'établissent d'elles-
mêmes par le seul effet de la concurrence. Par les
cahiers des charges, le gouvernement a obligé les
compagnies à dresser des lettres de voiture lorsque
l'expéditeur le demande, tandis qu'un voiturier ordinaire est libre de débattre avec l'expéditeur s'il
en sera dressé ou non. Cette obligation imposée aux
compagnies entraîne-t-elle avec elle celle de fixer
une indemnité pour le cas de retard, quand l'expéditeur le demande?

87. — Pour soutenir la négative, les compagnies
disent que la lettre de voiture ne doit contenir que
les énonciations sur lesquelles les parties sont d'accord ; qu'il est libre aux parties de fixer une indemnité ou de n'en pas fixer, mais qu'en aucun cas
une seule des parties ne peut imposer sa volonté
à l'autre ; que c'est cependant ce qui arriverait si l'on
admettait que l'expéditeur pût obliger les compagnies,
contre leur gré, à recevoir des lettres de voiture
contenant stipulation d'une retenue du tiers du prix
de transport en cas de retard. Les compagnies
ajoutent que, si les cahiers des charges les obligent à
dresser des lettres de voiture lorsque l'expéditeur le
demande, elles ne sont pas astreintes à y fixer une
indemnité pour le retard ; que l'article 102 du Code
de commerce ne dit pas que la lettre de voiture doit
contenir cette fixation d'indemnité à peine de nul-

lité; que beaucoup de lettres de voiture ne contiennent pas toutes les énonciations de l'article 102, et qu'elles sont cependant très-valables.

88. — Ce système a été admis par quelques tribunaux[1]; mais il a été repoussé par plusieurs tribunaux de commerce et cours impériales, qui ont décidé que les compagnies de chemins de fer ne pouvaient refuser de stipuler, sur la demande de l'expéditeur, la fixation de l'indemnité due pour le le retard. Toutefois, les jugements et arrêts qui ont adopté cet avis sont loin d'être d'accord sur le taux de l'indemnité à porter dans la lettre de voiture.

Un arrêt de la Cour impériale de Besançon, en date du 16 janvier 1860, a décidé que, si l'expéditeur pouvait exiger que la lettre de voiture contînt la fixation d'une indemnité pour le retard, la compagnie avait le droit de discuter l'indemnité proposée[2].

D'autres arrêts [3] au contraire, notamment un arrêt de la Cour impériale de Paris du 30 mars 1860 [4], ont jugé que les compagnies ne pouvaient pas se refuser à fixer l'indemnité au tiers du prix du transport. Ce dernier arrêt a répondu à l'argumentation des compagnies :

---

[1] Clermont-Ferrand, 22 juillet 1859. *Gazette des tribunaux*, 16 octobre 1859. — Mulhouse, 13 septembre 1859, et 27 septembre 1859, *eod. loco*.

[2] *Gazette des tribunaux* du 1er avril 1860 et *Journal du Palais*, 1860, 248.

[3] Colmar, 6 décembre 1859. *Journal du Palais*, 1860, 97. — Tribunal d'Epernay, 29 novembre 1859.

[4] *Journal du Palais*, 1860, 248.

« Que, la loi ayant imposé aux compagnies de chemins de fer l'obligation de donner une lettre de voiture, elles ne peuvent pas se dégager de cette obligation par la délivrance d'un acte incomplet et rédigé comme elles l'entendent ; que quand la loi prescrit un acte, c'est un acte dans la forme légale qui doit être accompli ; — que ceux qui font entre eux volontairement une lettre de voiture la stipulent à leur gré et à leurs périls et risques, cela se comprend ; mais la loi ayant dit aux compagnies : «Vous donnerez une lettre de voiture, » c'est l'acte tel que la loi l'a déterminé et décrit elle-même qui doit être fourni et qui peut seul dégager de l'obligation à elle imposée ;

» Que l'article 102 du Code de commerce a mis sur la même ligne et dans le même membre de phrase la détermination du prix du transport et de l'indemnité pour cause de retard ; que cette indemnité par une retenue partielle du prix de voiture est tellement dans les nécessités du contrat de commission qu'elle s'était établie sans disposition légale ; que le Code de commerce s'est borné à constater l'usage en disant « l'indemnité due en cas de retard ; » qu'il l'a assimilée à la date, à la signature, au prix, c'est-à-dire aux éléments constitutifs du contrat, qui seuls sont énumérés dans l'article 102 ;

» Que cela était en effet indispensable ; que la remise dans un délai fixé a pour résultat logique une sanction pour l'inexactitude, et que la diminution du prix est logiquement aussi la conséquence de l'engagement incomplétement rempli ; qu'en présence d'un acte aussi journalier que la remise d'un colis à une entreprise de transports, obliger l'expéditeur à une action en justice pour simple retard, ce serait amener ou la ruine du transporteur ou le dommage inévitable du destinataire;

» Que si, en effet, les destinataires formaient une action en justice à chaque retard éprouvé, faute de trouver l'indemnité déterminée par la lettre de voiture, ce ne serait pas la perte du tiers du prix des transports, mais bien une autre charge que ces procédures imposeraient aux compagnies;

» Que si, au contraire, les destinataires, découragés par les difficultés inséparables d'un procès, renonçaient à toute réclamation, ce serait l'impunité du retard établie en principe au mépris des intérêts les plus légitimes;

» Que c'est pour éviter cette injuste alternative que la retenue du tiers du prix de voiture a été établie par l'usage et conservée par la loi, laquelle n'a point dit : « l'indemnité convenue pour le retard, » mais bien « l'indemnité due. »

Cette jurisprudence sera-t-elle approuvée par la Cour de cassation ? C'est un point encore indécis. Tout ce que nous pouvons dire quant à présent, c'est que le 5 mars 1861 [1] la chambre des requêtes a admis les pourvois dirigés contre deux arrêts, l'un de Besançon, l'autre de Colmar, [2] qui avait dé-

---

(1) Voyez *Gazette des tribunaux* du 6 mars.
(1) Cités ci-dessus, p. 138 à la note.

cidé que les Compagnies ne pouvaient refuser de stipuler une indemnité pour le retard dans les lettres de voiture.

89. — Pour nous, nous n'hésitons pas à penser que la jurisprudence a fait fausse route, et nous espérons que la chambre civile de la Cour de cassation réformera les décisions qui lui sont déférées.

En effet, les compagnies de chemins de fer sont placées par la loi dans des conditions toutes spéciales qui font que les règles générales ne leur sont pas toujours applicables.

Et d'abord on ne contesterait pas à un voiturier ordinaire par terre ou par eau le droit de ne pas accepter une lettre de voiture portant une indemnité pour le retard. Si l'expéditeur résistait, le voiturier pourrait refuser de se charger du transport. Voilà le droit commun. Il y a été dérogé en ce qui concerne les chemins de fer, en ce sens qu'ils ne peuvent se refuser à transporter les colis qu'on leur présente. C'est là une exception au droit commun. Mais l'exception ne va pas plus loin, et elle ne porte pas sur le droit qui appartient à tout voiturier de discuter les conditions de la lettre de voiture sur les points qui ne sont pas réglés par le cahier des charges.

Ensuite il faut remarquer que les compagnies de chemins de fer ne sont pas libres comme les voituriers ordinaires de stipuler les délais dans lesquels les transports doivent être effectués. Autrefois, en effet, les voituriers débattaient avec l'expéditeur le temps du voyage et le délai dans lequel la marchandise devait être rendue à destination. C'était à eux à prendre leurs mesures en raison des engagements qu'ils avaient souscrits. Les compagnies de chemins de fer, au contraire, ne peuvent pas stipuler un temps plus ou moins long pour opérer les transports qu'on leur confie. Elles sont soumises à des règlements émanés de l'autorité, qui fixent d'une façon absolue les délais du voyage. Quand il y avait encombrement et affluence de marchandises sur une route, quand, par conséquent, tout leur matériel se trouvait occupé à la fois, les entrepreneurs de roulage stipulaient qu'il leur serait accordé quelques jours de plus qu'à l'ordinaire pour faire tel ou tel trajet. Les compagnies de chemins de fer ne peuvent agir de la sorte; le cahier des charges à la main, les expéditeurs sont en droit d'exiger que le transport de leurs colis ait toujours lieu dans le délai fixé par les règlements, quelles que soient les circonstances [1].

On comprend alors que les compagnies de chemins de fer, qui n'ont pas la même liberté que les anciens voituriers pour discuter le temps des voyages, ne veuillent pas, en cas de retard, être soumises à une pénalité qu'elles encourraient par le seul effet du retard et sans qu'il fût justifié d'un préjudice par l'expéditeur ou par le destinataire.

Il y avait encore, pour imposer une pénalité aux voituriers ordinaires en cas de retard, une raison qu'on ne peut pas invoquer contre les compagnies de chemins de fer.

En général, plus le voyage devait être prompt,

---

[1] Voyez ces règlements *infrà* nos 220, 220 *bis* et 220 *ter*.

plus le prix de la voiture était élevé. Si le voiturier
qui avait promis d'arriver avec célérité était trop
longtemps en route, il est évident qu'il ne devait pas
avoir droit au prix stipulé, car il s'était fait allouer
un prix plus fort en promettant une vitesse qu'il
n'avait pas réalisée. Les compagnies de chemins de
fer ne peuvent faire rien de semblable. Elles ne peuvent
pas changer leurs prix puisqu'elles sont liées par les
tarifs. Elles ne peuvent pas exiger plus cher d'un
expéditeur en lui promettant une rapidité ou une
exactitude plus grande. C'est un motif de plus pour
qu'en cas de retard, elles ne soient soumises à aucune
pénalité lorsqu'il n'y a pas de préjudice causé.

Si l'on reconnaît aux compagnies le droit de discuter les conditions de la lettre de voiture et de se
refuser à la stipulation d'une pénalité en cas de retard,
on doit admettre qu'elles peuvent, si elles consentent
à une stipulation de cette nature, discuter le taux
de la pénalité. Elles ne peuvent pas être, en ce cas,
condamnées à accepter comme pénalité la retenue
du tiers du prix du transport. Si, comme le dit la
Cour impériale de Paris [1], il peut être utile et avan-
tageux pour éviter des procès, de déterminer d'a-
vance l'indemnité en cas de retard, il n'est pas
indispensable que cette indemnité soit du tiers.
Pourquoi ne serait-elle pas aussi bien du quart, du
huitième ou du dixième ? A la fin de l'année 1860,
la plupart des compagnies ont adopté comme règle
générale qu'elles n'admettraient plus dans les lettres

---

[1] Arrêt précité du 30 mars 1860, nº 88.

de voiture d'autre pénalité que celle de la retenue d'un dixième du prix de transport.

Pour réduire la proportion de la retenue en usage auparavant, elles se sont fondées sur les mêmes raisons que pour contester l'obligation qu'on voulait leur imposer de consentir toujours une pénalité pour le retard.

Ne serait-ce pas placer les compagnies dans une position intolérable que de les obliger, pour un simple retard, de perdre le tiers du transport, alors qu'elles ne sont libres de débattre ni la durée ni le prix du voyage ?

Lorsqu'il y a une pénalité stipulée dans la lettre de voiture, soit du tiers, soit du dixième du prix du transport, quelles sont les personnes qui, en cas de retard, ont le droit d'exercer la retenue contre le voiturier? Il est évident que ce ne peut être que le destinataire ou l'expéditeur : le destinataire, lorsque le prix du transport doit être payé à l'arrivée ; l'expéditeur, lorsque l'envoi est fait franco. En effet, la retenue ne peut être faite que par l'une des personnes intéressées à ce que la marchandise soit rendue à destination dans le délai fixé.

En conséquence, quand l'expédition n'est pas faite directement au destinataire de la marchandise, mais lorsqu'elle doit avoir lieu en plusieurs étapes, si l'on peut parler ainsi, les personnes indiquées comme destinataires à la charge de recevoir l'envoi, mais aussi de le réexpédier, ne peuvent élever la prétention de retenir à leur profit la somme stipulée dans la lettre de voiture comme indemnité de retard. Supposons une expédition de Paris à Pau. L'expéditeur remet ses colis au chemin de fer d'Orléans, qu'il charge de les transporter à Bordeaux; il dresse une lettre de voiture, et indique comme destinataire la gare de la Compagnie des chemins de fer du Midi à Bordeaux. Puis il fait remettre à cette dernière Compagnie une lettre de voiture qui la charge de faire parvenir ses colis à un voiturier de Dax. Ce voiturier de Dax reçoit lui-même de l'expéditeur une lettre de voiture aux termes de laquelle il doit conduire les colis à Pau, à une destination qui lui est désignée. Voilà un voyage fractionné. Pour le chemin de fer d'Orléans, le destinataire porté à la lettre de voiture, c'est la Compagnie du Midi ; pour cette Compagnie, c'est le voiturier de Dax. Il n'y a que ce dernier qui doit se trouver en rapport avec le véritable destinataire.

S'il y a un retard dans la première partie du voyage de Paris à Bordeaux; si par exemple le transport, au lieu d'être opéré en six jours, ne l'est qu'en dix, la Compagnie du Midi pourrait-elle se donner comme destinataire et prétendre qu'en cette qualité elle peut exercer la retenue prévue dans la lettre de voiture? Il est certain que non, car elle n'est, après tout, chargée que d'une réexpédition, et elle n'a aucun intérêt à ce que le voyage de la marchandise ait lieu en plus ou moins de temps; et ce n'est évidemment pas pour sauvegarder ses intérêts qu'une pénalité a été stipulée en vue d'un retard. La seule chose qui lui soit permise, c'est de faire des réserves contre la compagnie d'Orléans, à l'effet d'avoir

un recours, dans le cas où, soit le destinataire de
Pau, soit l'expéditeur de Paris, voudrait à la fin du
voyage exercer la retenue prévue. En effet, en pareille circonstance, le dernier voiturier, remettant la
marchandise après le délai fixé, est présumé l'auteur
du retard ; c'est donc à lui à prouver que le retard
ne vient pas de son fait, mais bien des voituriers qui
ont fait la première partie du voyage. S'il était actionné, soit par le destinataire, soit par l'expéditeur,
il pourrait, par des actions récursoires, dégager sa responsabilité en prouvant par ses réserves que les marchandises lui ont été remises en retard. Ainsi, dans
l'exemple posé, la Compagnie du Midi, en prouvant
que la marchandise ne lui a été remise qu'au bout de
de dix jours et non au bout de six depuis le départ
de Paris, ferait retomber les conséquences du retard
sur la Compagnie d'Orléans. C'est pourquoi, lorsqu'il
y a plusieurs voituriers successifs, les réserves sont
aussi utiles en cas de retard qu'en cas d'avaries.

Il faut donc tenir pour certain que toute personne
qui est chargée de réexpédier un envoi qui lui est
adressé, ne peut prétendre bénéficier de la retenue
stipulée sur le prix de transport en cas de retard.
C'est ce qui a été décidé d'ailleurs en plusieurs circonstances, notamment par un jugement du tribunal
de commerce de Lyon, en date du 28 février 1851,
confirmé le 19 juin suivant. On y lit :

« Considérant que le demandeur n'était pas le destinataire réel, mais qu'il agissait comme commissionnaire chargé de la réexpédition, et qu'en cette qualité il ne justifie pas avoir éprouvé un préjudice

quelconque par suite du retard apporté dont s'agit, ni avoir subi aucune retenue de la part du destinataire réel de la marchandise, lequel seul a droit d'opérer la retenue pour cause de retard, sans être obligé de justifier d'aucune préjudice réel, par ce motif très-équitable que la privation de la marchandise achetée par le négociant l'expose à subir une perte ou à manquer l'occasion d'un bénéfice; mais que le commissionnaire, qui ne peut bénéficier au delà de sa commission et ne peut éprouver aucune perte par suite de la baisse de la marchandise qu'il est chargée de transporter, n'a pas droit à bénéficier de la retenue imposée comme pénalité pour cause du retard [1]. »

La même question s'est aussi présentée devant le tribunal de commerce de la Seine. Voici dans quelles circonstances. Des marchandises avaient été remises à Rouen au chemin de l'Ouest pour être transportées à Roanne. De là elles devaient être réexpédiées dans diverses directions par la personne à qui elles étaient adressées. Les marchandises étant arrivées en retard à Roanne, cette personne avait fait des retenues au chemin de fer d'Orléans, correspondant de celui de l'Ouest pour le trajet de Paris à Roanne. La Compagnie d'Orléans réclamait ces retenues au chemin de l'Ouest. Ce dernier se défendait en disant que la personne de Roanne chargée de recevoir les marchandises et de les réexpédier n'était pas le destinataire réel, qu'elle n'avait pas par

---

[1] Lehir, *Mémorial du commerce*, 1852, 2e partie, 146.

conséquent le droit de retenir à son profit l'indemnité stipulée pour le retard, et que c'était à tort que
le chemin de fer d'Orléans lui avait laissé opérer ces
retenues. Le tribunal, présidé par M. Lucy Sédillot,
a, le 15 décembre 1858, rendu le jugement suivant :

« Attendu que la Compagnie d'Orléans n'apporte
pas à l'appui de sa réclamation les bons de retenue
des destinataires réels, mais seulement ceux des commissionnaires intermédiaires ; — attendu que la retenue
du tiers de la lettre de voiture pour cause de retard
est une pénalité stipulée contre le transporteur en
dehors de tout préjudice souffert, mais dont le destinataire réel doit seul profiter, s'il la requiert ; —
qu'enfin il n'est point admissible que les transpor-
teurs, qui n'agissent que comme substitués à celui
qui a fait le transport primitif, puissent bénéficier
d'une condition qui a été faite contre eux et de laquelle ils sont seulement habiles à se défendre, si le
retard n'a pas eu lieu par leur fait particulier, etc. [1] »

91. — Lorsque l'expéditeur a chargé un seul
entrepreneur de transports de faire parvenir, soit par
ses services, soit par ses correspondances, la marchandise du lieu du départ à celui de la destination, la retenue, s'il y a retard, s'opère sur la totalité du prix
du transport. Si au contraire l'expéditeur a adressé

---

[1] Ce jugement vient d'être confirmé par un arrêt de la première chambre de la Cour impériale de Paris, en date du
15 juillet 1861.

la marchandise, dans un lieu intermédiaire, à un
second entrepreneur de transports chargé de lui
faire continuer sa route, la retenue en cas de retard ne peut s'opérer que sur le prix revenant au
voiturier du fait duquel provient le retard. Ainsi,
en reprenant l'exemple cité plus haut, si un expéditeur remet des colis à Paris au chemin d'Orléans pour
les rendre à Bordeaux, en gare du chemin du Midi,
s'il écrit à la Compagnie du Midi de les remettre à
Dax à un voiturier chargé directement par lui de
les transporter à Pau, il y a là trois contrats de
transports distincts, indépendants l'un de l'autre. De
sorte que le second et le troisième voiturier ne
peuvent être responsables du retard arrivé par
exemple pendant le premier voyage de Paris à Bordeaux. S'ils ont donc effectué le transport l'un de
Bordeaux à Dax, l'autre de Dax à Pau, dans les
délais que leur impartissait à chacun leur lettre de
voiture, ils ont droit à tout le prix du transport qu'ils
ont opéré, et la retenue ne doit être effectuée que
sur le prix revenant au premier transporteur, dans
l'espèce à la Compagnie d'Orléans.

CHAPITRE III.

DE L'ACTION EN RESPONSABILITÉ.

SECTION PREMIÈRE.

De l'exercice de l'action en responsabilité.

SOMMAIRE. — 92. L'expéditeur, aussi bien que le destinataire, peut poursuivre en justice le voiturier qui n'a pas rempli les conditions du transport dont il s'est chargé.

92. — L'article 100 du Code de commerce dit que « la marchandise sortie des magasins du vendeur ou de l'expéditeur voyage, s'il n'y a convention contraire, aux risques et périls de celui à qui elle appartient, sauf son recours contre le commissionnaire et le voiturier chargé du transport. »

Faut-il conclure de la disposition de cet article que le destinaire, devenu par la vente propriétaire des marchandises expédiées, est seul recevable à intenter contre le voiturier une action en responsabilité si les marchandises sont perdues ou avariées? L'expéditeur pourrait-il aussi agir contre le voiturier?

La question s'est présentée devant la Cour de Pau, le 16 décembre 1814 [1]. Une maison de commission

---

[1] Sirey, *Collect. nouv.*, à sa date.

de Bayonne avait confié des vins à un voiturier Be-
nuza pour les conduire en Espagne. Le voiturier
s'était écarté de la grande route et avait été pillé
dans des chemins de traverse par des partisans. Il y
avait faute évidente du voiturier, et cette faute le rendait responsable de la perte des vins. Les commissionnaires expéditeurs de Bayonne poursuivirent Be-
nuza, qui s'appuya sur l'article 100 du Code de commerce pour soutenir que leur action n'était pas recevable, que le destinataire seul, comme propriétaire
des marchandises perdues, pouvait agir contre lui.

Ce système fut repoussé, et il devait l'être. En
effet c'est entre l'expéditeur et le voiturier que se
forme le contrat de transport. Comment pourrait-on
prétendre que l'expéditeur, qui est une des parties
contractantes, n'a pas le droit de réclamer l'exécution de l'engagement contracté. L'article 100 du
Code de commerce ne peut créer aucun droit au
profit du voiturier; il règle les rapports du vendeur
avec l'acheteur. Qu'importe au voiturier que les risques de la chose transportée soient pour l'un ou pour
l'autre? Il doit opérer le transport; il doit veiller à la
conservation des marchandises qui lui sont confiées,
qu'elles soient la propriété de l'expéditeur ou du destinataire. Il n'a pas même à rechercher sur la tête
de qui repose cette propriété. S'il ne remplit pas son
obligation, il est certainement responsable vis-à-vis
de celui avec qui il a contracté. Si le destinataire
peut poursuivre le voiturier qui ne lui remet pas les
marchandises expédiées, il ne s'ensuit pas que l'expéditeur ait perdu toute action de son propre chef.

Si l'expéditeur a pris les devants, le destinataire sera non recevable à poursuivre le voiturier, et réciproquement. Mais il faut reconnaître que l'un ou l'autre peuvent agir en responsabilité, sauf à celui qui aura obtenu une condamnation à tenir compte à l'autre de ce qui peut ou doit lui revenir.

En effet l'expéditeur a une action contre le voiturier, parce que c'est lui qui a contracté; le destinataire a également une action, parce que l'expéditeur a stipulé pour lui, dans les termes de l'article 1121 du Code Napoléon, qui permet de stipuler pour un tiers lorsque telle est la condition d'une stipulation que l'on fait pour soi-même. Or n'est-il pas évident que l'expéditeur qui convient que les marchandises seront remises en tel lieu et à telle personne, stipule dans l'intérêt de cette personne?

SECTION DEUXIÈME.

De l'extinction de l'action en responsabilité.

93.— L'action en responsabilité contre le voiturier s'éteint, aux termes de l'article 105 du Code de commerce, par la réception des objets transportés et par le paiement du prix du transport.

Elle s'éteint aussi par la prescription.

Extinction par la réception des objets transportés et par le paiement du prix.

94.—Pour que l'action en responsabilité ne puisse plus s'exercer, il faut la réunion des deux conditions prévues par l'article 105 [1]. En effet, la réception de la marchandise sans le paiement du prix de transport, et de même le paiement du prix avant la réception de la marchandise, ne peuvent rendre le destinataire ou l'expéditeur forclos. C'est ce qui est très-nettement expliqué dans un arrêt de la Cour de Bordeaux en date du 5 juillet 1839 :

« Attendu, dit cette Cour, que la réception des marchandises n'est nullement exclusive de l'action en recours contre le voiturier; qu'on ne saurait en conclure que le propriétaire les a reconnues en bon état; que l'article 105 du même Code ne prononce en effet l'extinction de l'action du chargeur que lorsqu'il y a eu *réception* ET *paiement* du prix de la voiture ; que ces deux conditions sont cumulatives, qu'elles doivent dès lors concourir ; que c'est ce qui résulte encore explicitement de l'article 108, d'après lequel l'action contre le commissionnaire et le voiturier à raison de la perte ou de l'avarie des marchandises,

---

[1] Pardessus, *Droit commercial*, n° 547.

pour les expéditions faites dans l'intérieur, ne se prescrit que par le laps de six mois à partir du jour où la remise a été opérée, etc. [1]. » En effet, la disposition de l'article 108, sur la prescription, serait sans objet, si le fait seul de la réception éteignait l'action en responsabilité. L'article 108 a supposé qu'il y aurait des cas où l'action de l'expéditeur ou du destinataire survivrait à la remise des objets à transporter : c'est ce qui a lieu lorsque la réception n'a pas été accompagnée du paiement.

95.— La règle, posée par l'article 105 du Code de commerce, est susceptible de plusieurs exceptions. Ainsi, lorsque le paiement du transport a eu lieu d'avance, le voiturier ne peut invoquer cet article s'il est actionné en responsabilité par le destinataire après la réception des marchandises. En effet la loi présume que le destinataire, qui paie le transport après avoir reçu les marchandises, a reconnu qu'il n'avait aucun recours à exercer contre le voiturier. Mais cette présomption doit cesser lorsque le paiement est antérieur au transport ; car le paiement ne peut pas avoir alors la signification que lui attribue l'article 105. C'est donc avec beaucoup de raison que la Cour de Paris a rendu, le 27 août 1847, un arrêt où on lit :

---

[1] *Journal du Palais*, 1842, II, 389.
Voyez aussi un arrêt de la Cour de cassation, du 2 août 1842, dans le même sens : même volume, p. 391 ; et un autre arrêt de la même Cour, du 26 février 1855 : *Journal du Palais*, 1857, 761.

« Considérant que l'article 105 du Code de commerce, en déclarant que toute action contre le voiturier était éteinte par la réception des objets transportés et par le paiement du prix de la voiture, n'a entendu parler que d'un paiement postérieur au transport, puisque le paiement postérieur au transport indique seul, de la part du propriétaire des objets transportés, la renonciation à exercer contre le voiturier une action d'avaries ; — considérant que cet article ne peut s'appliquer au cas où, comme dans l'espèce, le propriétaire des objets transportés est forcé d'en payer le prix d'avance, etc. [1] »

96. — Outre le cas où le prix du transport est payé d'avance, la règle de l'article 105 doit recevoir encore d'autres exceptions. Par exemple, si le voiturier, en remettant des marchandises avariées en route, avait employé des moyens dolosifs ou frauduleux pour dissimuler les avaries et pour obtenir le paiement immédiat du prix du transport, il est évident que le destinataire ne pourrait pas se voir arrêter dans son recours contre le voiturier par la fin de non-recevoir de l'article 105.

En effet, c'est un principe général, et qui est inscrit dans toutes les législations, que l'on est toujours restituable contre la fraude et le dol. Une des causes de *restitutio in integrum* en droit romain était le *dolus malus;* et par *dolus malus* on entendait, suivant Labéon, *omnis calliditas, fallacia, machinatio ad*

---

[1] *Journal du Palais.* 1847, II, 467.

*circumveniendum, fallendum, decipiendum alterum
adhibita*[1]. Le destinataire, trompé par les manœuvres
du voiturier, est donc restituable contre la fin de
non-recevoir résultant de la réception de la marchandise et du paiement du prix du transport.

97. — Il peut arriver que le voiturier n'ait eu
recours à aucun moyen condamnable pour dissimuler
des avaries et pour se faire payer, et que cependant
il ne puisse se prévaloir des dispositions de l'article 105. Ainsi le voiturier ou ses employés ont
volé une partie des marchandises qui leur étaient
confiées. Le vol n'a pas été découvert immédiatement par le destinataire, qui a reçu les marchandises
sans protestation et qui a payé le prix du transport.
Il est certain qu'en ces circonstances le voiturier ne
peut se couvrir de l'article 105, parce que, à proprement parler, le destinataire, qui le poursuit,
n'exerce pas l'action en responsabilité à laquelle le
Code de commerce soumet le voiturier, mais parce
que le destinataire exerce une action en dommages-
intérêts fondée sur un délit. L'action civile en indemnité pour réparation du préjudice causé par un
délit ne peut être paralysée par une fin de non-recevoir opposable seulement à une action d'une tout
autre nature.

98. — Puisque nous venons de dire que la réception de la marchandise jointe au paiement du

---

[1] Ulpien, loi 1, ff. *De dolo malo.*

transport éteignait l'action en responsabilité contre le voiturier, c'est ici le lieu d'examiner comment la réception des marchandises doit s'effectuer par le destinataire.

Le destinataire, avant de recevoir les marchandises et de payer le prix de la voiture, a toujours le droit d'exiger l'ouverture et la vérification des colis qui lui sont adressés, même quand il n'y a aucune avarie apparente. Il peut y avoir en effet des avaries intérieures qui intéressent la responsabilité de l'entrepreneur de transports. Cette vérification a pour but, de la part du destinataire, de savoir s'il existe des motifs de nature à lui faire refuser la réception de l'expédition. Le voiturier ne peut donc pas s'opposer à l'ouverture et à la vérification lorsqu'elle est demandée. Il ne pourrait pas dire que l'article 106 du Code de commerce a établi une forme de procéder pour le cas de refus et de contestation, et qu'alors il faut nécessairement recourir à la voie judiciaire. En effet la vérification préalable demandée par le destinataire n'est ni un refus ni une contestation, c'est une mesure de précaution. Elle aura peut-être pour résultat d'amener un refus ; alors, mais alors seulement, l'article 106 du Code de commerce deviendra applicable [1].

Par deux arrêts récents, la Chambre des requêtes

---

[1] Voyez : Cour impériale de Bourges, 1er avril 1854, *Journal du Palais*, 1854, 1, p. 417; et Cour de cassation, même espèce, 27 décembre 1854, *ibid.* 1855, II, p. 523; — Cour impériale de Paris, 14 décembre 1860. *Gazette des tribunaux* du 17 décembre.

et la Chambre civile de la Cour de cassation ont
toutes deux adopté l'opinion que nous venons d'exposer. L'arrêt de la Chambre des requêtes est du
20 novembre 1860, et celui de la Chambre civile du
16 janvier 1861 [1].

Le voiturier ne pourrait pas non plus s'opposer à
la vérification intérieure des colis par le motif qu'il
aurait reçu les colis de l'expéditeur en se bornant à
constater leur état de bon conditionnement extérieur,
qu'il ne doit être tenu de les rendre que dans l'état
où il les a reçus, et que par conséquent le destinataire n'a droit de vérifier que l'état extérieur. Une
pareille prétention ne tendrait à rien moins qu'à décharger les voituriers de la responsabilité que la loi
leur impose. Car il peut souvent arriver que des avaries, provenant du fait du voiturier, ne soient accu-
sées par aucun signe extérieur. L'entrepreneur de
transports est présumé avoir reçu les marchandises en
bon état. Si l'avarie était préexistante au transport,
c'est à lui à le prouver; et, s'il a accepté les marchandises de l'expéditeur en se bornant à une vérification
extérieure, c'est à lui à en supporter les conséquences,
et ce ne peut être un motif pour empêcher le destinataire d'user rigoureusement de son droit.

99. — C'est par application de ces principes que
le Tribunal de commerce de Bordeaux a jugé, le 30 novembre 1858, que le destinataire à qui des groups

---

[1] Ces deux arrêts sont rapportés *Journal du Palais*, 1861,
p. 407.

d'argent sont présentés par le voiturier, est en droit d'exiger que le numéraire soit compté en sa présence avant d'émarger le livre de factage, et que le voiturier ne peut se refuser à la numération des espèces sous le prétexte qu'il n'a pas compté lui-même lorsqu'il s'est chargé du transport, et qu'il lui suffit de remettre les sacs avec les *marques, cachets et poids indiqués* par la lettre de voiture ou le bulletin d'expédition.

Dans l'espèce, le voiturier n'ayant pas voulu nombrer les espèces, et le destinataire ayant alors refusé la remise des groups d'argent, il s'en était suivi un préjudice pour l'expéditeur : les effets qui devaient être payés au moyen de l'envoi avaient été protestés. Le tribunal, ayant repoussé le système du voiturier, qui était le chemin de fer du Midi, et ayant dès lors constaté que le préjudice éprouvé par l'expéditeur provenait du fait de la Compagnie, l'a condamnée à indemniser l'expéditeur des frais faits contre lui [1].

100. — Depuis l'établissement des chemins de fer, il s'est élevé à propos de la fin de non-recevoir de l'article 105 une question fort importante pour les expéditeurs et destinataires. Quelques compagnies de chemins de fer étaient dans l'usage de faire émarger par les destinataires des bordereaux constatant la remise des marchandises transportées et d'exiger le

---

[1] Aff. Serres *contre* chemin de fer du Midi. Nous ne savons s'il y a eu appel.

prix du transport avant la livraison effective et avant, par conséquent, que la vérification fût possible. Il est de fait que, si chaque destinataire voulait déballer dans les gares les colis qui lui sont expédiés, cela amènerait des embarras et des encombrements sans fin. Mais, en dehors de ces considérations de fait, il s'agissait de savoir si le destinataire, qui avait payé le prix du transport et signé un reçu de livraison avant d'avoir pu prendre livraison effective, pouvait être repoussé par l'article 105, dans le cas où il aurait voulu exercer un recours contre la Compagnie pour des avaries découvertes lors de la remise réelle des colis.

Il y a une analogie très-grande entre cette question et le cas, dont nous avons parlé plus haut [1], où le paiement de la voiture est antérieur au transport. En effet, si la signature du reçu et le paiement, quoique ayant lieu à la gare d'arrivée, sont antérieurs à la livraison des colis, la présomption de l'article 105 ne doit plus s'appliquer. On ne peut pas dire que par la réception et le paiement le destinataire a reconnu que le voiturier avait exécuté le transport sans encourir aucune responsabilité, et qu'il a renoncé à toute action contre lui. Aussi dans plusieurs circonstances les tribunaux ont-ils refusé aux entrepreneurs de transports le bénéfice de l'article 105, lorsqu'il était établi qu'ils avaient exigé le paiement avant la remise des objets transportés.

_____

[1] Voyez n° 95.

101. — Le 18 mai 1855, le tribunal de commerce d'Avignon avait rendu un jugement où on lisait :

« Attendu que la compagnie défenderesse oblige abusivement le public à payer le prix du transport avant l'enlèvement de la marchandise ; que la vérification lors de l'enlèvement est illusoire, à cause de l'encombrement de la gare et du pêle-mêle où se trouvent les marchandises ; que de là il suit que la présomption de l'arrivée de la marchandise en bon état, présomption sur laquelle est fondée la déchéance prononcée par l'article 105 du Code de commerce, ne peut avoir lieu, et que dès lors cet article est inapplicable [1], etc. »

Le pourvoi en cassation dirigé contre ce jugement fut rejeté par arrêt du 5 février 1856. Le premier motif de l'arrêt de la Cour de cassation a confirmé en droit les principes posés par le tribunal d'Avignon. Voici en quels termes :

« Attendu, en droit, qu'à la vérité les compagnies de chemins de fer ont, comme toutes les autres entreprises de transport, le droit incontestable d'invoquer à leur profit la fin de non-recevoir résultant de l'article 105 du Code de commerce, lorsqu'elles peuvent opposer à l'action dirigée contre elles les deux circonstances indiquées dans ledit article comme conditions indivisibles de son application, à savoir le paiement du prix de transport et la réception des objets transportés ; mais que, pour obtenir le béné-

---

[1] *Journal du Palais*, 1856, II, p. 604

fice dudit article, il est indispensable que lesdites entreprises fournissent au destinataire des objets transportés toutes les facilités nécessaires pour rendre possible et utile, s'ils jugent à propos de la faire, la vérification tant extérieure qu'intérieure des colis avant la réception, *cette faculté de vérification étant la seule base de la présomption établie par ledit article* que la marchandise est arrivée en bon état lorsque aucune réclamation n'est faite avant la réception et le paiement du prix de transport, etc. [1] »

Voilà jusqu'où la Cour de cassation a poussé les conséquences du droit de vérification qui appartient au destinataire.

102. — Si, sur le vu de l'état apparent des colis, ou sur les constatations faites après leur ouverture, il y a refus ou contestation pour la réception de la part du destinataire, il faut recourir à l'application des dispositions de l'article 106 du Code de commerce. Aux termes de cet article, l'état des objets transportés doit être vérifié et constaté par des experts nommés par le président du tribunal de commerce, ou, à son défaut, par le juge de paix et par ordonnance au pied d'une requête. La requête est présentée par la partie la plus diligente.

On ne doit s'adresser au juge de paix que dans les lieux où il n'y a pas de tribunal de commerce. Car, là où il existe un tribunal de commerce, c'est

---

[1] *Ibid.* — Voyez aussi Metz 29 août 1855, *Journal du Palais*, 1856, II, p. 329.

au plus ancien juge dans l'ordre du tableau que la requête doit être présentée en cas d'empêchement du président.

Quoique l'article 106 dise que la vérification doit être faite par *des experts*, il est évident que le juge est libre de ne nommer qu'un seul expert[1]. Un arrêt de la Cour impériale de Besançon, en date du 19 décembre 1812 [2], décide que les experts doivent toujours être en nombre impair, un ou trois, par application de l'article 303 du Code de procédure civile.

103. — Les experts doivent vérifier l'état extérieur et intérieur des colis dont la réception donne lieu à difficulté, constater la nature et l'importance des avaries s'il y en a, et indiquer la cause dont elles procèdent si cela est possible. Ils doivent aussi fixer la diminution de valeur que les avaries ont fait subir aux marchandises.

Après que les experts ont dressé leur procès-verbal dans les conditions que nous venons de déterminer, il arrive souvent que le destinataire reçoit les marchandises, en se réservant toutefois son recours contre le voiturier. Le procès-verbal d'expertise fixe l'importance de ce recours, et en cas de contestation il fournit aux juges les éléments nécessaires pour apprécier le préjudice éprouvé par l'expéditeur ou le destinataire.

---

[1] Rennes, 17 août 1812.— Colmar, 21 décembre 1833.
[2] *Journal du Palais*, à sa date.

104. — Mais si, après l'expertise, le destinataire
continue à refuser de recevoir les colis, que doit en
faire le voiturier ? Certes il peut les conserver dans
ses magasins, s'il en a dans le lieu où ils sont arrivés.
Ou bien, et c'est là le parti le plus sage qu'il a à
prendre, il peut en faire ordonner le dépôt ou le séquestre et ensuite le transport dans un lieu public.
C'est ce que dispose le second paragraphe de l'article 106. Cette mesure pourrait aussi être prise
d'office par le juge.

. C'est le magistrat qui a nommé les experts qui
doit rendre l'ordonnance qui prescrit le dépôt ou le
séquestre dans un lieu public. C'est là en effet une
mesure urgente, qui ne préjuge rien sur les droits
des parties, et pour laquelle par conséquent il n'y
a pas lieu de recourir au tribunal de commerce, ce
qui entraînerait des lenteurs souvent très-préjudi-
ciables.

105. — L'article 106 ajoute encore que la vente
des marchandises peut être ordonnée en faveur du
voiturier jusqu'à concurrence du prix de la voiture.
Ceci se rattache au droit de rétention du voiturier,
dont nous parlerons en un autre lieu[1]. Ce que nous
voulions signaler ici dans cette disposition, c'est que
le président du tribunal de commerce ou le juge de
paix peut ordonner la vente des objets transportés.
Nous croyons qu'il le peut non-seulement dans le
cas prévu par l'article 106, c'est-à-dire pour assurer

---

[1] N° 129 et suivants, *infrà*.

l'exercice du privilége du voiturier, mais encore
dans tous les cas où il s'agit de marchandises sujet-
tes par leur nature à une rapide détérioration, et qui
ne pourraient, par cette raison, attendre dans un lieu
public la fin des contestations entre le voiturier et le
destinataire ; par exemple, si les colis refusés contiennent du lait, du beurre, des fruits, ou autres denrées alimentaires de même espèce.

Le juge doit alors, en ordonnant la vente, prescrire
que le produit en restera déposé soit entre les mains
de l'officier ministériel qui aura procédé à la vente,
soit dans un dépôt public pour être ensuite remis à
qui sera par justice ordonné.

106. — Nous venons d'examiner quelles sont les
mesures à prendre en cas de refus ou de contestation
de la part du destinataire. Il nous reste à rechercher
à quel moment on doit y recourir. A quel moment
doit-on provoquer la nomination des experts ? A cet
égard, la loi est muette. Certes il vaudra toujours
mieux demander l'expertise au moment de l'arrivée
de la marchandise ; mais rien ne s'oppose à ce que
l'expertise n'ait lieu plus tard, s'il est constant que
la marchandise est au moment des opérations des experts dans le même état qu'à son arrivée [1].

La Cour de cassation, se fondant sur ce que l'article 106 ne déclare pas l'action du destinataire
éteinte faute d'estimation dans un délai déterminé,
a décidé formellement que *l'exclusion de toute ex-*

---

[1] Cassation, 18 avril 1831. *Journal du Palais*, à sa date.

pertise après la réception des objets serait aussi contraire au texte qu'à l'esprit de la loi [1]. Dans l'espèce, il y avait eu protestation du destinataire lors de la présentation des colis ; il les avait reçus cependant et avait été aussitôt prévenir le juge de paix, qui n'avait dressé procès-verbal des avaries que le lendemain.

107. — Une affaire soumise à la Cour impériale d'Aix se présentait dans des circonstances analogues. Deux caisses avaient été remises à une dame Roux, de Marseille, par les Messageries impériales. En les recevant, la destinataire avait refusé d'en payer le port, et elle avait fait des réserves sur la lettre de voiture. Puis elle avait laissé cinq jours s'écouler, et ce n'était que le sixième qu'elle avait présenté requête à fin de nomination d'experts. Elle intenta ensuite une action en responsabilité contre les Messageries impériales. Le tribunal de commerce déclara la dame Roux non recevable dans son action parce qu'elle n'avait pas fait immédiatement constater l'état des caisses et qu'elle les avait gardées cinq jours chez elle avant de faire procéder à l'expertise. Mais la Cour impériale d'Aix a réformé cette décision en se fondant sur ce qu'aucun soupçon de fraude ne s'élevait contre la destinataire et sur ce que rien n'autorisait à croire que l'identité des colis ne fût plus reconnaissable ; et elle a admis en preuve l'expertise

_____

[1] Arrêt du 2 août 1842. *Journal du Palais*, 1842, II, p. 391.

provoquée six jours après la réception des colis [1].

Ainsi il faut tenir pour certain qu'il n'y a pas de délai fatal passé lequel il n'est plus possible de recourir à la vérification des marchandises par experts.

108. — L'expertise dont traite l'article 106 doit-elle avoir lieu contradictoirement ? Certes il sera toujours préférable qu'elle soit contradictoire, mais, comme c'est un acte qui intervient en dehors de toute instance, il n'est pas nécessaire que celui qui le provoque y appelle tous ceux qui y peuvent être intéressés. Souvent même cela serait impossible, car la vérification doit être faite pour ainsi dire instantanément.

Une partie ne serait donc pas recevable à demander le rejet du procès d'un rapport déposé par des experts qui auraient été nommés, et qui auraient procédé sans qu'elle eût été appelée à assister à leurs opérations.

« Attendu, dit un arrêt de la Cour de Colmar du 29 avril 1845, que Canard et Damiron ne peuvent se plaindre de n'avoir été ni présents ni appelés à l'expertise, puisque..... l'article 106 du Code de commerce ni aucun autre article de loi n'imposent l'obligation d'appeler les parties à une expertise ordonnée en vertu dudit article [2]. »

---

[1] Aix, 25 mars 1854. *Journal du Palais*, 1855, II, p. 36.

[2] *Journal du Palais*, 1845, 2, p. 728. Voyez aussi dans le même sens un autre arrêt de la Cour impériale de Colmar, du 13 mai 1851. *Journal du Palais*, 1853, 1, p. 687.

En effet, il s'agit dans le cas de l'article 106 d'une mesure toute spéciale à laquelle il ne faut pas appliquer les formalités prescrites par le Code de procédure pour les expertises ordinaires. Le Code de procédure suppose toujours un procès existant, tandis que l'article 106 ne statue que sur une mesure conservatoire des droits de tous les intéressés, et qui doit presque toujours être prise dans des cas qui requièrent une extrême célérité.

109. — La constatation des avaries ne peut-elle être faite que dans les formes prescrites par l'article 106? La dépréciation causée aux marchandises par les avaries ne peut-elle résulter que d'un rapport d'experts? Nous ne croyons pas que le mode de *vérification* et de constatation de l'article 106 soit exclusif de tous autres [1]. Le procès-verbal des experts peut être suppléé par des équivalents. Mais les tribunaux devront se montrer très-circonspects pour l'admission de ces équivalents. Ils feront sagement de repousser les certificats dressés par de simples particuliers, tandis qu'ils pourront prendre en sérieuse considération un procès-verbal de *constat* dressé par un maire, surtout dans les localités où il n'y a ni tribunal de commerce, ni juge de paix.

---

[1] Arrêt du 2 août 1842, *Journal du Palais*, 1842, II, p. 391.

Prescription.

110. — L'action en responsabilité contre le voiturier s'éteint aussi par la prescription. L'article 108 du Code de commerce dit : « Toutes actions contre le commissionnaire et le voiturier, à raison de la perte ou de l'avarie des marchandises, sont prescrites après six mois, pour les expéditions faites dans l'intérieur de la France, et après un an, pour celles faites à l'étranger ; le tout à compter, pour les cas de perte, du jour où le transport des marchandises aurait dû être effectué, et, pour les cas d'avarie, du jour où la remise des marchandises aura été faite ; sans préjudice des cas de fraude ou d'infidélité. »

111. — On a soulevé sur cet article une question qui présente un grand intérêt pratique. On s'est demandé si la prescription de l'article 108 pouvait s'opposer entre commerçants seulement, ou si elle pouvait être invoquée par le voiturier contre toute personne. L'article 108 est conçu en termes absolus. Il dit *Toutes actions*, et il ne contient pas un mot qui puisse faire supposer qu'il n'entend parler que des actions de l'expéditeur ou du destinataire commerçant. Il est évident au contraire que le Code de commerce a voulu affranchir les commissionnaires et entrepreneurs de transports de la prescription de trente ans dans tous les cas de réclamation. On ne pourrait pas dire que le terme *marchandises* employé dans l'article 108 indique les expéditions relatives à leur commerce que se font les négociants entre eux [1]. En effet le mot *marchandises* désigne seulement les objets, et il ne sert jamais à déterminer la qualité de celui qui possède les objets. Une personne non commerçante peut expédier un baril de vin à une autre personne non commerçante aussi. Le vin ne pourra-t-il donc pas être désigné par le mot de *marchandise*, parce que celui qui l'expédie et celui qui doit le recevoir n'ont, ni l'un ni l'autre, la qualité de commerçants? Il ne faut donc pas donner au mot *marchandises* une portée qu'il ne saurait avoir.

Il résulte de tout ceci que la prescription de six mois est opposable à tous les chargeurs, quelle que soit leur qualité. Un arrêt de la Cour de cassation du 4 juillet 1816 [2] a cependant rejeté le pourvoi contre un jugement qui avait décidé que l'article 108 n'était pas opposable à un chargeur non commerçant, et qu'à son égard le voiturier ne pouvait se prévaloir que de la prescription trentenaire. Mais cet arrêt ne nous paraît pas de nature à faire jurisprudence; on peut dire qu'il n'est pas motivé, car il juge la question par la question.

La prescription de l'article 108 est opposable non-seulement aux expéditeurs et destinataires pour les

---

[1] Cependant M. Troplong, *Louage*, tome III, nombre 928, tire un argument de ce mot *marchandises* pour restreindre l'application de l'art. 108 aux expéditions faites par les commerçants.

[2] *Journal du Palais*, à sa date. Voy. en sens contraire : Rennes, 25 juillet 1820, *même recueil*, à sa date; Rennes, 25 mars 1852, *ibid.*, 1852, II, p. 248.

marchandises par eux confiées aux voituriers, elle l'est aussi aux voyageurs pour leurs bagages.

112. — L'article 108 n'établit de prescription spéciale que pour le cas de perte et pour celui d'a- varie. Doit-il cependant être étendu par analogie, et faut-il décider que l'action en indemnité pour cause de retard est prescrite lorsque l'expéditeur ou le des- tinataire est resté six mois sans l'intenter ?

On a soutenu dans quelques occasions que la pres- cription de l'article 108 devait s'appliquer à toutes les actions dirigées contre un voiturier à raison d'un contrat de transport, par conséquent à l'action en indemnité pour retard aussi bien qu'à l'action en responsabilité pour perte ou avaries. A l'appui de cette prétention, on invoquait l'esprit qui avait ins- piré la rédaction de l'article 108. La loi n'avait-elle pas voulu soustraire les voituriers à cette foule d'ac- tions principales ou en garantie qu'entraînent sou- vent les transports de marchandises ? Si l'article 108 parle de la perte ou de l'avarie, qui en général sont beaucoup plus préjudiciables au destinataire que le retard, ne devrait-on pas à plus forte raison appli- quer la prescription à ce dernier cas de responsabilité comme on l'applique aux deux autres? On ajoutait en ce sens que, si l'article 108 a désigné d'une façon spéciale les actions fondées sur la perte ou l'avarie des objets à transporter, c'était pour indiquer en ce qui les concernait le point de départ de la prescrip- tion.

Cette argumentation a été repoussée à juste titre,

selon nous, car elle nous paraît contraire au texte
de l'article 108 tel qu'il a été inscrit dans le Code.
Suivant le projet de Code de commerce, cet article devait être ainsi conçu : « *Toutes actions*
contre le commissionnaire et le voiturier sont prescrites après six mois pour les expéditions faites dans
l'intérieur de la France, et après un an pour celles
faites dans l'étranger, le tout à compter de la lettre de
voiture. » Mais, sur les observations du Tribunat,
l'article fut modifié et rédigé tel qu'il existe actuellement [1]. Le Tribunat ne s'était-il préoccupé que du
point de départ de la prescription ? n'avait-il pas
voulu aussi limiter le nombre des actions auxquelles
cette prescription s'appliquait? Il est évident que, s'il
avait entendu que la prescription de six mois s'ap-
pliquât à l'action en indemnité pour retard, il se serait
aussi, en ce qui concerne cette action, occupé du point
de départ de la prescription ; d'autant plus que, pour
cette action, on aurait à se demander si le délai de
six mois doit commencer à partir du jour où le
transport aurait dû être opéré, ou à partir du jour où
il a été opéré en réalité.

113. — La jurisprudence n'admet pas que l'article 108 puisse être étendu à d'autres actions que
celles qui s'y trouvent dénommées. Un arrêt de la
Chambre civile de la Cour de cassation, rendu après
partage le 26 juillet 1859, paraît avoir tranché dé-

---

[1] Locré, tome XVII, p. 234.

finitivement la question. Il s'exprime en ces termes :

« Attendu que les lois qui établissent des prescriptions ou des déchéances sont de droit étroit et ne
peuvent être étendues par voie d'analogie d'un cas
à un autre ; qu'en particulier la disposition de l'article 108 du Code de commerce, qui limite à six
mois la durée de l'action contre le commissionnaire
ou voiturier à raison de la perte ou de l'avarie des
marchandises, en prenant soin de fixer d'une manière
spéciale pour chacun de ces deux cas le point de
départ de la prescription, doit être restreinte dans son
application aux cas qu'elle a ainsi spécifiés ; et qu'en
décidant que l'article 108 n'est point applicable à
l'action intentée dans un cas différent, celui de retard dans le transport des marchandises, la Cour
impériale de Douai n'a violé ni ledit article, ni aucune autre loi... Rejette... [1] »

114. — La prescription de six mois restreinte
aux actions basées sur la perte ou l'avarie des marchandises à transporter, nous avons maintenant à
examiner dans quelles circonstances le voiturier peut
se couvrir de la disposition de l'article 108.

Lui suffit-il, pour se prévaloir du bénéfice de cet
article, de prouver que les objets réclamés lui ont été

---

[1] *Journal du Palais*, 1860, 322.
Voyez aussi : Montpellier, 27 août 1830, *eod. op.* à sa date ;
Douai, 2 mars 1858, *eod. op.*, 1858, 1225.

remis plus de six mois avant la réclamation? Non.
Il faut de plus qu'il prouve que les marchandises
sont sorties de ses magasins et ont été expédiées [1].
En effet, l'article 198 ne parle que des cas de perte
et d'avarie, il ne parle pas du défaut d'envoi par le
voiturier; et il est clair que, par les cas de perte et
d'avarie, la loi veut parler de perte ou d'avarie sur-
venues en cours de voyage, et non pas d'une perte
qui aurait eu lieu dans les magasins ou gares de l'entrepreneur de transports. S'il pouvait subsister quelque doute sur ces points, il serait levé par les procès-
verbaux de la discussion du Code de commerce au
conseil d'Etat; on y voit que Regnauld de Saint-Jean
d'Angély a dit en termes exprès : « La prescription
établie par cet article ne fait pas cesser la responsabilité pour défaut d'envoi, mais seulement la responsabilité pour pertes et avaries. » Il faut remarquer de
plus que la rédaction proposée par la section de
législation ne contenait pas ces mots : *à raison de la
perte ou de l'avarie*, et qu'ils ont été ajoutés après
l'observation que nous venons de rappeler [2].

115. — Pour que l'article 108 soit applicable, il
faut donc que le voiturier prouve que les marchandises

---

[1] Voyez en ce sens : Cassation, 21 janvier 1839, *Journal du Palais*, 1839, 1, p. 193, et Liége, 20 avril 1814, *Journal du Palais*, à sa date.
Voyez en sens contraire, Rennes 25 mars 1852, *même recueil* 1852, 248.

[2] Locré, *Législation civile, commerciale*, etc. t. XVII, p. 240.

sont sorties de ses magasins. Que décider en cas de fausse direction? Les marchandises sont bien parties, mais elles ont voyagé sur une fausse route, ou ont été adressées à une autre personne que le véritable destinataire.

Nous n'hésitons pas à penser que, dans ce cas, il y a lieu à la prescription de l'article 108, et non à la prescription trentenaire, car la fausse direction ou la remise à un faux destinataire sont assimilables à la perte. Dans un cas comme dans l'autre, le voiturier a exécuté le contrat de transport. Il l'a mal exécuté, c'est vrai, et c'est pour cela qu'il a besoin de se couvrir de la prescription; mais enfin il l'a exécuté, tandis que lorsqu'il y a défaut d'envoi, il n'y a pas eu de sa part exécution du contrat. Or, l'article 108, d'après ce que nous venons de dire sur ce qui s'était passé au conseil d'Etat à propos de sa rédaction, nous paraît avoir pour but de garantir le voiturier contre toutes les réclamations qui peuvent s'élever contre lui pour ce qui est arrivé pendant le voyage, même si sa responsabilité est engagée. Il n'y a que le défaut d'envoi qui ne rentre pas dans les prévisions de l'article 108.

Il faut donc approuver un arrêt de la Cour de Colmar, en date du 10 juillet 1832, qui a jugé que la disposition de cet article s'étendait nécessairement au cas où les marchandises étaient dirigées sur une fausse adresse et n'arrivaient pas à destination[1].

---

[1] *Journal du Palais*, à sa date.

En effet, les colis égarés par suite de fausse destination sont en quelque sorte perdus. Aussi la Cour de
cassation a-t-elle dit « que ce serait méconnaître
l'esprit et fausser le texte de l'article 108 du Code
de commerce qu'admettre une distinction entre les
marchandises qui ne seraient qu'égarées et celles
tout à fait perdues, pour en conclure que la loi
applicable au dernier cas serait impuissante pour le
premier, tandis qu'il est évident que la règle tracée
par l'article 108 doit embrasser les deux hypothèses
et les assujettir l'une et l'autre à la même solution[1]. »

116. — Le délai de six mois ou d'un an dont il
est question dans l'article 108, commence pour les
cas de perte à partir du jour où le transport aurait
dû être effectué, et pour les cas d'avaries du jour
où la remise des marchandises a été faite. Dans ces
derniers cas il ne peut pas y avoir de doute sur le
point de départ de la prescription ; il n'en est pas
de même dans le premier. En effet, comment déter-
minera-t-on le jour où le transport aurait dû être
effectué ? Cette détermination pourra quelquefois donner lieu à des difficultés. Si la lettre de voiture a
fixé un délai pour le transport, la prescription commencera à courir du jour de l'expiration de ce délai.
Mais il peut n'y avoir pas de lettre de voiture, ou
la lettre de voiture peut être muette sur la durée du
transport ; alors on devra recourir aux usages du

---

[1] Arrêt du 18 juin 1838. *Journal du Palais,* 1838, II, 197.

commerce et déterminer le jour où le transport devait être effectué d'après la durée ordinaire des
voyages entre le lieu du départ et celui de la destination.

117. — Pour les expéditions par chemin de fer,
le calcul du point de départ de la prescription ne
peut pas présenter de difficulté, même dans le cas où
la durée du trajet n'aurait pas été fixée de gré à gré
par une convention et n'aurait pas été constatée par
une lettre de voiture ou par un récépissé. En effet,
l'article 50 du cahier des charges de 1857 et 1859
fixe aux compagnies un maximum pour la durée des
trajets; ce maximum ne peut jamais excéder vingt-
quatre heures par fraction indivisible de 125 kilomètres. Il peut être réduit par une décision de
l'administration publique. Or en calculant, toujours avec le cahier des charges et avec les décisions spéciales de l'administration, s'il y en a, les délais accordés aux compagnies pour le stationnement
dans la gare de départ et dans celle d'arrivée, on
peut arriver à déterminer d'une façon mathématique
le moment où la remise des colis devait être faite
au destinataire. C'est à partir de ce moment que la
prescription aura commencé à courir.

118. — Lorsque le transport des marchandises
n'est pas fait par un seul entrepreneur, mais lorsqu'il y a plusieurs voituriers successifs, quel est le
point de départ de la prescription? Est-il le même

pour tous les voituriers? Varie-t-il au contraire pour
chacun d'eux ?

Prenons un exemple : plusieurs colis sont expédiés
de Rouen à Bayonne le 1ᵉʳ janvier. Ils sont transportés par le chemin de fer de l'Ouest jusqu'à Paris,
puis ils prennent le chemin de fer d'Orléans jusqu'à
Bordeaux, et ensuite le chemin de fer du Midi de
Bordeaux à Bayonne. Supposons qu'ils aient été remis le 10 janvier au chemin de fer d'Orléans et le
20 janvier au chemin de fer du Midi, et qu'ils soient
arrivés le 30 janvier à Bayonne chez le destinataire.
Un de ces colis a été avarié sur le chemin de fer
de l'Ouest, un autre sur la ligne d'Orléans et enfin
un troisième sur la ligne du Midi. Le destinataire
introduit une action en responsabilité le 29 juillet ;
son action sera-t-elle valable seulement contre le
chemin de fer du Midi, sera-t-elle prescrite pour les
avaries arrivées sur les autres lignes? La Compagnie de l'Ouest pourrait-elle dire que les marchandises étant sorties de ses mains le 10 janvier, l'action en responsabilité contre elle ne pouvait durer
que jusqu'au 10 juillet? La Compagnie d'Orléans
pourrait-elle faire un raisonnement semblable et élever la prétention que l'action en responsabilité contre
elle a été prescrite le 20 juillet?

Nous ne saurions admettre cette manière de raisonner. En effet, s'il y a des voituriers successifs, il
n'y a toujours qu'un seul et même voyage au regard
du destinataire. Il ne peut connaître les avaries
que par la remise des colis qui lui est faite par le
dernier voiturier. L'article 108 donne au destina-

taire six mois pour agir à partir de la réception; or il n'aurait pas six mois à l'égard du chemin de l'Ouest et du chemin d'Orléans si l'on admettait le système que nous combattons. Il faut donc décider que l'action du destinataire ou de l'expéditeur contre les premiers voituriers ne peut se prescrire qu'à partir de la remise des marchandises effectuée par le dernier voiturier.

119. — C'est par application de cette doctrine que la Cour de cassation a jugé le 5 mai 1829 [1] que l'action dirigée contre le voiturier chargé d'un transport qui en réalité n'a pas été effectué, interrompt la prescription de six mois même vis-à-vis des voituriers intermédiaires employés au même transport, alors même que l'action en garantie du voiturier actionné n'aurait été formée contre eux qu'après les six mois. En effet, l'article 108 ne statue pas sur les recours que les voituriers ou commissionnaires peuvent avoir à exercer les uns contre les autres. Ces recours doivent subsister tant que subsiste l'action principale de l'expéditeur ou du destinataire ; sans quoi celui des voituriers qui est poursuivi serait exposé à se voir condamner à des dommages-intérêts pour des faits imputables aux autres voituriers.

---

[1] *Journal du Palais,* à sa date.

CHAPITRE IV.

DES AGENTS INTERMÉDIAIRES.

SOMMAIRE. — 120. Transports opérés par des agents intermédiaires. — 121. Le voiturier ou commissionnaire est responsable des agents intermédiaires qu'il emploie. — 122. Au regard des voituriers intermédiaires, le voiturier principal ou le commissionnaire est un véritable expéditeur. — 123. Règle spéciale au cas d'avaries. C'est au voiturier principal ou commissionnaire qu'il incombe de prouver la faute de l'agent intermédiaire à qui il impute l'avarie. — 124. Motifs de cette règle. — 125. Jurisprudence. — 126. Des précautions que doivent prendre les agents intermédiaires pour mettre leur responsabilité à couvert. — 127. Le défaut de réserves fait peser la responsabilité des avaries sur le dernier voiturier.

120. — Souvent l'entrepreneur ou le commissionnaire de transports n'a pas de service allant jusqu'au lieu de destination de la marchandise qu'on lui confie. Alors il adresse cette marchandise à un de ses correspondants voiturier ou commissionnaire qui se charge de la faire parvenir à destination. Quelquefois même, lorsque le voyage est long, le nombre des voituriers ou commissionnaires successifs est plus considérable, et la marchandise passe aux mains et aux soins de quatre ou cinq personnes différentes. Même avec les chemins de fer ces faits de remise d'un entrepreneur de transports à l'autre peuvent se produire. Supposons une expédition de Grenoble à Angoulême : les marchandises expédiées devront

voyager sur les chemins de quatre Compagnies : d'a-
bord sur les chemins du Dauphiné, de Grenoble à
Saint-Rambert ; ensuite sur le chemin de fer de la
Méditerranée, de Saint-Rambert à Cette ; puis sur les
chemins du Midi, de Cette à Bordeaux ; enfin sur
le chemin de fer d'Orléans, de Bordeaux à Angoulême.

121. — Quelles conséquences ces transmissions
multiples de la chose voiturée entre les mains de
divers intermédiaires exercent-elles sur les obligations
qui dérivent du contrat de transport pour le voiturier ou le commissionnaire ? C'est ce que nous nous
proposons d'examiner ici.

Nous raisonnerons toujours dans l'hypothèse où
l'expéditeur a traité avec un voiturier ou commissionnaire pour que l'objet à transporter fût rendu à
destination. Car s'il était convenu que cet objet serait remis dans un lieu intermédiaire à une personne
désignée par l'expéditeur et chargée de faire continuer le voyage, il y aurait là plusieurs contrats de
transport se succédant les uns aux autres, mais qui
seraient, au regard de l'expéditeur, des contrats
distincts dont chacun serait régi par les règles exposées dans les chapitres précédents.

Lorsqu'un entrepreneur de transports ne peut pas
opérer le transport par ses propres moyens et qu'il
doit avoir recours à d'autres voituriers ou agents
intermédiaires pour certaines fractions du voyage,
il n'en est pas moins tenu de toutes les obligations
des voituriers dans ses rapports avec l'expéditeur ou

avec le destinataire. On peut le considérer comme une manière d'entrepreneur général qui est responsable de tous les actes de ses sous-traitants.

En effet, l'expéditeur ne connaît que le voiturier ou le commissionnaire avec lequel il a traité. Si le transport ne s'effectue pas régulièrement, si les objets à transporter périssent pendant qu'ils sont sur les voitures d'un agent intermédiaire, l'expéditeur a une action directe contre le commissionnaire ou le voiturier avec lequel il a traité, sauf à ce dernier à exercer un recours en garantie contre le voiturier intermédiaire, auteur de la perte, ou de l'irrégularité dans le transport (article 99 du Code de commerce). Ainsi, que le transport soit fait par une seule personne ou par plusieurs agents successifs, cela ne modifie en rien les droits de l'expéditeur ni leur mode d'exercice.

122. — Ce qu'il importe donc seulement d'examiner ici, ce sont les relations du commissionnaire ou du voiturier chargé de tout le transport avec les agents intermédiaires qu'il se substitue.

La convention qui intervient entre le commissionnaire ou voiturier principal et les voituriers ou commissionnaires auxquels il adresse les objets à transporter pour leur faire continuer le voyage, est un véritable contrat de transport dans lequel le commissionnaire principal ou voiturier primitif joue le rôle de l'expéditeur.

Les règles du contrat de transport sont donc applicables à cette convention.

123. — Cependant l'usage commercial, consacré en cela par la jurisprudence, a fait une exception à l'application des règles du contrat de transport. Cette exception porte sur la responsabilité des agents intermédiaires en cas d'avaries.

Lorsqu'il y a perte totale des objets à transporter, l'agent intermédiaire, aux soins duquel ils se trouvaient lors de la perte, en est responsable. Cela ne souffre pas de difficulté. Il y a un fait matériel, celui de la perte, qui empêche qu'il puisse y avoir de contestation sur la question de savoir auquel des voituriers successifs la responsabilité doit incomber.

Lorsqu'il y a retard dans l'arrivée des marchandises, on sait aussi par la date des remises d'un voiturier à l'autre à qui le retard est imputable, et par conséquent sur qui la responsabilité doit peser.

Dans ces deux cas, l'application des règles sur la responsabilité est donc simple et facile.

Mais dans le cas d'avaries, et surtout d'avaries non apparentes, il est quelquefois fort difficile de découvrir quel est celui des voituriers successifs qui doit en être responsable.

Au regard de l'expéditeur, le commissionnaire principal ou voiturier primitif est présumé avoir reçu les objets à transporter en bon état; c'était à lui, lors de la réception des colis, de vérifier leur état extérieur et intérieur et de faire de réserves s'il y avait lieu. En l'absence de réserves, il doit rendre en bon état au lieu de destination les marchandises qui lui ont été confiées.

Quoique dans ses rapports avec les agents intermédiaires le voiturier primitif ou commissionnaire principal soit comme un expéditeur, il ne peut cependant pas invoquer contre eux la présomption dont nous venons de parler. Telle est l'exception aux règles générales du contrat de transport que nous avons signalée tout à l'heure.

L'usage du commerce a admis que l'entrepreneur principal du transport devait prouver que les avaries provenaient du fait de celui de ses agents intermédiaires auquel il en attribue la responsabilité. Il est donc obligé d'administrer une preuve là où l'expéditeur peut se borner à invoquer une présomption.

124. — Voici sur quels motifs on s'est appuyé pour établir cette distinction. L'entrepreneur principal et primitif du transport peut, s'il le juge à propos, procéder à une constatation intérieure des colis à transporter, tandis qu'en cours de voyage il n'est pas permis par l'usage aux voituriers intermédiaires d'ouvrir les colis; ce qui d'ailleurs, à cause des formalités à observer, entraînerait des retards toujours préjudiciables aux expéditions commerciales. Il ne serait donc pas juste de leur dire : Vous êtes présumés avoir reçu les marchandises en bon état, car vous n'avez pas fait de réserves. A quoi ils répondraient avec raison : L'absence de réserves ne peut pas être invoquée contre nous, puisqu'il ne nous a pas été donné de vérifier l'état des marchandises lorsqu'on nous a fait remise des colis qui les contenaient.

125. — Ce point de droit a été résolu par plusieurs arrêts. Un de ces arrêts [1], conçu en termes très-précis, doit être rapporté ici, il nous dispensera de plus amples commentaires :

« Attendu, en droit, dit la Cour de cassation, que la responsabilité à laquelle les articles 97 et 98 du Code de commerce soumettent, en cas d'avaries, le commissionnaire de transport qui s'oblige à faire arriver la marchandiee à destination, diffère en un point essentiel de celle à laquelle sont soumis les voituriers intermédiaires qui se bornent à prêter leur concours à l'exécution du contrat de commission ; que, comme le premier peut toujours, avant de se charger du transport des colis, exiger que la vérification de leur contenu soit faite en sa présence, il est présumé reconnaître, en les acceptant, que la marchandise est conforme aux énonciations de la lettre de voiture et en bon état ; que par suite il est garant des avaries qui sont constatées à l'arrivée, sans qu'on ait à prouver qu'elles proviennent de son fait ou de celui des commissionnaires intermédiaires dont il répond, aux termes de l'article 99 précité ;

» Mais que cette vérification ne pouvant avoir lieu de la part de ces derniers qui se succèdent presque sans interruption dans le service du transport,

---

[1] Cassation, 12 août 1856. *Journal du Palais*, 1857, p. 395. —*Id.*, 18 avril 1831 ; *même recueil*, à sa date.— *Id.*, 15 avril 1846 ; *même recueil*, 1846, 1, p. 694. — Nîmes, 19 novembre 1851 ; *même recueil*, 1853, 11, p. 55.

et qui doivent faire arriver au plus vite la marchandise à sa destination, la même présomption n'existe pas contre eux, et ils ne peuvent être déclarés responsables des avaries qu'autant qu'il est prouvé qu'elles sont arrivées par leur faute, etc. »

126. — Souvent il sera très-difficile, quelquefois impossible à l'entrepreneur primitif de prouver sur lequel de ses agents intermédiaires la responsabilité des avaries doit peser. Ce sera alors lui qui en supportera les conséquences dans ses rapports avec l'expéditeur.

La possibilité de découvrir l'auteur des avaries résultera le plus fréquemment de l'état extérieur des colis. Si, par exemple, dans un cas où il y a trois voituriers successifs, il était prouvé que le premier a remis au second les colis en bon état de conditionnement extérieur, et si, lors de la remise au troisième, l'état extérieur démontrait que les colis ont subi un choc ou ont été mouillés, on devrait en tirer la conséquence que les avaries intérieures, s'il y en a, se sont produites quand les colis étaient aux soins du second voiturier.

Comme, dans cette matière, il importe aux agents intermédiaires de se ménager des preuves pour combattre l'action que leur commettant pourrait vouloir diriger contre eux, on ne saurait trop leur recommander de faire constater l'état apparent des marchandises qu'ils reçoivent ; car s'ils peuvent prouver que les caisses, enveloppes ou emballages n'étaient pas intacts quand ils s'en sont chargés, il sera pré-

sumable que la responsabilité des avaries ne doit pas
peser sur eux, mais sur les voituriers antérieurs.
Ils devront donc, toutes les fois que le conditionnement extérieur leur paraîtra vicieux ou avarié, ou
bien lorsqu'il y aura un déficit dans le poids, faire
des réserves en ayant soin d'en indiquer la cause.

127. — Un arrêt de la Cour de cassation du
20 juin 1853 a décidé, dans une espèce où des colis
avaient été mouillés, que la responsabilité de l'avarie
devait peser sur le dernier voiturier, parce qu'en
recevant la marchandise il n'avait pas fait de réserve. Voici dans quelles circonstances.

Des caisses de poils de lièvre avaient été expédiées
de Cologne au Havre ; elles avaient été transportées
par le chemin de fer rhénan, par celui du Nord, et
par celui du Havre. Les caisses avaient été mouillées
en route ; l'avarie était apparente. Le destinataire,
qui était un commissionnaire, les livra en gare sans
déplacement à un négociant qui fit constater l'avarie.
Le commissionnaire n'y était évidemment pour rien ;
il exerça un recours contre la Compagnie du chemin
du Havre. Cette Compagnie voulut également en
exercer un contre celle du Nord ; mais comme elle
avait reçu les caisses sans réserve du chemin de fer
du Nord et qu'il s'agissait d'une avarie extérieure
et apparente, son recours fut repoussé [1]. De ce défaut de réserve, dans de semblables circonstances,

---

[1] *Journal du Palais*, 1855, II, 431.

on concluait avec raison que l'avarie ne devait pas exister lors de la remise des caisses au dernier voiturier, et par conséquent que la mouillure avait eu lieu pendant que la marchandise lui était confiée, et sans doute par un défaut de soin de sa part. Ce qui a été jugé dans cette espèce confirme ce que nous avons dit sur la nécessité, pour les agents intermédiaires d'un transport, de se livrer à un examen attentif de l'état extérieur et apparent des colis qu'ils reçoivent.

CHAPITRE V.

DES OBLIGATIONS DE L'EXPÉDITEUR ET DU DESTINATAIRE.

SECTION UNIQUE.

Paiement du transport. — Privilége de l'entrepreneur de transports.

SOMMAIRE. — 128. Obligation dérivant pour l'expéditeur ou le destinataire du contrat de transport. — 129. Privilége accordé au voiturier pour lui assurer le paiement du transport. — 130. Que doit faire le voiturier pour se faire payer sur la marchandise qu'il a transportée. – 131. Pour exercer son privilége, le voiturier n'a pas besoin d'être nanti. — 132. Ce privilége a pour base, non le nantissement, mais la plus-value donnée à la marchandise. — 133. L'opinion de Pothier est conforme à cette doctrine; erreur de M. Persil sur ce point. — 134. Jurisprudence. — 135. Quelles créances sont garanties par le privilége du voiturier. — 136. Arrêt de la Cour de cassation du 13 février 1849. Il ne permet pas au voiturier de prétendre exercer son privilége sur les marchandises d'une dernière expédition, pour se couvrir de ce qui lui est dû pour des transports antérieurs. — 137. Du cas où l'expéditeur ne fait qu'une seule expédition et où le voiturier transporte les marchandises en plusieurs fois. — 138. Du rang du privilége du voiturier, lorsqu'il s'est dessaisi. — 139. Des déclarations frauduleuses des expéditeurs; elles constituent un vol ou une escroquerie. — 140. Du droit des entrepreneurs d'obtenir des dommages-intérêts pour ces fraudes.

128. — Nous venons de voir quelles sont pour le voiturier les obligations qui dérivent du contrat de transport; il nous reste à indiquer quelles sont celles de l'expéditeur et celles du destinataire, s'il y a un destinataire distinct de l'expéditeur.

Nous avons défini le contrat de transport, une convention par laquelle une personne s'engage à transporter ou à faire transporter pour le compte d'une autre les objets qu'on lui confie, et par laquelle celui qui lui confie ces objets s'oblige à payer un prix pour le transport. Il résulte de là que l'obligation qui naît du contrat de transport pour l'expéditeur ou le destinataire est de payer le prix stipulé.

Ordinairement, le prix du transport se paie à la réception des marchandises à destination; c'est donc en général le destinataire qui est chargé de l'acquitter. Il est loisible cependant à l'expéditeur de le payer d'avance; c'est ce qui arrive quelquefois. Dans d'autres expéditions que l'on dit faites *franco*, l'expéditeur convient avec le voiturier que c'est lui expéditeur qui paiera le transport, lorsqu'on lui justifiera de l'arrivée et de la remise des marchandises à destination. En résumé, le mode de paiement du prix de transport dépend de la convention des parties; il est donc susceptible d'autant de variétés que les conventions elles-mêmes. S'il n'a pas été fait de stipulation spéciale pour le paiement, on devra se régler d'après l'usage général, c'est-à-dire décider que le paiement doit être fait à destination lors de la réception de la marchandise, soit par l'expéditeur, s'il s'est adressé la marchandise à lui-même, soit par le destinataire.

129. — Pour assurer le paiement du voiturier, la loi lui a reconnu un privilége sur les objets qu'il a transportés. L'article 2102 du Code Napoléon dit en effet : « Les créances privilégiées sur certains meubles sont..... 6° les frais de voiture et les dépenses accessoires sur la chose voiturée. »

A côté de son privilége, et pour en assurer l'exercice, le voiturier a un droit de rétention sur les objets transportés (1). C'est ce qui résulte de l'article 106 du Code de commerce qui dit dans sa disposition finale que « la vente des objets transportés peut être ordonnée en faveur du voiturier jusqu'à concurrence du prix de la voiture. » Cette mesure ne peut être ordonnée que sur le refus du destinataire de payer le prix du transport et les dépenses accessoires faites pour la conservation de la chose. Il va sans dire que cette vente ne devra pas être ordonnée, lorsqu'il y aura de la part du destinataire refus motivé sur l'état des marchandises, sur des avaries dont il entend faire peser la responsabilité sur le voiturier ; car alors il faudra conserver les marchandises pour pouvoir en faire opérer la vérification par des experts. Il ne devra donc être procédé à la vente, pour payer le voiturier, que lorsque le refus de recevoir ne sera pas motivé sur l'état des colis présentés au destinataire, ou bien que dans le cas où il y aurait de la part de ce dernier impossibilité de payer le prix du transport.

130. — Quelle procédure le voiturier doit-il suivre dans cette circonstance ? La loi dit qu'il pré-

---

(1) Pardessus, *Droit commercial*, n° 549.

sente requête au président du tribunal de commerce
et que ce magistrat statue sur le vu de cette requête.

Mais faut-il qu'avant de présenter cette requête
le voiturier mette, par un acte extrajudiciaire, le
destinataire en demeure de se livrer? Faut-il ensuite
qu'après l'ordonnance obtenue il la signifie à l'expéditeur, avant de procéder à son exécution? Ces
questions se sont présentées le 8 mai 1857 devant
la Cour impériale de Paris, qui a confirmé, en adop-
tant les motifs des premiers juges, un jugement du
tribunal de commerce de la Seine.

Il s'agissait d'un envoi de vins fait de Paris à
Lille. Le destinataire n'avait pas pu payer à la Compagnie du chemin de fer du Nord les frais de transport et les déboursés faits pour ces vins ; la Compagnie s'était fait autoriser à les vendre pour se
rembourser de ce qui lui était dû. Le destinataire
et l'expéditeur querellaient cette vente en s'appuyant,
l'un sur ce qu'on ne lui avait pas fait de mise en demeure extrajudiciaire, l'autre sur ce que l'ordonnance de vente ne lui avait pas été signifiée. Mais
le Tribunal et la Cour ont repoussé ces prétentions
par les motifs suivants :

« Attendu que la vente ainsi ordonnée ne doit pas
être considérée comme celle faite après nantissement
ou après saisie, mais bien comme seulement destinée
à assurer le privilége attribué au voiturier par le
§ 6 de l'article 2102 du Code Napoléon, dont la première conséquence est un droit de rétention à son
profit ;

» Attendu que la procédure, édictée à ce sujet par

13

l'article 106, est spéciale et sommaire; qu'elle a pour effet de pourvoir à une situation presque toujours urgente, tant à raison du dépérissement possible de la marchandise transportée, que de la conservation utile de ce privilége du transporteur;

» Qu'elle ne prévoit aucune signification, à partir de l'ordonnance rendue sans mise en demeure ;

» Qu'on le comprend d'autant mieux que les formalités et les délais que ces actes engendreraient iraient directement contre le but que le législateur a dû se proposer ;

» Que d'ailleurs les droit des tiers, après le privilége exercé, sont sauvegardés, etc. [1]. »

Cette décision est très-juridique : il n'y a rien à ajouter à des motifs si exactement déduits.

131. — De ce qu'il existe en faveur du voiturier un droit de rétention, faut-il conclure que le privilége de l'article 2102, § 6, ne peut être invoqué que lorsque le voiturier est encore en possession des objets voiturés? La loi paraît exiger que le voiturier soit encore nanti. On décide cependant généralement que le voiturier qui a opéré la remise au destinataire des marchandises qui lui avaient été confiées, peut se prévaloir encore de son privilége, s'il réclame son paiement à peu d'intervalle de la livraison. Pardessus [2] dit sur cette question :

« Il ne perd pas son privilége par le seul fait

---

[1] *Gazette des Tribunaux* du 27 juin 1857.
[2] *Droit commercial*, éd. 1825, tome IV. Nomb. 1205.

qu'il se serait dessaisi, s'il a agi pour la conservation de son · droit dans le bref délai que l'usage peut seul déterminer, selon la nature des choses transportées. On ne peut, en effet, exiger qu'il réclame à l'instant son paiement et le frapper de déchéance pour cette omission : les convenances lui commandent quelques égards, les circonstances exigent quelques délais, et la nécessité des vérifications ne permet pas qu'on le paie à l'instant. Il suffit seulement de faire observer que si déjà une partie de la chose frappée de ce gage était sortie des mains du débiteur, ce qui en resterait répondrait de la totalité de la dette. »

M. Troplong [1] est aussi de cet avis. Il fait remarquer avec beaucoup de raison que le privilége du voiturier ne prend pas sa source dans le nantissement.

132. — En effet, le privilége lui est accordé comme représentation de la plus-value qu'il a donnée aux marchandises, en les amenant sur une place où elles se vendront plus cher que dans le lieu de production ou dans le lieu d'entrepôt. Cela est si vrai, que les articles 306 et 307 du Code de commerce disent que le capitaine ne peut refuser la délivrance des marchandises chargées à son bord par le motif que son fret ne lui serait pas payé, et qu'en cas de livraison il conserve son privilége pendant quinze jours, si les marchandises ne sont pas passées en mains tierces. Si le privilége du capitaine était fondé sur un contrat de nantissement présumé entre

---

[1] *Priviléges et hypothèques,* tome 1ᵉʳ. Nomb. 207.

lui et l'expéditeur, l'ordonnance de la marine, dont le Code de commerce n'est que la reproduction sur ce point, n'eût pas fait survivre ce privilége à la possession des marchandises. Mais la cause de ce privilége est tout autre. C'est pour cela que, sans porter atteinte aux principes du droit, la loi pouvait conserver au capitaine son droit de préférence, même après la délivrance. Seulement il fallait une limite à l'exercice de ce droit, comme il en faut du reste à l'exercice de tous les droits ; de là, le délai de quinzaine qui a été imparti au capitaine.

Le voiturier et le capitaine du navire ont pour le paiement de leur voiture ou de leur fret une action identique ; leur privilége a aussi une cause identique. Si donc le privilége du capitaine survit à la livraison, pourquoi celui du voiturier ne survivrait-il pas également ?

133. — Les auteurs [1] qui disent que le privilége s'éteint lorsque le voiturier est dessaisi, s'appuient sur ce qu'en cas de nantissement le créancier gagiste perd tous ses droits de préférence avec la possession du gage. Toute leur argumentation s'écroule avec la base sur laquelle ils ont édifié, si l'on admet comme nous qu'il n'y a pas de nantissement et que le privilége est fondé sur la plus-value donnée par le transport aux objets voiturés. M. Persil [2], qui tient l'opinion que le voiturier doit être nanti pour

---

[1] Massé, *Droit commercial*, tome VI. Nomb. 477,
[2] *Régime hypothécaire*, sur l'article 2102, § 6. Nomb. 1er.

se prévaloir de l'article 2102, § 6, cite Pothier à l'appui de sa thèse ; mais Pothier est loin d'être de cet avis.

Voici le passage où s'il s'occupe du privilége du voiturier et que vise M. Persil [1] : «Les voituriers qui ont voituré des marchandises ont, pour ce qui leur est dû, un privilége sur ces marchandises pendant le temps que dure leur travail ; mais lorsque les marchandises ne sont plus en leur possession, ou qu'elles se trouvent être dans la maison de leur débiteur, leur privilége ne va qu'après celui du maître d'hôtel. »

Et l'on conclut d'un passage aussi formel que le voiturier doit nécessairement être nanti pour réclamer son privilége! Pothier ne dit-il pas au contraire que ce privilége subsiste après la livraison, puisqu'il règle l'ordre dans lequel il doit s'exercer? Tant que le voiturier est nanti, personne ne peut le primer; lorsqu'il n'a plus la possession, il est primé par le privilége du maître d'hôtel. Voilà le sens exact et précis des paroles de Pothier. Il faut donc reconnaître que, dans l'ancien droit comme sous la législation actuelle, le privilége du voiturier subsistait après la remise au destinataire des objets voiturés. Et si Pothier adopte une telle décision, c'est que pour lui le privilége du voiturier n'avait pas pour cause un gage tacite. Si cela eût été, Pothier avait. l'esprit trop juste et suivait trop bien une déduction

---

[1] Pothier. *Procédure civile.* Partie IV, chap. II, art. 7, § 2.

juridique pour enseigner que le privilége n'était pas
éteint par la délivrance et par la perte de la possession.

134. — Un arrêt du 2 août 1809 de la Cour
impériale de Paris [1] a consacré les véritables
principes de la matière en disant que l'exercice du
privilége du voiturier n'était limité par aucun terme ;
qu'il suffisait pour qu'il pût être exercé, qu'il fût
constant que les objets sur lesquels il était réclamé
étaient bien des objets voiturés. On cite dans le sens
opposé à cet arrêt une décision de la Cour de cassation du 13 avril 1840 [2]. Mais si cette décision paraît avoir résolu la question qui nous occupe, elle
ne l'a fait que d'une manière implicite. Il s'agissait
de savoir si le voiturier avait ou non perdu la possession de bois transportés par eau et déposés sur le
quai d'un port ; il avait été jugé en dernier ressort
que le voiturier n'avait pas perdu la possession. Or la
Cour de cassation déclara qu'en jugeant ainsi le tribunal de Clamecy n'avait violé aucune loi, et qu'en
effet la possession appartenait bien au voiturier, qui
put alors exercer son privilége sans difficulté. La Cour
de cassation n'avait donc pas à rechercher si le privilége survivait à la possession, et il est permis de
penser que, si cette question se fût présentée *in ter-
minis* devant elle, elle eût adopté un avis autre que

---

[1] *Journal du Palais*, à sa date.
[2] *Journal du Palais*, 1840, 1, 597.

celui auquel elle a paru se ranger par quelques propositions incidentes de son arrêt.

Si la livraison des marchandises transportées n'éteint pas le privilége du voiturier, il faut toutefois décider qu'il fera bien de réclamer son paiement dans un bref délai ; il devra, comme le conseille si justement M. Pardessus [1], suivre sur ce point l'usage du lieu où la livraison s'opère. Les tribunaux de commerce, qui connaissent les habitudes de chaque localité, ne seront pas embarrassés pour faire à cet égard bonne justice, et pour maintenir ou non le privilége du voiturier selon que l'usage de la place le considérerait comme éteint ou comme devant subsister [2].

135. — L'article 2102, § 6, ne permet au voiturier d'exercer son privilége sur les marchandises qu'il a transportées que pour le prix du transport même de ces marchandises. Le voiturier ne peut donc prétendre se faire payer, sur les dernières choses voiturées, le prix de transports antérieurs qui lui sont dus pour des marchandises qu'il a précédemment livrées au même destinataire.

Voilà évidemment le droit. Mais le voiturier qui aurait passé un traité par lequel un expéditeur se se-

---

[1] *Droit commercial*, éd. 1825, tom. IV, nomb. 1205.
[2] Voyez sur la survivance du privilége du voiturier à la livraison : Goujet et Merger, *Dictionnaire du Droit commercial*, v° *Voiturier*, n° 69. — Duranton, tome XIX, n° 134. —Vanhuffel. *Du contrat de louage appliqué aux voituriers*, n° 63.

rait engagé à lui faire faire des transports journaliers,
pourrait-il soutenir que ces transports, étant l'exécution d'un seul et même acte, ne doivent pas être
considérés comme des opérations distinctes ; qu'il
n'y a entre l'expéditeur et le voiturier qu'une seule
opération de transport, et que, lorsqu'à un moment
donné le voiturier veut exercer son privilége, il le
peut pour toute l'opération sans que l'on doive faire
de distinction entre les frais de transports afférents
aux marchandises livrées et ceux qui se rapportent à
celles qui ne le sont pas? Ce voiturier pourrait-il invoquer en pareille circonstance le brocard par lequel
on définit l'étendue de l'hypothèque : *Est tota in toto
et tota in qualibet parte?* Pourrait-il vouloir l'appliquer en matière de privilége ?

Ces prétentions du voiturier ne nous paraîtraient
pas soutenables. En effet , les priviléges sont de
droit étroit ; ils ne peuvent être étendus. Or l'article 2102, § 6, ne garantit par le privilége sur
la chose voiturée que les frais de voiture et les dépenses accessoires relatives à cette chose. Comment
donc le voiturier pourrait-il vouloir se faire payer le
prix de précédents transports sur les objets composant la dernière expédition dont il a été chargé et
dont il n'a pas encore opéré la livraison ? Sa prétention de faire considérer tous les transports faits en
exécution d'un marché relatif à des expéditions journalières comme une seule opération, ne serait pas
plus admissible ; car, pour la soutenir, il faut qu'il
dise qu'en passant le marché les parties ont entendu,
si l'on peut parler ainsi, grouper toutes les expédi-

tions de manière à faire une masse de tous les frais de transports, et à les rendre privilégiés sur l'une ou l'autre des expéditions. Mais alors c'est dire que la convention des parties a étendu à des cas non prévus par la loi, mais stipulés entre elles, le privilége de l'article 2102, § 6. Or toute convention de cette nature est nulle et ne peut produire aucun effet juridique; en effet, les priviléges sont établis par la loi et ne peuvent jamais résulter des conventions des contractants : *privilegia sunt legis.* Il faut donc reconnaître que les prétentions du voiturier, dans l'espèce que nous venons de poser, doivent être repoussées, et que le privilége ne garantit que les frais de transport des marchandises qui composaient l'expédition à propos de laquelle se produisent la réclamation et les poursuites du voiturier [1].

136. — C'est du reste en ce sens qu'ont prononcé la Cour de Rouen et la Cour de cassation, dans une affaire qui concernait la Compagnie du chemin de fer de Paris à Rouen. L'arrêt rendu par la Cour de cassation, le 13 février 1849 [2], est important pour les compagnies et les expéditeurs lorsqu'il y a des traités par lesquels les chemins de fer se sont obligés à faire tous les transports d'un expéditeur pendant une certaine période. Cet arrêt pose les véritables principes du droit en cette matière, aussi n'est-il pas

---

[1] Voy. Troplong, *Des Priviléges et Hypothèques*, 1er vol., n° 207 *bis.*

[2] *Journal du Palais,* 1849, II, 171.

inutile peut-être de transcrire ici quelques-uns de
ses motifs :

« Attendu que, suivant les principes du droit justement reconnus et consacrés par l'arrêt attaqué, le
privilége du voiturier, pour les frais de transport, ne
s'étend pas d'une manière générale et absolue pour
les frais de transport, sur tous les objets transportés
en vertu d'un seul et unique traité préexistant entre
l'expéditeur et le *destinataire* [1] ;

» Que la nature du privilége répugne à ce caractère de généralité ; que le privilége résulte d'un fait
prévu par la loi, et qu'il ne prend pas sa source
dans une convention expresse ou présumée entre les
parties ; que le fait lui-même du transport est donc
seul à considérer pour déterminer l'étendue du privilége du voiturier;

» Que, s'il est vrai de dire que, dans le sens de
la loi le privilége pour frais de transport s'étend sur
toutes les marchandises comprises dans une seule et
même opération de transport, quel que soit le mode
d'exécution de cette opération unique, il en est autrement lorsque les opérations de transport sont
distinctes, isolées les unes des autres, et qu'elles don-
nent lieu à autant de frais distincts qu'il y a d'opérations de transport séparées ; que, dans ce cas, le
privilége pour le paiement des frais relatifs à l'une
de ces opérations ne peut être exercé sur les marchandises formant l'objet d'une autre opération de-

---

[1] Il devrait y avoir *voiturier*.

meurée étrangère à la première, et ne pouvant y
être rattachée que par cette simple considération
que toutes les deux ont été exécutées en vertu
d'une même convention, passée entre les mêmes
parties, etc. »

137. — On voit dans cet arrêt que la Cour n'admet pas que le voiturier puisse invoquer son privilége pour se faire payer, sur les objets compris dans
une seconde expédition, les frais d'une première expédition. Mais la Cour admet implicitement que le
privilége pourrait être invoqué s'il s'agissait d'une
seule opération divisée par le voiturier en plusieurs
transports partiels. Supposez, en effet, qu'un expéditeur remette à un voiturier, à un chemin de fer
par exemple, un nombre de colis considérable qui ne
peuvent pas être voiturés le même jour. Si les premiers colis sont livrés au destinataire, le voiturier
pourra toujours retenir les derniers pour se garantir
des frais de toute l'expédition. En effet, il ne s'agit
pas dans cette hypothèse de l'exécution d'un contrat
par lequel les parties ont voulu régler leurs rapports
à propos de transports successifs devant constituer autant d'opérations distinctes; il s'agit au contraire d'une opération unique, d'un seul transport en
bloc d'une certaine quantité de marchandises que
l'expéditeur eût voulu voir voiturées en une seule
fois si cela eût été possible. Pour le voiturier, ce
bloc de marchandises est un tout indivisible dont
les parties ne peuvent être considérées comme autant de choses isolées. Le privilége doit donc frapper

sur chacun des colis composant l'ensemble des marchandises à transporter pour la totalité des frais de
transport [1].

138. — Le voiturier, avons-nous dit, peut exercer son privilége même après s'être dessaisi des objets transportés; il résulte de là qu'il peut se trouver
en concours avec d'autres créanciers privilégiés. En
pareille conjoncture, quel rang faudra-t-il attribuer
au privilége du voiturier ? Parmi les créanciers dont
parle l'article 2102, on pourrait placer avant le voiturier, suivant les circonstances :

1° Celui qui aurait fait des frais pour la conservation de la chose depuis qu'elle a été remise au voiturier ;

2° Le créancier gagiste qui aurait prêté de l'argent au destinataire et qui aurait reçu en nantissement la chose voiturée depuis la remise faite par le
voiturier au destinataire ;

3° L'aubergiste dans l'auberge duquel les objets
transportés auraient été apportés par le destinataire [2].

En se dessaisissant, le voiturier a permis à son débiteur de présenter à de nouveaux créanciers comme
leur gage la chose sur laquelle il avait des droits.
Sans doute il conserve son privilége au regard du

(1) Voy. Goujet et Merger , *Dictionnaire de droit commercial*,
v° *Voiturier*, n° 73.
(2) C'est la décision de Pothier. Voy. *suprà*, n° 133.

débiteur ; mais au regard des tiers, il ne doit venir qu'après les créanciers qui n'ont fait des avances que parce qu'ils considéraient comme libre la chose qui était en la possession du débiteur.

139. — Après avoir dit que, par le contrat de transport, l'expéditeur et le destinataire contractent vis-à-vis du voiturier l'obligation de payer le prix du transport, après avoir parlé du privilége du voiturier qui est la garantie de l'exécution de cette obligation, faut-il donc que nous rappelions que les expéditeurs sont tenus de ne faire que des déclarations exactes lorsqu'ils remettent leurs colis à l'entrepreneur de transports? Il devrait être inutile d'indiquer aux expéditeurs quel est leur devoir à cet égard. Malheureusement il n'en est pas ainsi, et l'appât d'une légère économie a souvent fait commettre des fraudes coupables qui se sont multipliées surtout depuis l'établissement des chemins de fer.

Pour payer un prix de transport un peu moins élevé, certains expéditeurs ont trouvé commode de déclarer, par exemple, comme des marchandises comprises dans la troisième classe du tarif, un envoi d'objets de la première ou de la seconde classe. Nous avons vu plus haut qu'une maison de banque d'Orléans avait expédié sous la désignation de *boîte en fer* un colis qui contenait pour 96,000 fr. de valeurs [1] qui, au lieu du tarif ordinaire, auraient dû payer le prix d'un tarif spécial. Ce qui encourage

---

[1] *Suprà*, n° 59.

ces fraudes, c'est que l'on se fie sur ce que les entreprises de transports ne peuvent pas vérifier le contenu de tous les colis qu'on leur remet. Faire ainsi
des déclarations mensongères pour frauder les compagnies de chemins de fer de ce qui leur est légitimement dû, c'est à nos yeux commettre un véritable
vol ou une escroquerie suivant les circonstances, et
si l'on n'a pas encore fait à de pareils actes l'application de la loi pénale, ils n'en doivent pas moins
être réprouvés par les honnêtes gens à l'égal des délits poursuivis correctionnellement.

140. — Les fraudes dont il est ici question exposent leurs auteurs à de nombreux dangers.

D'abord, en cas de perte de leurs colis, les expéditeurs ne seraient pas admis à réclamer des objets
d'une valeur supérieure à ceux qui ont été déclarés.

Ensuite, il faut savoir que les tribunaux, toutes les
fois que des fraudes semblables leur ont été révélées,
les ont réprimées avec beaucoup de sévérité. Ils ne
se sont pas bornés à condamner l'expéditeur à payer
le prix réellement dû d'après le tarif pour les objets
déclarés comme étant d'une classe inférieure, ils ont
alloué aux compagnies des dommages-intérêts et ils
ont prescrit aux frais de l'expéditeur l'affichage du
jugement de condamnation. On lit notamment dans
un jugement du tribunal de commerce de Marseille,
en date du 3 mai 1860 [1] :

---

[1] *Gazette des tribunaux* du 17 mai 1860.

« Attendu qu'il a été constaté et que le sieur *** a reconnu d'ailleurs dans ses conclusions qu'il avait fait deux envois de Paris en destination de Marseille, par la voie du chemin de fer, de colis déclarés comme renfermant de la quincaillerie et qui contenaient des jouets d'enfants et des articles de Paris;

» Qu'il est dû pour ces deux envois un supplément de taxe de 24 fr. 90 c. dont le sieur*** offre le paiement;

» Mais attendu que cette offre est insuffisante; qu'il a déjà été plusieurs fois jugé que les personnes qui usaient de moyens de fraude dans les transports qu'elles font effectuer devaient indemniser la Compagnie de tous les faux frais de surveillance qu'elles lui occasionnent, et qu'elles étaient encore tenues de prévenir à leurs frais les effets de leur exemple;

» Que c'est ainsi, à titre de dommages-intérêts et non à titre de peine, que l'insertion dans les journaux du jugement rendu contre l'auteur d'une fausse déclaration a été plusieurs fois ordonnée, et qu'elle doit l'être dans l'espèce contre le sieur ***, qui se reconnaît auteur de deux fausses déclarations.

» Attendu que les autres dommages-intérêts doivent être fixés à, etc...;

» Condamne, etc...; ordonne l'insertion du présent jugement dans un journal de Paris et de Marseille à titre de réparation des deux fausses déclarations par lui faites, les frais de ces insertions à sa charge avec les dépens de l'instance. »

Voilà le danger auquel s'exposent les expéditeurs qui, par l'espoir d'un modique gain à faire au détriment des compagnies, se laissent entraîner à des déclarations mensongères. Cette insertion dans les journaux de faits semblables n'est-elle pas aussi déshonorante pour un commerçant qu'une condamnation correctionnelle? car ce n'est pas l'application d'une peine, mais bien l'immoralité des actes, qui fait le déshonneur.

CHAPITRE VI.

COMPÉTENCE POUR LES ACTIONS QUI NAISSENT DU CONTRAT DE TRANSPORT.

SECTION UNIQUE.

Compétence à raison de la nature du contrat. — Compétence à raison du lieu.—Domicile et siége social des compagnies de chemins de fer.

SOMMAIRE. — 141. De la compétence, pour les actions qui naissent du contrat de transport, lorsque ce contrat est civil. — 142. De la même compétence, lorsque le voiturier est commerçant. — 143. Compétence du tribunal du lieu où le prix du transport doit être payé. — 144. De l'interruption du voyage par ordre de l'expéditeur. — Compétence du tribunal du lieu où la marchandise doit être remise par le voiturier. — 145. Du lieu où, en matière de transport, la *promesse est faite* et *la marchandise livrée.* — 146. De la compétence pour les réclamations de bagages : 1° si le voiturier n'est pas commerçant ; — 147. 2° Si le voiturier est commerçant, le voyageur peut opter entre la compétence civile et la compétence commerciale. — 148. Ce droit d'option existe-t-il également, lorsque la réclamation du voyageur est inférieure à 1,500 francs. Sens de l'article 2 de la loi du 25 mai 1838 sur les justices de paix. — 149. Discussion d'un arrêt de la Cour impériale d'Angers du 3 mai 1855. — 150. Si le voyageur, qui exerce une réclamation pour ses bagages, poursuit le voiturier commercialement, devant quel tribunal de commerce, pourra-t-il l'assigner ? —151. De la compétence résultant du domicile du défendeur. Domicile des compagnies de chemins de fer. — 152. Distinctions à faire. — 153. Les compagnies ne peuvent être assignées qu'au lieu de leur siége social, s'il se trouve dans une des villes où aboutit leur réseau et si elles n'ont pas dans d'autres lieux désigné des agents spéciaux pour recevoir les significations judiciaires. — 154. Jurisprudence de la Cour de cassation sur cette question. — 155. Lorsque les compagnies ont établi des agents spéciaux chargés de recevoir les significations judiciaires qui leur sont faites dans certains arrondissements, elles peuvent être assignées devant les tri-

14

bunaux de ces arrondissements. — 156. Le mandat de ces agents doit être formel. On ne peut par induction soutenir qu'un chef de gare doit avoir implicitement mandat de recevoir les significations faites à la compagnie dont il est l'employé. — 157. Lorsqu'une compagnie a son siége social dans un lieu où son réseau n'aboutit pas, on peut l'assigner devant le tribunal du lieu de son principal établissement. — 158. Arrêt de la Cour de cassation du 21 février 1849.

141.—Devant quel tribunal doivent se porter les actions qui dérivent du contrat de transport ?

L'article 59 du Code de procédure civile dit « qu'en matière personnelle, le défendeur sera assigné devant le tribunal de son domicile, et, s'il n'a pas de domicile, devant le tribunal de sa résidence. »

L'action en responsabilité exercée contre un voiturier est une action personnelle; il en est de même des actions que le voiturier peut avoir à diriger contre l'expéditeur ou le destinataire. Aux termes de l'article 59 précité, le défendeur doit donc être assigné devant le tribunal de son domicile. Cela ne peut souffrir aucune difficulté lorsque le contrat de transport qui donne lieu aux réclamations soit du voiturier, soit de l'expéditeur ou du destinataire est un contrat civil, c'est-à-dire lorsque le voiturier n'est pas commerçant.

142. — Mais lorsque l'action est dirigée contre le voiturier et qu'il est commerçant, ce qui est le cas le plus fréquent, il faut modifier l'article 59 par l'article 420 du Code de procédure civile. Cet article dispose qu'en matière commerciale, « le demandeur pourra assigner à son choix devant le tribunal du domicile du défendeur, devant celui dans l'arrondissement duquel la promesse a été faite et la marchandise livrée, devant celui dans l'arrondissement duquel le paiement devait être effectué. »

On s'était demandé si cet article pouvait s'appliquer au contrat de transport si, par ces expressions *la marchandise livrée*, il ne se rapportait pas exclusivement aux achats et ventes en matière de commerce. Mais la jurisprudence, après avoir été quelque temps hésitante, a décidé et avec beaucoup de raison que par le mot *marchandise* la loi désigne tout ce qui peut faire l'objet d'un trafic et d'un négoce, tout ce qui tient au commerce et à la spéculation [1]. Ces prémisses posées, il est évident que l'article 420 devait régir les transports comme les autres opérations commerciales ; car les transports font l'objet d'un trafic et d'un négoce ; ils sont l'une des branches les plus importantes du commerce. — Les articles 632 et 633 du Code de commerce, faisant énumération des actes de commerce, y placent les entreprises de commission et de transport par terre et par eau.

143. Parlons d'abord de la compétence du tribunal du lieu où le prix du transport doit être payé.

Plusieurs arrêts ont jugé dans ces dernières années que le tribunal du lieu de destination était compétent pour connaître de l'action en responsabilité dirigée contre le voiturier, parce que le prix

---

[1] Metz, 13 décembre 1853. *Journal du Palais*, 1854, 1, p. 104. — Pardessus, *Droit commercial*, n° 1355.

du transport devait y être payé par le destinataire.

Dans une espèce où un négociant d'Elbeuf avait
envoyé un ballot à Clermont-Ferrand, par l'entremise
des messageries Laffitte et Caillard, le destinataire
avait introduit une action, pour cause de retard dans
la livraison, contre la Compagnie des messageries
et il l'avait assignée devant le tribunal de Clermont-
Ferrand. La Compagnie s'était défendue en prétendant que son domicile étant à Paris, elle ne pouvait
être assignée que devant le tribunal de commerce
de la Seine, et elle repoussait l'application à la cause
de l'article 420 du Code de procédure civile. Mais
son déclinatoire fut rejeté par le tribunal de
première instance et par la Cour de Riom. Elle n'eut
pas plus de succès devant la Cour de cassation, qui
par arrêt du 26 février 1839 déclara que l'article 420 permettait, pour faits de transport, d'assigner
devant les juges du lieu où le prix devait être
payé [1].

En règle générale, le voiturier doit être payé au
lieu de destination. C'est pour cela, et parce que
dans l'espèce le transport était payable par le destinataire, que la Cour de cassation a jugé comme
elle a fait par son arrêt précité. Mais il devrait en
être autrement si l'expédition était faite franco et si le
paiement du transport avait été stipulé payable par
l'expéditeur; alors l'action ne pourrait plus être portée
devant le tribunal du lieu de destination, mais elle

---

[1] *Journal du Palais*, 1839, I, p. 341. Voyez dans le même
sens : Paris, 31 juillet 1850 ; *Journal du Palais*, 1850, II, p. 630.

pourrait l'être devant celui du domicile de l'expéditeur.

144.—Que décider en cas d'interruption du voyage par ordre de l'expéditeur ? — Des marchandises ont été expédiées de Paris à Marseille ; pendant qu'elles sont en cours de voyage, l'expéditeur donne ordre de les laisser à Lyon. Le prix du transport devait être payé à Marseille par le destinataire. Le tribunal de Marseille eût été certainement compétent pour connaître de l'action en responsabilité contre le voiturier. Lors de l'arrivée à Lyon, on remarque quelques avaries. L'expéditeur ou le destinataire de Lyon qui a été substitué à celui de Marseille pourraient-ils assigner le voiturier devant le tribunal de commerce de Lyon?

Le prix du transport avait été stipulé payable à Marseille, parce que dans les usages du commerce ce prix se paie au lieu de destination. La destination ayant été changée, le prix est devenu exigible à Lyon. Cela n'est pas douteux, et le voiturier peut en poursuivre le paiement devant les juges de Lyon, aux termes de l'article 420. La conséquence à tirer de là, c'est que le voiturier peut être actionné devant les mêmes juges par l'expéditeur ou le destinataire.

La raison de douter viendrait de ce que le voiturier pourrait dire que, dans l'article 420, la loi se place au moment où les parties ont conclu la convention qui donne lieu à difficulté ; que dans l'espèce, le lieu du paiement lors de la conclusion du contrat de transport était Marseille, et qu'il ne peut appartenir à l'une des parties seule, à l'expéditeur seul de changer le lieu où le paiement devait avoir lieu. Mais toutes ces objections tombent devant ce fait qu'incontestablement le tribunal de Lyon serait compétent pour connaître de l'action en paiement dirigée par le voiturier contre l'expéditeur ou le destinataire [1]. Or, comment comprendrait-on que ce tribunal pût prononcer sur les prétentions de l'une des parties et ne pût pas connaître de celles de l'autre lorsqu'il s'agit d'un seul et même contrat? Et, pour parler le langage de l'école, comment ce tribunal pourrait-il être compétent pour connaître de l'action directe du voiturier, et comment ne pourrait-il pas l'être pour connaître de l'action contraire de l'expéditeur ou du destinataire [2]?

145. — Maintenant, voyons ce qu'il faut entendre en matière de transport par le lieu où la promesse est faite et la marchandise livrée.

Le lieu où la promesse est faite, c'est celui où le contrat de transport se conclut; cela va de soi.

Le lieu où la marchandise est livrée, c'est celui où le voiturier reçoit les colis à transporter pour les placer sur ses voitures, bateaux ou wagons : ce n'est pas celui où le voiturier remet au destinataire les choses qu'il a transportées. En effet, dans l'article 420

---

[1] Voyez en ce sens un arrêt de la Cour impériale de Trèves du 26 janvier 1810. Dalloz, *Alphab.* III, p. 405.

[2] Voyez en ce sens Orillard, *Compétence et procédure des tribunaux de commerce*, n° 622.

du Code de procédure civile, les mots *marchan-dise livrée* désignent ce qui fait l'objet de l'obliga-tion, ce qui forme la matière de l'engagement. Dans une obligation de donner ce qui fait l'objet de l'obli-gation, c'est la chose qui doit être donnée ; tandis que, dans une obligation de faire, l'objet c'est l'exé-cution du fait promis. Or quand le voiturier exécute-t-il ce qui forme la matière de son engagement ? C'est lorsqu'il reçoit de l'expéditeur les choses à transporter, et qu'il les charge. En les prenant et en les plaçant sur ses voitures, le voiturier livre ce qu'il avait promis. De tout ceci, il résulte que lorsque le contrat de transport a été conclu dans le même arrondissement que celui où le voiturier a reçu les objets à transporter, le tribunal de cet arrondisse-ment est compétent pour connaître des difficultés se rattachant à l'exécution du contrat [1].

146. — Jusqu'ici nous venons de parler de la compétence en ce qui concerne les expéditions de marchandises. Nous avons maintenant à rechercher quelles sont les règles qui régissent la compétence en matière de réclamations de bagages accompa-gnant les voyageurs.

Si le voiturier n'est pas commerçant, l'action en responsabilité contre lui, soit pour perte, soit pour avarie de bagages, devra être portée devant le tri-bunal civil de son domicile, ou devant le juge de

---

[1] Bourges, 26 avril 1854; *Journal du Palais*, 1855, I, 73 ; — Cassation, 29 avril 1856; *même recueil*, 1856, II, 445.

paix de ce même domicile, si, d'après le taux de la
réclamation, l'affaire est du ressort du tribunal de
paix.

147. — Mais si le voiturier est commerçant,
quelle juridiction faudra-t-il saisir ? Le voyageur
dont les bagages ont été perdus ou avariés devra-t-il
nécessairement s'adresser au tribunal de commerce
ou pourra-t-il porter son action devant le tribunal
civil ? Nous pensons qu'il a le choix entre ces deux
juridictions. S'il saisit le tribunal de commerce, le
voiturier, qui est commerçant, ne peut pas s'en
plaindre. D'un autre côté, si l'affaire est soumise au
tribunal civil, le voiturier ne peut pas demander son
renvoi devant les juges consulaires, parce que le
voyageur, qui n'est pas commerçant et qui n'a pas,
en ce qui le concerne, fait acte de commerce en con-
fiant ses bagages au voiturier, ne peut pas être obligé
d'aller plaider devant le tribunal de commerce [1].
En effet, si la loi répute fait de commerce les entreprises de transport, ce n'est qu'au regard des entrepreneurs ; et on ne peut pas dire qu'une personne
qui n'est pas commerçante fait acte de commerce
parce que par hasard elle expédie un colis ou parce
qu'elle emporte des bagages en voyage.

Ainsi, lorsque, d'après le taux de la demande, il
s'agira d'une affaire de la compétence des tribunaux
civils de première instance, le voiturier commerçant

---

[1] Cassation, 20 mars 1811 ; *Journal du Palais*, à sa date.
— M. Troplong, *Louage*, 908, *in fine*.

pourra être assigné, soit devant le tribunal civil, soit devant le tribunal de commerce, au choix du demandeur.

148. —· Mais s'il s'agit d'une demande qui d'après son chiffre peut être de la compétence des juges de paix, faudra-t-il reconnaître encore au demandeur le droit d'option ?

Depuis la promulgation de la loi du 25 mai 1838 sur les justices de paix, quelques entrepreneurs de transports ont soutenu qu'aux termes de l'article 2 de cette loi les réclamations relatives aux bagages des voyageurs ne pouvaient être portées, lorsqu'il s'agissait de moins de 1,500 francs, que devant le juge de paix. Cet article 2 dit : « Les juges de paix prononcent sans appel, jusqu'à la valeur de 100 francs, et à charge d'appel jusqu'au taux de la compétence en dernier ressort des tribunaux de première instance..... entre les voyageurs et les voituriers ou bateliers, pour retards, frais de route et perte ou avarie d'effets accompagnant les voyageurs. »

Cela veut-il dire qu'au-dessous de 1,500 francs les voituriers ne sont, pour les actions relatives aux bagages, justiciables que des juges de paix et qu'ils ne le sont pas des tribunaux de commerce ? Nous ne saurions le penser.

L'article 2 précité n'a pas eu pour but de conférer, dans le cas dont il s'agit, une compétence exclusive au juge de paix, il a seulement voulu étendre le ressort de la compétence du juge de paix, dans les cas où les juges civils sont compétents. Les juges de paix n'ont qu'une compétence civile, ils n'ont pas d'attributions commerciales. Les affaires de commerce qui, d'après le chiffre de la demande, seraient, s'il s'agissait de matières civiles, du ressort de la justice de paix, sont portées directement devant le tribunal de commerce. Ceci étant, il faut se demander si l'article 2 de la loi du 25 mai 1838 a voulu déroger aux principes généraux réglant l'ordre des juridictions et s'il a voulu attribuer une compétence commerciale aux juges de paix. Or, lors de la discussion de cette loi, il avait été proposé un amendement pour soumettre aux juges de paix les affaires commerciales dans les limites du taux de leur compétence. Cet amendement fut repoussé par cette considération que la justice consulaire était pour les petites affaires aussi prompte et aussi peu coûteuse que celle des tribunaux de paix.

Il est donc manifeste que le législateur de 1838 a entendu respecter l'ordre des juridictions précédemment établi. Il a seulement voulu dire ceci : ordinairement le juge de paix n'est compétent que jusqu'à 200 francs ; cependant lorsqu'il s'agira de contestations entre voiturier et voyageur pour des bagages, il sera compétent, en premier ressort, jusqu'à 1,500 francs, de sorte que les affaires qui sans cette disposition eussent été de la compétence des tribunaux civils, seront portées devant lui. Mais l'article 2 ne veut pas dire : pour les contestations relatives aux bagages, le juge de paix sera compétent jusqu'à 1,500 francs à l'exclusion des juges de commerce, même pour les affaires qui d'après les règles

ordinaires du droit eussent été de la compétence de
ces derniers.

Outre les raisons que nous venons de donner, il
y a encore un autre argument qui démontre que tel
ne peut pas être le sens de l'article 2 de la loi du
25 mai 1838. Au-dessus de 1,500 francs l'action
contre l'entrepreneur de transports peut être soumise aux juges consulaires, et au-dessous de cette
somme elle ne pourrait pas l'être. De sorte que l'action serait, d'après le chiffre de la demande, tantôt
commerciale, tantôt civile. Le taux de la demande
détermine bien le ressort, mais il ne détermine jamais la nature de l'action. Il faut donc tenir pour
certain que l'article 2 de la loi du 25 mai 1838 ne
s'applique qu'à la compétence civile, qu'il laisse les
matières commerciales sous l'empire des principes
ordinaires, et que par conséquent le voyageur dont
les bagages sont perdus ou avariés peut, même lorsqu'il réclame moins de 1,500 francs, assigner l'entrepreneur de transports devant le tribunal de commerce.

149. — La Cour impériale d'Angers, appelée le
3 mai 1855 à se prononcer sur la question qui nous
occupe, l'a résolue dans le sens que nous venons d'indiquer [1]. Mais il y a un point, dans les motifs de
son arrêt, sur lequel nous ne pouvons pas admettre
sa doctrine.

---

[1] *Journal du Palais*, 1855, I, 577. — Voyez *contrà* Paris,
13 février 1844; *Journal du Palais*, 1844, 1, 364.

Il s'agissait, dans l'espèce qui était soumise à cette Cour, d'une réclamation exercée contre la Compagnie du chemin de fer d'Orléans. L'arrêt donne bien les véritables arguments qu'il fallait faire valoir ; mais il ajoute que la loi du 25 mai 1838 ne peut pas être invoquée lorsqu'il s'agit d'une compagnie de chemin de fer, parce que le législateur de cette époque n'a pas pu prévoir les conséquences de l'exploitation en grand des chemins de fer qui n'étaient pas construits alors. A ce compte, il ne faudrait pas non plus appliquer aux compagnies de chemins de fer les articles du Code Napoléon et du Code de commerce relatifs aux entreprises de transports et aux voituriers, parce qu'en 1804 et en 1807 on prévoyait encore bien moins qu'en 1838 l'exploitation en grand des chemins de fer. Aussi faut-il condamner la doctrine de la Cour d'Angers sur cette partie des motifs de son arrêt, tout en approuvant sa décision et les autres raisons sur lesquelles elle s'est basée.

150. — Ce point établi, que le voyageur peut actionner, pour ses bagages, le voiturier commerçant devant les tribunaux de commerce, nous avons à rechercher devant quel tribunal l'ajournement peut être donné. Pourra-t-il être donné devant le tribunal du lieu d'arrivée du voyageur si le voiturier n'y est pas domicilié ? Oui, si le prix du voyage est payable à l'arrivée, car l'article 420 du Code de procédure civile est applicable comme il a été dit ci-dessus pour les expéditions ; non, si le prix du voyage a été payé d'avance, car on ne se trouve dans aucun des cas

prévus par l'article 420. En effet : 1° le domicile du défendeur est autre part ; 2° le paiement du transport pour la personne du voyageur et pour ses bagages a été fait au lieu du départ ; 3° le contrat de transport a été conclu également au lieu du départ, et c'est encore à cet endroit que la livraison de l'objet de l'engagement a eu lieu, que l'exécution du contrat a commencé de la part du voiturier.

Il faut donc condamner un arrêt de la Cour impériale d'Angers, en date du 29 juillet 1853 [1]. Dans cet arrêt, la Cour a décidé que le tribunal de commerce de Saumur était compétent pour connaître de l'action intentée contre la Compagnie du chemin de fer d'Orléans par une dame qui était descendue à Saumur et dont les bagages avaient été perdus. Le prix du transport de la voyageuse et de ses bagages avait été payé d'avance comme cela se fait toujours pour les chemins de fer. L'arrêt invoque cependant l'article 420 du Code de procédure civile, et, pour faire rentrer l'espèce dans un des cas prévus par cet article, il dit que la Compagnie du chemin de fer avait contracté une obligation de faire exécutable à Saumur ; il ajoute que l'obligation de faire peut être assimilée à l'obligation de payer, et il termine ce raisonnement en disant que le mot *paiement* de l'article 420 *doit, par une interprétation large et saine, comprendre autre chose que la prestation d'un prix, et qu'il doit s'étendre à tout accomplissement d'une obligation*

---

[1] *Journal du Palais*, 1855, 1, 72.

contractée. De sorte que par cette interprétation *saine et large* on est amené à conclure que la remise des bagages à destination doit être considérée comme un paiement fait par le voiturier au voyageur, car c'est l'accomplissement de l'obligation de ce voiturier ; et voilà pourquoi le tribunal du lieu d'arrivée se trouve compétent. De tous les raisonnements de cet arrêt il y en a un qui demande surtout une réfutation.

La Cour dit que l'obligation du chemin de fer était exécutable à Saumur. Ceci est méconnaître l'objet de l'obligation du voiturier. Le voiturier s'engage à conduire le voyageur et ses bagages d'un lieu à un autre ; son obligation commence à s'exécuter au lieu du départ, elle continue à s'exécuter pendant tout le trajet et l'exécution se termine au lieu d'arrivée. Nous avons dit que, pour faire une juste application au voiturier du sens des mots *marchandise livrée* de l'article 420, il fallait considérer le commencement de l'exécution de son engagement. Si l'on voulait contester notre interprétation et dire que par *marchandise livrée* il faut entendre une exécution complète, ou bien même l'exécution finale, cela ne rendrait pas le tribunal du lieu d'arrivée compétent, car l'article 420, dans sa seconde disposition, exige la réunion de deux conditions ; il faut que la promesse ait été faite et la *marchandise livrée* dans le même arrondissement. Or, en admettant même, comme l'arrêt, que l'obligation de la Compagnie du chemin de fer eût été exécutable à Saumur, la promesse avait été faite au point de départ. La réunion

des deux conditions voulues par la loi n'existait donc
pas ; le tribunal de Saumur ne pouvait donc pas être
compétent. C'était devant le tribunal de commerce de
la Seine, à Paris, lieu du domicile de l'entreprise de
transport, que la compagnie de chemin de fer devait
être poursuivie.

151. — Ceci nous amène à parler du domicile
des compagnies de chemins de fer. Lorsque ces compagnies sont défenderesses et qu'on ne peut pas invoquer l'article 420 du Code de procédure pour les
entraîner devant un tribunal autre que celui de leur
domicile, devra-t-on les assigner devant le tribunal
du lieu où est fixé leur siége social, parce que c'est
au siége social que se trouve le domicile légal des
sociétés anonymes, ou bien pourra-t-on les assigner
partout où elles ont des établissements commerciaux?
Les tribunaux des départements ont souvent cherché
à retenir les affaires portées devant eux, quoique le
siége social des compagnies en cause fût à Paris.

Ils se sont à plusieurs reprises montrés disposés
à soutenir que l'on pouvait assigner une compagnie
de chemin de fer partout où elle avait une gare et
des employés contractant en son nom des conventions de transports.

152. — Pour savoir où les compagnies de chemins de fer doivent être assignées, il faut faire des
distinctions. Trois cas peuvent se présenter :

1° La compagnie a son siége social dans une
ville à laquelle aboutissent les lignes qu'elle ex-

ploite, et elle n'a pas dans d'autres lieux d'agents chargés de recevoir pour elle les significations judiciaires, qui ne peuvent alors être faites qu'à ses administrateurs.

2° La compagnie, outre ses administrateurs qui se trouvent au siége social, a désigné dans certaines villes des agents pour recevoir les significations judiciaires.

3° La compagnie a son siége social dans une ville à laquelle son réseau ne vient pas aboutir.

153. — Dans le premier cas, la compagnie ne peut être assignée que devant le tribunal où elle a son domicile social. La Cour de cassation a toujours jugé ainsi, et elle a cassé toutes les décisions qui voulaient que les compagnies pussent être assignées partout où elles avaient des gares. Par le mot *gare* [1], on entendait, dans l'opinion contraire à celle de la Cour suprême, un établissement d'une certaine importance, de sorte qu'il aurait appartenu au juge d'apprécier souverainement, en fait, si telle ou telle station était assez considérable pour être qualifiée gare, et pour attribuer compétence au tribunal dans le ressort duquel elle était située. Admettre un pareil système, c'eût été tomber dans l'arbitraire ; on en fût arrivé peu à peu à permettre d'assigner les compagnies partout où elles auraient eu des stations.

---

[1] Voyez sur ce point un arrêt de la Cour impériale de Colmar, du 26 août 1857. — *Journal du Palais*, 1857, 1098.

154. — Chargée de maintenir la saine application de la loi, la Cour de cassation devait, comme elle l'a fait, veiller à ce que les compagnies ne fussent assignées que devant les juges de leur domicile légal, c'est-à-dire devant le tribunal du lieu où le siége social est établi. Elle a posé les véritables principes sur cette matière dans un arrêt du 4 mars 1845, dont voici l'espèce :

Un sieur Duchemin voulait faire un procès à la Compagnie du chemin de fer de Paris à Rouen pour lui contester le droit d'opérer par elle-même dans la ville de Rouen le camionnage des objets qu'elle avait transportés. Il assigna la Compagnie, dont le siége social était à Paris, devant le tribunal de commerce de Rouen, qui, malgré le déclinatoire proposé par la défenderesse, retint la cause. — Il s'agissait, on le voit, de faits qui se passaient à Rouen, et dont Duchemin demandait la cessation. Sur l'appel, la Cour de Rouen confirma le jugement de compétence rendu par le tribunal de commerce. Son arrêt était motivé sur ce que « le préjudice dont se plaignait Duchemin, et qui formait la base de son action, lui avait été causé à Rouen ; que la réunion en cette ville, au lieu dit *la gare,* de hangars, salle d'attente et bureaux nécessaires pour l'exploitation du transport des voyageurs et des marchandises, les ateliers en dépendant, et le personnel nombreux préposé à l'entreprise, formaient un établissement dont l'importance matérielle était égale ou supérieure à l'établissement de la Compagnie à Paris ; que la fixation du siége de

15

la société à Paris par les statuts n'était pas un obstacle à un établissement en fait de cette même société
à Rouen. »

Mais, sur un pourvoi en règlement de juges
formé par la Compagnie du chemin de fer de Paris
à Rouen, la Cour de cassation a, par son arrêt du
4 mars 1845, condamné cette doctrine et renvoyé la
cause devant le tribunal de commerce de la Seine.
Cet arrêt, rendu sous la présidence de M. Zangiacomi
et au rapport de M. Troplong, mérite d'être cité parce
qu'il est très-net sur la question :

« En ce qui touche, dit-il, l'incompétence à raison du domicile, qui seule a été débattue : — considérant que, quelle que soit l'importance de l'établissement commercial créé à Rouen par la Compagnie
anonyme du chemin de fer de Paris à Rouen, il
n'en est pas moins vrai que c'est à Paris que les
statuts de cette Compagnie ont fixé le siége de la
société et le centre de son administration ; que c'est
dès lors l'établissement de Paris qui est la maison
sociale et le principal établissement ; et que, d'après
les articles 59 et 69 du Code de procédure, c'est
devant les juges de Paris, lieu du domicile de la
Compagnie, qu'elle devait être assignée ; — que
c'est à tort que l'on soutient qu'une société doit avoir
autant de domiciles commerciaux qu'elle a d'établissements ; qu'une société est un être moral, dont la
condition, sous le rapport du domicile, est déterminée
par les articles 102 et suivants du Code Napoléon ;
— qu'il est vrai que, lorsqu'une société de commerce
a contracté des obligations, fait des livraisons de

marchandises, promis d'effectuer des paiements dans des lieux autres que celui du siége social, l'action dirigée contre elle peut suivre le *forum contractus* plutôt que le *forum rei*, conformément à l'article 420 du Code de procédure ; mais que ces circonstances ne se rencontrent pas dans l'espèce, et qu'*il faut s'en tenir à la règle générale, d'après laquelle le tribunal du domicile du défendeur est le tribunal naturellement compétent* [1] ; renvoie les parties devant le tribunal de commerce de la Seine. »

Depuis, la Cour de cassation a persisté dans cette jurisprudence, notamment par deux arrêts du 26 mai 1857, qui ont cassé deux jugements des tribunaux de commerce d'Issoudun et de Bergerac, qui avaient retenu la connaissance d'instances dirigées contre la Compagnie du chemin de fer d'Orléans [2].

155. — Dans le second cas, c'est-à-dire lorsque les compagnies ont établi dans certaines villes des agents chargés spécialement de recevoir pour elles les significations judiciaires, il faut modifier la règle qui vient d'être posée et décider que, si les compagnies peuvent toujours être assignées devant les juges du lieu de leur siége social, elles peuvent encore l'être devant les juges des villes où résident les agents dont s'agit. On considère que la nomination de ces agents équivaut, de la part de la compagnie à la-

---

[1] *Journal du Palais*, 1846, I, 5 6.
[2] *Journal du Palais*, 1857, 1211.

quelle ils appartiennent, à une sorte d'élection de domicile dans le lieu où ils sont établis.

Plusieurs fois l'Etat, dans les cahiers des charges des compagnies de chemins de fer [1], les a obligées à avoir dans certaines villes importantes des agents préposés à la réception des actes judiciaires. C'était dans l'intérêt des populations de ces villes, pour qu'elles pussent plaider devant leurs tribunaux. Les organes des grands centres commerciaux ont souvent demandé que les compagnies fussent astreintes à avoir un agent spécial partout où il y a un grand trafic et une grande gare [2]. Le cahier des charges de 1857 et 1859, qui s'applique aujourd'hui à presque tous les chemins de fer, ne paraît pas cependant avoir accueilli ces vœux.

Quoi qu'il en soit, la jurisprudence admet qu'on peut ajourner les compagnies à comparaître devant les tribunaux des lieux où elles ont établi un employé ayant mission de recevoir les significations. La désignation de cet employé le constitue représen-

---

[1] L'article 52 du cahier des charges de l'ancienne Compagnie de Strasbourg à Bâle (1840) l'avait obligée à avoir à Mulhouse un agent chargé de recevoir les significations que les tiers pourraient avoir à lui adresser. Cette disposition était reproduite pour le chemin de fer de Montereau à Troyes; l'article 55 de son cahier des charges (1844) obligeait la Compagnie à faire élection de domicile à Troyes.

L'article 87 du cahier des charges du chemin de fer de Paris à Strasbourg (1845) l'obligeait à faire une élection de domicile à Nancy.

[2] Voyez le *Courrier des tribunaux de Bordeaux* du 13 octobre 1857.

tant actif et passif de la compagnie et crée chez lui un centre de direction et d'administration des intérêts de la compagnie dans ses rapports avec les tiers.

On cite souvent dans les répertoires et dans les recueils certains arrêts de la Cour de cassation, comme ayant dérogé à la règle que les compagnies ne peuvent être assignées que devant les tribunaux du lieu du siége social ; mais on ne prend pas garde que ces arrêts ont été rendus dans des espèces où les Compagnies avaient des agents spéciaux, chargés de recevoir les significations dans des lieux autres que celui du siége social.

Tel est notamment un arrêt du 22 mai 1848 qui, statuant sur une requête en règlement de juges, a maintenu devant le tribunal de Mulhouse une instance dirigée contre la Compagnie du chemin de fer de Strasbourg à Bâle. Le siége social de la Compagnie était bien à Paris, mais elle avait à Mulhouse un agent chargé de recevoir les notifications qu'on pouvait lui adresser [1].

Plusieurs arrêts ont aussi reconnu implicitement que la désignation d'un agent pour la réception des significations attribuait compétence aux juges du lieu où il était établi. Ainsi un arrêt de la Cour de cassation du 15 janvier 1851, qui déclare qu'une action dirigée contre le chemin de fer de Rouen au Havre devant le tribunal du Havre aurait dû être portée devant le tribunal de la Seine, la Compagnie

---

[1] *Journal du Palais*, 1848, II, 122.

ayant son siége social à Paris, dit, entre autres motifs, « qu'il n'est pas constaté que la Compagnie ait
établi (au Havre), à l'égard des tiers traitant avec
elle, des agents ou préposés chargés de la représenter et de recevoir les assignations à elle adressées [1]. » Donc, si elle avait eu au Havre un agent
chargé d'un mandat de cette nature, elle aurait pu
être obligée de comparaître devant le tribunal du
Havre.

156. — Jusqu'ici, nous avons supposé que les
agents des compagnies chargés de recevoir les significations avaient un mandat formel et exprès. Ce
mandat pourrait-il être tacite ?

Nous ne saurions le penser, quoiqu'on ait essayé
de le soutenir. Ainsi on a prétendu que les Compagnies pouvaient être assignées en la personne de
leurs chefs de gare; et cela a été souvent jugé par
les tribunaux de commerce des départements [2].
Mais une jurisprudence constante de la Cour de cassation et des Cours impériales a condamné cette doctrine.

Il ne peut, en effet, appartenir aux juges de décider, par voie d'interprétation, qu'un mandataire a
vis-à-vis des tiers, des pouvoirs plus étendus que ceux

---

[1] *Journal du Palais*, 1851, 1, 458.
Voyez, conçu dans les mêmes termes, Cassation, 26 mai 1857;
même recueil, 1857, 1211.
[2] Voyez notamment en ce sens un jugement du tribunal de
commerce de Bordeaux du 1er mai 1857; *Gazette des tribunaux*,
du 9 juillet 1857.

que le mandant lui a confiés. Les chefs de gare sont chargés, par la compagnie à laquelle ils appartiennent, de la surveillance et de l'exploitation d'une gare ; ils ne sont pas chargés de conduire les affaires judiciaires de la compagnie. Si les tribunaux décident que les fonctions du chef de telle ou telle gare sont assez importantes pour qu'on puisse le considérer comme un mandataire général de la compagnie pour toutes affaires, ils entrent dans la voie de l'arbitraire; et une fois dans cette voie où s'arrêtera-t-on ? On en arriverait à permettre d'assigner dans la personne des ingénieurs, des agents commerciaux, et peut-être même des employés inférieurs. Ce serait jeter le désarroi dans les compagnies et rendre leur administration impossible. Aussi faut-il hautement approuver la Cour de cassation d'avoir résisté à la tendance de certains tribunaux, et d'avoir avec fermeté maintenu les vrais principes [1].

157. — Le troisième cas, que nous avons posé plus haut [2], est celui où la compagnie du chemin de fer, contre lequel on veut agir, a son siège social dans une ville où n'aboutit point son réseau, de telle sorte qu'elle n'a aucun établissement d'exploitation là où est établi le siège social. Plusieurs compagnies se sont trouvées dans cette situation; plusieurs y sont

---

[1] Cassation, 26 mai 1857. *Journal du Palais*, 1857, 1211.
Rouen, 19 juin 1846, *id.*, 1847, I, 337.
Bordeaux, 22 juillet 1857, *id.*, 1857, 1213.
[2] N° 152.

encore. On peut citer la Compagnie des chemins de
fer du Midi ; celle du chemin de fer des Ardennes
dont le siége social est à Paris. Faudra-t-il assigner
ces compagnies à Paris pour les réclamations que
l'on peut avoir à exercer contre elles?

La question n'est pas aussi simple que celles que
nous venons d'examiner il n'y a qu'un instant. En
effet, l'article 59 du Code de procédure dit qu'on
doit assigner les sociétés, tant qu'elles existent, devant le juge du lieu où elles sont établies; mais une
société commerciale peut-elle être établie là où elle
n'a pas d'établissement de commerce? Le lieu où une
société est établie est-il donc celui qu'il plaît aux
membres de cette société de désigner comme tel, ou
bien n'est-il pas celui où se trouve le principal établissement de cette société? Lorsqu'une compagnie a
plusieurs établissements importants, comme elle ne
peut avoir partout son domicile légal, on comprend
qu'elle déclare que ce domicile sera dans tel établissement plutôt que dans tel autre. Mais lorsque le
siége social est fixé là où la Compagnie n'a pas d'é-
tablissement, devra-t-on dire que son domicile légal
est au lieu de son siége social ou bien au lieu où se
trouve son principal établissement? A s'en tenir à
l'article 102 du Code Napoléon, le domicile de tout
Français est au lieu où il a son principal établissement. Aussi la jurisprudence a-t-elle décidé, sur la
question qui nous occupe, qu'on pouvait assigner
devant les juges du lieu où elles avaient leur plus
important établissement d'exploitation, les compagnies qui avaient leur siége social à Paris, quoique

Paris ne fût pas un point d'attache de leurs voies de
fer.

158. — La question s'est présentée une première fois devant la Cour de cassation, à propos du
chemin de fer de Montpellier à Cette. La compagnie concessionnaire de ce chemin avait son siége
social à Paris et son principal établissement à Montpellier. Assignée devant le tribunal de cette ville, elle
opposa une exception d'incompétence disant qu'elle
ne pouvait être ajournée qu'à Paris. Le tribunal et
la Cour de Montpellier la déboutèrent de son exception. Sur le pourvoi formé contre ces décisions, in-
tervint, le 21 février 1849, un arrêt qui fait une distinction entre le siége social, indiqué dans les statuts,
qui n'existe que pour les actionnaires, et le lieu du
principal établissement qui constitue le domicile des
compagnies pour les tiers. L'arrêt dit en effet :

« Attendu que la question à juger était de savoir
où la Compagnie anonyme du chemin de fer de
Montpellier à Cette avait son domicile légal;

» Attendu que ce n'est pas la déclaration faite par
les statuts pour Paris à l'égard des associés, mais
bien son principal établissement, qui constituait ce
domicile à l'égard des tiers;

» Attendu que d'après les faits de la cause, l'arrêt attaqué a constaté que le principal établissement de la Compagnie était à Montpellier, et qu'en
effet c'est là qu'elle avait le centre de ses affaires

commerciales; et qu'en l'ayant ainsi jugé l'arrêt attaqué n'a violé aucune loi, etc. [1]. »

La question s'est représentée depuis dans des affaires intéressant la Compagnie du chemin de fer du Midi, et la Cour de cassation, persistant dans cette jurisprudence, a reconnu que cette Compagnie avait pu être valablement assignée à Bordeaux [2], quoique son siége social fût établi à Paris.

---

[1] *Journal du Palais*, 1850, I, 148.
[2] Cassation, 4 mars 1857, *même recueil*, 1857, 366.
Voyez aussi Bordeaux, 11 et 12 août 1857, *id.*, 1857, 1215.

CHAPITRE VII.

DE L'ÉTABLISSEMENT DES TARIFS ET DE LA FIXATION DES TAXES POUR LES CHEMINS DE FER.

SECTION UNIQUE.

Cahiers des charges. — Arrêtés ministériels.

SOMMAIRE. — 159. Du caractère des cahiers des charges des compagnies de chemins de fer. — 160. Nulle taxe ne peut être perçue par les compagnies, sans une concession du gouvernement contenue, soit dans le cahier des charges, soit dans un acte postérieur. — 161. Les taxes, même autorisées, ne peuvent être perçues qu'après avoir été homologuées par le ministre des travaux publics. — 162. Motifs de ces dispositions. — 163. Comment sont établis les tarifs. — 164. Les compagnies doivent avertir le ministre de la manière dont elles entendent appliquer les tarifs. — 165. De la nature et de l'étendue du droit d'homologation du ministre des travaux publics. — 166. Du mode de communication au ministre des propositions des compagnies. — 167. De l'affichage des propositions des compagnies. — 168. Des modifications aux taxes approuvées. — 169. De l'abaissement et du relèvement des taxes. — 170. Des frais accessoires. Le prix en est réglé administrativement chaque année.

159. — Jusqu'à présent nous avons considéré les compagnies de chemins de fer comme des voituriers ordinaires; c'est qu'en effet toutes les règles générales du contrat de transport, sur les relations qui se forment entre le voiturier d'une part et l'expéditeur et le destinataire d'autre part, s'appliquent aux transports opérés par chemins de fer.

Mais, outre les règles générales, il en est d'autres spéciales pour les compagnies, qui dérivent de l'espèce de monopole qui leur est concédé par l'État. Ces règles spéciales sont formulées par l'ordonnance du 15 novembre 1846 et par les cahiers des charges.

Les cahiers des charges sont des lois et, comme toutes les lois, ils créent des droits et des obligations réciproques pour ceux auxquels ils s'adressent. Réglant les rapports des compagnies et des expéditeurs, les cahiers des charges ont établi des droits au profit des expéditeurs, et ils ont aussi établi des obligations pour ces derniers au regard des compagnies. Il importe donc d'étudier ici les dispositions de la législation spéciale des chemins de fer en ce qui concerne le contrat de transport.

160. — L'État, en concédant aux compagnies les lignes de chemins de fer, les a autorisées à percevoir des droits de transport, qui sont la compensation des charges imposées aux compagnies au regard de l'État. En effet les cahiers des charges disent, dans leur article 42 :

« Pour indemniser la compagnie des travaux et dépenses qu'elle s'engage à faire par le présent cahier des charges, et sous la condition expresse qu'elle en remplira toutes les obligations, le gouvernement lui accorde l'autorisation de percevoir pendant toute la durée de la concession les droits de péage et les prix de transport ci-après déterminés [1]. »

Suit alors un tarif pour le transport des voyageurs et pour celui des marchandises.

Ainsi c'est un principe général, formel, absolu,

---

[1] Il n'est peut-être pas inutile de donner ici une explication sur le tarif contenu dans l'article 42 du cahier des charges de 1857 et 1859, et en général sur tous les tarifs. On y voit que les taxes s'y décomposent en deux parties, d'abord le prix de péage, ensuite le prix de transport. Le prix de péage est un droit de circulation qui a pour but de rémunérer le capital de premier établissement, d'administration et d'entretien de ces voies publiques qu'on appelle des chemins de fer. Le prix de transport est un droit qui est payé pour rémunérer la compagnie qui, avec son matériel et par ses soins, transporte, soit les voyageurs, soit les marchandises d'un lieu à un autre. Dans la pratique, cette distinction entre le prix de péage et le prix de transport intéresse fort peu le voyageur ou l'expéditeur, qui ne voit que le total de la taxe, sans se demander comment elle doit se répartir dans les comptes de la compagnie. Aujourd'hui cette division des taxes n'a en effet d'utilité que comme mesure d'ordre intérieur pour la comptabilité des compagnies, car toutes exploitent par elles-mêmes les chemins de fer qui leur sont concédés. Mais supposons qu'une compagnie n'exploite pas par elle-même sa voie de fer, comme cela a eu lieu pendant quelque temps, si nous ne nous trompons, pour le chemin de Versailles (rive gauche) ; alors la distinction entre le prix du péage et celui du transport retrouverait une grande utilité pratique. La compagnie concessionnaire du chemin percevrait le prix de péage, et la compagnie d'exploitation percevrait le prix de transport. C'est ce qui est du reste expliqué par l'article 42 précité, lorsqu'il ajoute : « Il est expressément entendu que les prix de transport ne seront dus à la compagnie qu'autant qu'elle effectuerait elle-même ces transports à ses frais ; dans le cas contraire, elle n'aura droit qu'aux prix fixés pour le péage. »

posé par les cahiers des charges que les compagnies
de chemins de fer ne peuvent percevoir aucune taxe
sans une autorisation du gouvernement.

Ordinairement cette autorisation est donnée, dans
l'acte même de concession, par un article du cahier
des charges qui contient un tarif. Mais ce tarif peut
n'être pas complet ; il peut n'avoir pas compris toutes
les natures de transport, il y a lieu alors de remédier
à l'insuffisance du cahier des charges par une autorisation postérieure. En ce cas, il faut que les compagnies s'adressent au gouvernement afin d'obtenir de
lui autorisation de percevoir des taxes pour les transports à propos desquels il y a des lacunes dans le
cahier des charges [1].

Nulle taxe ne peut donc être perçue sans une autorisation du gouvernement, soit simultanée, soit postérieure à la concession.

161. — A côté de ce principe, il y en a un autre
qui n'est ni moins général ni moins absolu. C'est
qu'aucunes taxes, même celles qui sont autorisées par
les cahiers des charges, ne peuvent être perçues par
les compagnies qu'après avoir été homologuées par
le ministre des travaux publics.

L'article 44 de l'ordonnance du 15 novembre 1846,
sur la police, la sûreté et l'exploitation des chemins
de fer, s'exprime à cet égard en termes précis et ex-
plicites. Il dit :

---

[1] Voyez *infrà* n° 162 pour la forme de ces autorisations.

« Aucune taxe, de quelque nature qu'elle soit, ne pourra être perçue par la compagnie qu'en vertu d'une homologation du ministre des travaux publics. »

Après avoir posé ce principe dans toute sa généralité, ce même article contenait une disposition transitoire, qui avait pour but d'en réaliser l'application immédiate, même pour les compagnies établies, avant qu'il n'eût été décrété. Aux termes de cette disposition, les taxes perçues sur les chemins de fer dont les concessions étaient antérieures à 1835, et qui n'étaient pas encore régularisées, devaient l'être avant le 1er avril 1847.

Voilà donc, en résumé, les règles de notre législation sur l'établissement des taxes de transport sur les chemins de fer. Nulle taxe ne peut être légalement perçue : — 1° si elle n'a pas été autorisée par le gouvernement, — 2° si elle n'a pas été homologuée par le ministre des travaux publics.

162. — Les raisons qui ont fait adopter ces dispositions se comprennent d'elles-mêmes. L'Etat, en concédant aux compagnies l'exploitation des chemins de fer, leur accorde une sorte de monopole. Sur les routes de terre, il pouvait s'établir, de Paris à Bordeaux par exemple, un nombre plus ou moins grand d'entreprises de messagerie ou de roulage. La concurrence que les diverses entreprises se faisaient l'une à l'autre empêchait le prix du transport de s'élever outre mesure. Le commerce trouvait donc dans cette concurrence une garantie contre l'exagération des prix. Avec les chemins de fer cette garantie n'existe plus ; en effet, il n'y a que la compagnie concessionnaire qui puisse faire rouler ses voitures sur la ligne de fer de Paris à Bordeaux. Le public est donc nécessairement obligé de s'adresser à elle. Il eût été possible qu'abusant de cette situation privilégiée quelque compagnie se fût laissé entraîner à percevoir des taxes hors de proportion avec les distances à parcourir. Il devenait donc nécessaire de substituer une garantie nouvelle à celle de la concurrence qui a disparu. C'est pour cela que l'exploitation des chemins de fer a été placée sous la surveillance de l'administration publique, et que spécialement sur le point qui nous occupe, on n'a pas voulu laisser les compagnies fixer les taxes des transports sans qu'elles fussent autorisées par le gouvernement et homologuées par le ministre des travaux publics.

163. — Maintenant que nous connaissons les principes qui régissent la matière de l'établissement des tarifs, nous avons à rechercher quel est le mécanisme administratif employé dans la pratique pour leur application.

La perception des taxes peut être, avons-nous dit, autorisée de deux manières, ou dans l'acte même de concession par un tarif annexé à un des articles du cahier des charges, ou par un acte administratif postérieur.

Les cahiers des charges étant établis par décrets impériaux, l'autorisation se trouve, dans le premier cas, donnée par un acte direct du pouvoir exécutif [1].

Dans le second cas, lorsqu'il s'agit d'établir un tarif pour une nature de transports, omis dans le cahier des charges, il est admis qu'il suffit d'un arrêté ministériel. En effet le droit de perception se trouve concédé par le cahier des charges, et il ne s'agit plus que de la réglementation de ce droit. Voilà pourquoi l'intervention directe de l'Empereur n'est plus nécessaire.

Cependant, à l'origine des chemins de fer, alors que les principes de la législation spéciale qui les concerne n'étaient pas encore bien nettement posés, on contesta au ministre des travaux publics le droit d'établir un tarif par arrêté. Du défaut de compétence du ministre, on tirait une singulière conclusion. On prétendait qu'en cas de silence d'un cahier des charges sur une nature de transports, la compagnie concessionnaire avait le droit de fixer elle-même les taxes qu'elle entendait percevoir. Voici dans quelles circonstances cette question s'est présentée :

Le chemin de fer d'Alais à Beaucaire, dont la concession datait de 1833, n'avait qu'un tarif pour

---

[1] Avant le 25 décembre 1852, les cahiers des charges étaient des lois, car ils étaient votés par le pouvoir législatif ; mais le sénatus-consulte du 25 décembre 1852 a conféré à l'Empereur le droit d'autoriser tous les travaux d'utilité publique et toutes les entreprises d'intérêt général (article 4). C'est en vertu de ce droit que les cahiers des charges sont établis par des décrets impériaux.

16

le transport des marchandises ; il n'en avait pas été annexé à son cahier des charges pour le transport des voyageurs. En 1838, la Compagnie obtint du ministre l'autorisation de transporter des voyageurs.

Le ministre, en même temps qu'il lui accordait cette autorisation, lui imposa un tarif de 0,09 centimes par personne et par kilomètre. La Compagnie ne voulut pas accepter ce tarif ; elle soutint que le gouvernement ne pouvait pas établir un tarif par arrêté ministériel, et qu'elle était libre de fixer elle-même les prix qu'elle entendait percevoir. Un arrêté du conseil de préfecture du département du Gard, en date du 4 novembre 1839, avait admis ce système.

Mais sur l'appel, le conseil d'Etat réforma cette décision et déclara que le transport des voyageurs n'étant pas compris dans la concession du chemin de fer d'Alais à Beaucaire, la Compagnie ne pouvait pas l'entreprendre sans que l'autorité compétente en eût réglé les conditions et eût fixé un tarif[1].

Lorsque le gouvernement, soit par le cahier des charges, soit par un arrêté ministériel postérieur, autorise une compagnie de chemin de fer à percevoir certaines taxes de transport, il fixe un maximum au-dessus duquel les prix ne pourront pas être élevés, mais au-dessous duquel ils pourront être abaissés.

Les prix *maxima*, portés aux tarifs annexés aux

---

[1] Conseil d'Etat, 10 janvier 1845. *Journal du Palais*, jurisprudence administrative, 1845, p. 450.

cahiers des charges, sont fixés par le gouvernement sans intervention directe ou apparente de la part des compagnies.

Au contraire, les prix des transports dont il n'est pas parlé dans les cahiers de charges sont fixés sur les propositions des compagnies, adressées au ministre des travaux publics [1]. C'est sur ces propositions que le ministre, dans son arrêté, fixe le maximum du tarif spécial dont il autorise la perception.

164. — Une fois les prix *maxima* déterminés, soit par le tarif général du cahier des charges, soit par des tarifs spéciaux contenus dans des arrêtés ministériels, il faut que les compagnies soumettent à l'homologation du ministre des travaux publics les taxes qu'elles entendent exiger pour chaque espèce de transports. Cette formalité est indispensable, même dans le cas où les compagnies voudraient percevoir le maximum autorisé. Pour se conformer à l'article 44 de l'ordonnance du 15 novembre 1846, il faut donc qu'elles annoncent officiellement au ministre ou bien qu'elles entendent exiger le paiement, du maximum de leur tarif, ou qu'elles se borneront à faire payer tel ou tel autre prix inférieur à ce maximum. En effet, l'administration supérieure doit être avertie de la quotité des taxes que chaque compagnie veut percevoir non-seulement pour éviter les exagérations de prix vis-à-vis du public, et pour em-

---

[1] Art. 46 de l'ordonnance du 15 novembre 1846.

pêcher que le maximum ne soit pas dépassé, mais
encore pour veiller à ce qu'au moyen de certaines combinaisons de tarifs, les compagnies ne favorisent pas
certains expéditeurs au préjudice de leurs concurrents
et surtout au préjudice de l'intérêt général du pays.

165. — On s'est demandé quelle était l'étendue
du droit du ministre des travaux publics, en ce qui
concerne l'homologation. Certains administrateurs
ont soutenu, notamment dans l'enquête faite en 1850
par le conseil d'État, que le ministre devait se borner
à vérifier si les taxes proposées n'excédaient pas les
limites extrêmes des tarifs, et que, ce point vérifié,
il devait répondre par un accusé de réception que
le tarif était homologué. C'était réduire le ministère
à être un bureau d'enregistrement. Aussi cette doctrine n'a-t-elle pas prévalu. On reconnaît au ministre non-seulement le droit de s'opposer à l'établissement de certaines taxes même dans les limites du
maximum du tarif, mais encore d'exiger que des modifications soient faites aux propositions des compagnies.

Il serait difficile de contester ce droit au ministre,
en présence des dispositions des articles 48 et 49 de
l'ordonnance du 15 novembre 1846, dont il va être
bientôt question à propos de l'affichage des taxes approuvées et des propositions des compagnies portant
modification de ces taxes.

D'abord ces articles 48 et 49 se servent des mots
approuvées et *approbation* comme équivalents des mots
homologuées et *homologation*. Ceci doit servir à fixer

le sens du mot *homologation* employé dans l'article 44. D'après le texte et les termes mêmes de l'ordonnance, *homologuer* veut donc dire *approuver* et non pas simplement *vérifier*.

Ensuite, on ne comprendrait pas que la loi exigeât que le public fût prévenu, par des affiches, des propositions de la compagnie en même temps que le ministre, si ce n'était pas pour lui permettre de faire connaître à ce fonctionnaire les raisons qui peuvent s'opposer à l'approbation des taxes proposées.

Enfin, l'article 49 se termine en prévoyant le cas où le ministre prescrirait quelques modifications aux propositions de la compagnie. C'est donc que, par le droit d'homologuer, l'ordonnance du 15 novembre 1846 comprend le droit d'approuver ou de désapprouver purement et simplement, ou d'approuver sous la condition que des modifications seront faites en tel ou tel sens aux propositions des compagnies.

Le droit du ministre ainsi défini, il nous reste à rechercher de quelle manière il s'exerce.

166. — Le mode de communication au ministre des taxes que les compagnies veulent être autorisées à percevoir est réglé par l'article 45 de l'ordonnance du 15 novembre 1846. Cet article s'exprime ainsi :

« Pour l'exécution du paragraphe 1er de l'article qui précède, la compagnie devra dresser un tableau des prix qu'elle a l'intention de percevoir, dans la limite du maximum autorisé par le cahier des charges, pour le transport des voyageurs, des bestiaux, marchandises et objets divers, et en transmettre en même temps des expéditions au ministre des travaux publics, aux préfets des départements traversés par le chemin de fer et aux commissaires royaux. »

Aujourd'hui ces derniers fonctionnaires sont remplacés par les inspecteurs de l'exploitation commerciale des chemins de fer, dont les attributions ont été définies par un décret du 26 juillet 1852.

167. — En même temps que les propositions des compagnies sont adressées aux fonctionnaires énumérés dans l'article 45 de l'ordonnance, elles doivent être affichées, suivant la forme prescrite pour les propositions de modifications aux taxes approuvées par l'article 49. Qu'il s'agisse, en effet, d'une proposition pour la fixation d'une taxe nouvelle, ou pour la modification d'une taxe existante, le public a le même intérêt à être prévenu à l'avance, afin qu'il puisse adresser au ministre ses observations sur les prix proposés. Aussi, quoique l'article 49 ne parle que des modifications aux taxes proposées, l'applique-t-on cependant à la fixation des taxes nouvelles, pour les mesures de publicité qu'il prescrit.

168. — L'article 49 de l'ordonnance prévoit le cas où il y a lieu de modifier les taxes approuvées. En effet, les taxes ne peuvent pas être immuables. Souvent il devient nécessaire de les modifier, souvent il y a lieu d'élever ou d'abaisser les prix pour telle ou telle denrée, ou bien de faire passer une marchandise d'une classe du tarif dans une autre classe. Il se présente une foule de circonstances qu'il est impossible d'énumérer et de prévoir qui exigent des modifications dans les taxes autorisées. Comment ces modifications doivent-elles s'opérer ?

Voici quelles sont les prescriptions de l'article 49 :

« Lorsque la compagnie voudra apporter quelques changements aux prix autorisés, elle en donnera avis au ministre des travaux publics, aux préfets des départements traversés et aux commissaires royaux (aujourd'hui aux inspecteurs de l'exploitation commerciale [1]). — Le public sera en même temps informé par des affiches des changements soumis à l'approbation du ministre. — A l'expiration du mois, à partir de la date de l'affiche, lesdites taxes pourront être perçues, si, dans cet intervalle, le ministre des travaux publics les a homologuées. — Si des modifications à quelques-uns des prix affichés étaient prescrites par le ministre, les prix modifiés devront être affichés de nouveau et ne pourront être mis en perception qu'un mois après la date de ces affiches. »

Dans cet article l'ordonnance parle d'un affichage, qui ouvre pour ainsi dire une enquête en mettant le public en demeure d'avertir le ministre des motifs qui peuvent s'opposer à ce que son homologation soit accordée aux propositions affichées.

169. — Mais le public n'a pas seulement intérêt à connaître à l'avance les taxes que les compagnies se proposent de percevoir, il a aussi un grave intérêt à

---

[1] Voyez le décret du 26 juillet 1852.

connaître celles qui sont approuvées; c'est pour cela que l'article 48 de l'ordonnance du 15 novembre 1846 veut que « les tableaux des taxes approuvées soient constamment affichés dans les lieux les plus apparents des gares et stations des chemins de fer. »

170. — Lorsque les propositions des compagnies sur les taxes à percevoir ont été approuvées par arrêté ministériel, elles forment un contrat entre les Compagnies et les expéditeurs, et il résulte des dispositions de l'ordonnance de 1846 que nous venons d'étudier qu'elles ne peuvent plus être modifiées que de la même manière qu'elles ont été établies. Mais les Compagnies peuvent-elles immédiatement revenir sur les propositions qu'elles ont fait adopter ? Peuvent-elles faire de nouvelles propositions, toujours bien entendu dans les limites du maximum posé dans leurs cahiers des charges ? Pour répondre à cette question, il faut faire une distinction.

S'agit-il d'abaisser les taxes soit au-dessous du maximum, soit au-dessous d'un prix inférieur au maximum déjà proposé et approuvé, les compagnies sont toujours admises à faire de nouvelles propositions.

S'agit-il, au contraire, de relever les taxes soit jusqu'au maximum, soit seulement à un prix inférieur au maximum, mais supérieur à celui qui est approuvé, les compagnies sont obligées de subir certains délais.

L'article 48 du cahier des charges de 1857 et 1859 dit en effet dans son premier paragraphe :

« Dans le cas où la compagnie jugerait convena-

ble, soit pour le parcours total, soit pour les parcours partiels de la voie de fer, d'abaisser avec ou
sans conditions au-dessous des limites, déterminées
par le tarif, les taxes qu'elle est autorisée à percevoir, les taxes abaissées ne pourront être relevées qu'après un délai de trois mois pour les voyageurs et d'un an pour les marchandises. »

Les motifs de cette disposition sont très-raisonna-
bles. On n'a pas voulu qu'après avoir tué des con-
currences et fait disparaître des entreprises rivales
les compagnies pussent immédiatement relever leurs
taxes. — Les tarifs ne sont pas établis dans l'intérêt
seul des compagnies; ils le sont aussi dans celui du
public, et surtout pour les transports du public commercial. Or, les intérêts du commerce seraient gra-
vement affectés, si, après avoir éteint les concurren-
ces, ‧les compagnies se hâtaient de relever leurs
taxes. Il faut donc que les abaissements de tarifs
aient une autre cause que le but de nuire à des entreprises rivales ; il faut qu'ils soient proposés aussi
dans l'intérêt du commerce. On a pensé que les
compagnies, sachant que leurs taxes abaissées ne
pourraient pas être relevées avant le délai d'un an,
ne feraient que des propositions sérieuses et qu'elles
ne s'exposeraient pas à la légère à réduire, pendant
un tel laps de temps, leurs taxes au-dessous d'un
prix vraiment rémunérateur.

Telle est la loi.

Mais le délai d'un an est-il suffisant? Offre-t-il, en
présence des puissantes compagnies actuelles, une
garantie assez efficace? Est-il au contraire exagéré?

C'est un point que l'expérience et la pratique éclairciront prochainement sans doute.

Quant à la faculté d'abaisser immédiatement les
taxes après un précédent abaissement, on en a laissé
le libre exercice aux compagnies parce qu'elle ne
pouvait avoir aucun inconvénient pour le public,
grâce à la disposition corrective dont il vient d'être
parlé sur les relèvements.

171.—Outre les taxes qui ont pour but de rémunérer les compagnies du transport des marchandises
et de leur circulation sur la voie de fer, il y a des
frais accessoires que perçoivent toujours les entreprises de transports. Ce sont les frais de chargement,
de déchargement et d'entrepôt dans les gares et
magasins du chemin de fer.

Le prix doit en être réglé chaque année [1]. L'article 47 de l'ordonnance de 1846 prescrit en conséquence que dans le dixième mois de chaque année, les compagnies doivent envoyer au ministre
leurs propositions pour le règlement des prix de ces
frais accessoires. Jusqu'à la décision du ministre,
on doit continuer à percevoir les prix des anciens
tarifs.

Nous venons de voir quelles sont les règles pour
l'établissement des tarifs, nous allons étudier maintenant comment les tarifs doivent être appliqués.

---

[1] Art. 47 de l'ordonnance de 1846 et 51 du cahier des charges de 1857 et 1859.

CHAPITRE VIII

DES DIVERSES ESPÈCES DE TARIFS.

SECTION UNIQUE.

Tarifs à prix réduits. — Tarifs différentiels.
Tarifs conditionnels.

172. — Il semble qu'après ce qui vient d'être dit sur l'établissement des tarifs, rien ne soit plus simple et plus facile que leur application. Cela serait certainement s'il n'y avait qu'une seule espèce de tarif.

Mais à côté des tarifs que l'on peut appeler ordinaires et généraux, et qui sont applicables à tous les expéditeurs et à tous les destinataires, il y a des tarifs à prix réduits. La combinaison de ces tarifs avec les tarifs ordinaires a donné lieu à une foule de difficultés qui ont amené des procès et des décisions judiciaires contradictoires. Aussi cette matière demande-t-elle à être étudiée de près et avec soin [1].

173. — La règle générale, en ce qui concerne l'application des tarifs, c'est que « la perception des » taxes doit se faire indistinctement et sans aucune » faveur. » Telle est l'une des prescriptions de l'article 48 du cahier des charges de 1857 et 1859.

Quand ce principe fut proclamé lors de la créa-

---

[1] Sur cette matière des tarifs à prix réduits, nous engageons le lecteur à consulter les écrits suivants :

1° *De la perception des tarifs sur les chemins de fer*, par M. Teisserenc. Paris. Chaix, 1856.

2° *Les tarifs et l'intérêt public*, par M. le comte de Chasseloup-Laubat Paris. Paul Dupont, 1859.

3° *Des tarifs de chemins de fer*, par M. Lamé Fleury. *Revue des deux Mondes*, n° du 1er février 1860.

4° *Des transports à prix réduits*, par M. Ed. Boinvilliers, maître des requêtes au conseil d'État. Paris. Hachette, 1859.

tion de nos chemins de fer, on se demanda quelles devaient être ses conséquences.

Les uns prétendaient qu'il ne devait, pour chaque espèce de denrée, exister qu'un seul tarif fixé à tant par tonne et par kilomètre, quelles que fussent les quantités livrées au transport et les distances à parcourir.

Les autres expliquaient le principe posé, en disant que les taxes devaient être les mêmes pour tous les expéditeurs placés dans les mêmes conditions, et pour les marchandises parcourant les mêmes distances ; mais qu'il ne fallait pas condamner les compagnies et le commerce à une égalité aussi absolue que celle d'un tarif kilométrique n'admettant aucun tempérament.

Ce second système, qui soutenait que les tarifs à prix réduits sont conciliables avec la règle que les taxes doivent se percevoir indistinctement et sans faveur, devait triompher. Le premier, aussi inflexible qu'une ligne droite, ne se préoccupait que d'une idée géométrique, qui était l'unité kilométrique. Il ne tenait pas compte de certaines nécessités de la vie sociale et commerciale, que le second au contraire s'appliquait à respecter Dans ce bas monde, il ne faut point apporter dans l'examen de toutes les questions un esprit mathématique, car on risquerait de commettre bien des fautes. Il faut savoir compter avec une foule de circonstances locales ou passagères, devant lesquelles doivent fléchir les règles générales et les principes absolus.

Aussi a-t-il été admis, et par le gouvernement, et

par les Compagnies , et par la grande majorité du public , qu'à côté des tarifs ordinaires il pouvait y avoir des tarifs à prix réduits.

174. — Ces tarifs sont de différentes natures ; il convient d'en indiquer ici les principaux.

Il faut d'abord les diviser en deux grandes classes :

1° Les tarifs différentiels ;

2° Les tarifs conditionnels.

175. — On appelle *tarifs différentiels* des tarifs qui pour une même nature de marchandises varient , soit en raison de la quantité livrée par l'expéditeur , soit en raison des distances à parcourir, soit en raison du sens dans lequel le transport s'effectue.

176. — Par exemple :

En raison de la quantité de marchandises à transporter. Supposons un tarif qui fixerait pour le transport d'une certaine marchandise un prix de 10 centimes par tonne et par kilomètre pour les expéditions de 1 à 100 tonnes , et qui ne fixerait que 8 centimes par tonne et par kilomètre pour les expéditions au-dessus de 100 tonnes : ce sera un tarif différentiel.

En raison des distances à parcourir. Sera aussi différentiel le tarif qui fixera le prix du transport d'une certaine marchandise à 10 centimes par tonne et par kilomètre de Paris à Tours , et qui pour la même marchandise ne le fixera qu'à 8 centimes de Paris à Nantes.

En raison du sens dans lequel le transport s'effec-tue. Si le tarif pour le transport d'une certaine den-rée n'est pas le même de Paris à Orléans que d'Or-léans à Paris; si dans le premier cas il est de 5 cen-times, et dans le second de 10, ce sera encore un tarif différentiel.

177. — Outre ces trois espèces de tarifs différen-tiels, qui sont les plus générales, les plus fréquentes, les plus usitées, il en est d'autres qui méritent une mention spéciale, quoique, à proprement parler, ils ne soient qu'une variété de ceux dont il vient d'être question.

178. — Tels sont d'abord les *tarifs de détourne-ment.* Ces tarifs fixent le prix du transport pour les marchandises qui voyagent entre deux localités non desservies par une voie directe, comme si cette voie existait. Ainsi, quoique ces marchandises parcou-rent sur les voies de fer une distance kilométrique beaucoup plus grande que celle qui sépare en réalité le point de départ du point d'arrivée, on ne leur fait payer le prix du transport que sur la distance cal-culée à vol d'oiseau. Prenons Nantes et Lyon. Pour voyager par voie de fer de Nantes à Lyon, les marchandises sont obligées de passer par Paris, ce qui leur impose un détour considérable. On appellera tarif de détournement la taxe qui sera fixée d'après la distance directe entre Nantes et Lyon, et non d'après la distance indirecte parcourue cependant effectivement par la marchandise qui est venue passer par Paris.

179. — Viennent ensuite les *tarifs internationaux*, qui fixent pour certains produits étrangers un prix inférieur à celui qui est établi pour leurs similaires français. Ces tarifs ont pour but de faciliter l'introduction et la circulation en France de produits étrangers qui, grevés sans cela de frais de transports considérables, n'eussent pu pénétrer chez nous.

180. — Le *tarif de transit* est une variété du tarif international ; son objet est indiqué par son nom. Il a pour but de faire passer par la France des produits qui eussent pris un autre chemin pour se rendre à leur destination.

181. — Quant aux *tarifs conditionnels*, on appelle ainsi des tarifs qui fixent un prix inférieur au tarif ordinaire pour les expéditeurs qui se soumettent à certaines conditions :

Par exemple, à assurer des expéditions journalières s'élevant au moins à un certain tonnage ;

Ou bien à livrer toujours une quantité de marchandises représentant le chargement d'un wagon entier ;

Ou bien à ne pas réclamer, en cas de retard, d'autre indemnité que le remboursement du prix du transport ;

Ou bien encore à accepter pour le transport des marchandises des délais plus longs que ceux déterminés pour la petite vitesse, etc.

L'application de ces tarifs conditionnels peut être réclamée par tous les expéditeurs qui sont en mesure de remplir les conditions posées.

182. — Avant le 1ᵉʳ janvier 1858 [1], il existait à côté des tarifs conditionnels, qui subsistent seuls, ce que l'on appelait les traités particuliers. Les cahiers des charges d'alors permettaient aux compagnies de faire avec les expéditeurs des conventions par lesquelles elles abaissaient, en faveur des signataires de ces traités, les prix des tarifs ordinaires. Les traités particuliers devaient être communiqués par les compagnies au ministre des travaux publics. Le bénéfice en était acquis de plein droit à tous les expé-

---

[1] Une circulaire de M. le ministre des travaux publics, écrite conformément aux dispositions nouvelles du cahier des charges de 1857 et 1859, a notifié aux compagnies la suppression des traités particuliers. Cette circulaire du 26 septembre s'exprime ainsi :

« Je crois devoir vous prévenir que, par suite d'une mesure générale, il ne sera plus admis à l'administration, à dater du 1ᵉʳ janvier 1858, de traités particuliers portant réduction des tarifs approuvés. Je vous invite, en conséquence, à veiller à ce que les traités de cette nature, dont le bénéfice pourrait être réclamé, ne stipulent en aucun cas une durée excédant l'époque ci-dessus fixée.

» Quant aux traités aujourd'hui en vigueur sur votre réseau, j'ai décidé que, quel que soit le terme de leur échéance, ils cesseraient également de recevoir leur exécution à partir du 1ᵉʳ janvier prochain, faute de quoi je déclarerai les réductions de prix consenties par ces traités, applicables à tous les expéditeurs sans conditions, usant en cela du droit que me confère votre cahier des charges, et dont je me suis réservé l'exercice en vous accusant réception des traités que je viens de rappeler. »

17

diteurs qui offraient de remplir les mêmes conditions
que ceux avec qui ils avaient été passés. De plus, le
ministre pouvait les déclarer applicables à tous les
expéditeurs indistinctement, même sans condition.
Telle était l'économie des anciens cahiers des charges, antérieurs à celui de 1857 et 1859.

On voit que les traités particuliers avaient une certaine analogie avec les tarifs conditionnels ; mais ils
en différaient en des points essentiels. Ainsi les tarifs
conditionnels sont établis et publiés dans la forme des
tarifs ordinaires, tandis que les traités particuliers,
s'ils devaient être communiqués à toute personne en
faisant la demande, ne recevaient pas de publicité
par la voie de l'affichage.

Ils pouvaient donc rester inconnus d'expéditeurs
qui auraient eu intérêt à en réclamer le bénéfice.

183. — Maintenant que nous avons essayé de définir les tarifs différentiels et les tarifs conditionnels,
il convient de dire un mot d'une question qui a vivement ému et passionné le public commerçant :
c'est celle de la légalité et de l'opportunité de ces
tarifs à prix réduits.

184. — Quant à la légalité, nous comprenons dif-
ficilement qu'on puisse la contester ; car du moment
que l'administration est investie du droit d'établir les
tarifs, et qu'elle les a établis en se conformant aux
prescriptions qui lui sont imposées par la loi, les tarifs sont inattaquables. Ce sont des actes administratifs
que les tribunaux ne peuvent refuser d'appliquer, et

on ne peut en obtenir la réformation qu'en s'adressant à l'administration mieux informée.

La question de légalité ne pourrait se poser que sur le principe que les taxes doivent être perçues indistinctement et sans faveur. Nous avons indiqué plus haut [1] le sens véritable de cette maxime, qui veut que tous les expéditeurs remplissant les mêmes conditions soient traités de la même manière, mais qui n'a pas entendu établir une égalité absolue et illogique.

On peut encore ajouter que les mêmes cahiers des charges qui disent que les taxes doivent être perçues indistinctement et sans faveur, contiennent des dispositions sur les tarifs à prix réduits. Les mêmes actes législatifs qui ont posé le principe déterminent donc aussi l'application qu'il doit recevoir, la portée dont il est susceptible ; et ils prouvent que le législateur n'a pas considéré l'établissement des tarifs différentiels et conditionnels, comme contraire à l'égalité dans la perception des taxes. On ne peut donc pas déclarer que ces tarifs soient illégaux.

185. — Ainsi l'article 48 du cahier des charges de 1857 et 1859 prévoit et autorise en termes clairs, précis et formels, l'établissement des tarifs à prix réduits, soit différentiels, soit conditionnels. Cet article commence, en effet, par la disposition suivante :

« Dans le cas où la Compagnie jugerait conve-
» nable , soit pour le parcours total , soit pour les

---

(1) No 173.

» *parcours partiels* de la voie de fer, d'abaisser, *avec*
» ou *sans conditions*, au-dessous des limites déter-
» minées par les tarifs, les taxes qu'elle est autorisée
» à percevoir, les taxes abaissées ne pourront être re-
» levées qu'après un délai de trois mois au moins
» pour les voyageurs, et un an pour les marchan-
» dises. »

Abaisser les taxes pour un *parcours partiel*, c'est
établir un tarif différentiel.

Abaisser les taxes *avec conditions*, c'est établir un
tarif conditionnel.

Voilà donc les deux grandes classes de tarifs à prix
réduits prévues et déclarées légales, en principe, par
l'article 48 du cahier des charges.

Il y a mieux : les cahiers des charges ont appliqué eux-mêmes dans plusieurs cas le principe des
taxes différentielles et conditionnelles.

Ainsi l'article 42 dit, entre autres choses :

« Si la distance parcourue est inférieure à 6 kilo-
» mètres, elle sera comptée pour 6 kilomètres. »

Et plus loin :

« Quelle que soit la distance parcourue, le prix
» d'une expédition quelconque, soit en grande, soit
» en petite vitesse, ne pourra être moindre de 40 cen-
» times. »

Les taxes perçues en vertu de ces deux dispositions sont évidemment différentielles, car elles ne
sont pas basées sur le principe de la proportionalité
et de l'unité kilométrique.

D'un autre côté, on lit dans l'article 50 du cahier des charges :

« Il pourra être établi un tarif réduit, approuvé
» par le ministre, pour tout expéditeur qui acceptera
» des délais plus longs que ceux déterminés ci-dessus
» pour la petite vitesse. »

N'est-ce pas là un tarif conditionnel spécialement indiqué par l'article 50 ?

D'après tout ce qui précède, il ne nous paraît donc pas que la légalité des tarifs à prix réduits puisse être sérieusement contestée.

186. — Reste la question d'opportunité.

Pour combattre le principe des tarifs à prix réduits, on prétend que ces tarifs sont, entre les mains des compagnies, des armes dangereuses avec lesquelles elles peuvent, selon leur bon plaisir, tuer telle ou telle concurrence, ruiner tel ou tel centre de population, avantager tel ou tel expéditeur au préjudice de ses rivaux.

187. — A cette objection, nous ferons d'abord une réponse générale : c'est que les tarifs ne sont pas établis ou modifiés par le bon plaisir des compagnies. — Les compagnies font seulement des propositions au ministre des travaux publics, et c'est le ministre qui statue. De telle sorte qu'à moins de supposer que l'administration se fasse la complice des calculs intéressés que l'on prête aux compagnies, — ce qui ne serait pas admissible, —

on doit être rassuré par l'intervention administrative dans l'établissement des tarifs.

L'administration n'est-elle pas la gardienne de tous les intérêts ? Comment peut-on penser qu'elle irait sacrifier aux compagnies de chemins de fer les industries rivales, les centres de population intermédiaires, ou bien certaines classes d'expéditeurs ? Ce qui la guide en toutes matières, et en celle-ci surtout, c'est l'intérêt général de la masse de la population, et ce n'est pas l'intérêt des compagnies. — Si une combinaison de tarifs doit avoir pour résultat de procurer des avantages sérieux et incontestables au public, l'administration ne doit pas hésiter à l'accepter, quand même cette combinaison pourrait nuire à quelques intérêts privés. Certes ces intérêts doivent être respectés, et il faut le moins possible leur porter atteinte ; mais, si on avait toujours pour eux un respect absolu, le progrès, vers lequel nous devons tendre sans cesse, se trouverait souvent entravé. Si, par exemple, par respect pour les intérêts et les droits acquis des entrepreneurs de roulage et de messageries, l'administration se fût refusée à autoriser l'établissement des chemins de fer en France, elle eût été coupable envers le pays tout entier. La masse du public eût été sacrifiée à l'intérêt privé de quelques individus. Aussi quoiqu'on sût que les chemins de fer devaient faire disparaître la plupart des anciennes entreprises de transport par terre, ne s'est-on pas laissé arrêter par compassion pour le sort réservé à ces entreprises.

L'administration ne doit donc avoir, et n'a en effet pour règle que le plus grand intérêt du public. Cela ne veut pas dire qu'elle soit infaillible, mais c'est une garantie qu'elle n'homologuera pas, par complaisance pour les compagnies, des tarifs qui auraient pour but de favoriser certaines combinaisons coupables ou de servir certaines rancunes.

188. — Ceci dit, examinons maintenant les objections particulières que l'on fait aux tarifs à prix réduits.

Au moyen de l'abaissement des tarifs ordinaires, dit-on, les compagnies tuent la concurrence des transports par terre et des transports par eau.

Cette objection s'adresse surtout aux tarifs différentiels. Il est très-possible que les abaissements de prix nuisent aux entreprises rivales ; — mais la masse du public y gagne, car les expéditeurs sont bien plus nombreux que les voituriers.

Et puis, lorsque le pays a voulu avoir des chemins de fer, il a bien prévu, comme il vient d'être dit plus haut, que ces moyens de transports feraient disparaître les anciennes entreprises, et cette considération ne l'a pas arrêté.

Autrefois, il y avait deux modes de transport : la voie de terre et la voie d'eau ; on en crée un troisième, il est évident que les deux autres ne peuvent pas être aussi florissants que par le passé. Un des avantages du nouveau mode est de permettre d'effectuer les transports à meilleur marché. Faudra-t-il donc que pour maintenir aux deux anciens une existence factice, l'administration oblige le public à payer des prix supérieurs à ceux que les chemins de fer percevraient s'ils n'avaient pas de concurrents ? Faudra-t-il placer les compagnies en dehors des règles générales du commerce ?

Ainsi, il y a des tarifs différentiels qu'on ne pourrait prohiber sans porter le plus grand préjudice aux intérêts du public et à ceux des compagnies.

189. — On peut citer comme exemple le fait suivant. Les expéditions d'Orléans sur Paris sont beaucoup plus nombreuses que les expéditions de Paris sur Orléans ; de telle sorte que la Compagnie de ce chemin de fer est souvent obligée d'effectuer des retours à vide. Or les terres qui avoisinent Orléans ont besoin, pour être fertilisées, d'un amendement qu'on nomme la marne, et que l'on trouve en abondance aux environs de Paris. Cette matière, qui n'a pas une grande valeur intrinsèque, est très-encombrante et très-pesante. Aussi ne peut-elle pas en général être transportée loin des lieux où elle se trouve, parce que les frais de transports augmentent bien vite son prix dans une proportion considérable. La marne, la chaux et le plâtre des environs de Paris ne pouvaient donc pas pour cette raison pénétrer dans les pays environnants Orléans, ni dans ceux qui sont au delà, surtout dans la Sologne, dont les terres ont tant besoin d'être amendées.

La Compagnie du chemin de fer a proposé un

tarif différentiel qui a réduit beaucoup le prix du transport des matières dont il s'agit, lorsqu'elles voyagent en s'éloignant de Paris vers le centre de la France. Cette réduction de prix a permis de faire pour la Sologne des expéditions de marne, de chaux et de plâtre qu'avec les anciens prix ont n'eût jamais entreprises. Tout le monde y a gagné : le public d'abord, parce que les habitants de la Sologne ont pu se procurer des amendements dont ils étaient privés auparavant ou pour lesquels il leur fallait payer des prix très-élevés ; ensuite la Compagnie y a gagné également, car elle a utilisé, pour un prix modique il est vrai, mais enfin elle a utilisé des retours qu'auparavant ses wagons faisaient à vide.

Pour tout dire, il faut reconnaître cependant que quelques personnes ont pu y perdre un peu ; ce sont les propriétaires des quelques marnières ou carrières situées dans les environs de la Sologne. Avant le tarif à prix réduits, ils avaient le monopole du marché ; et, à cause des frais ordinaires du transport, ils n'avaient pas à craindre la concurrence des marnières ou carrières situées à de plus grandes distances. Ils étaient donc maîtres des prix. La concurrence arrivant, ils ont dû diminuer leur prix ; car lorsque la marchandise est plus nombreuse sur le marché les prix baissent : c'est la loi générale du commerce.

Le tarif à prix réduits dont nous parlons aura donc pu nuire à quelques propriétaires de marnières et de carrières, auxquels il aura créé une concur-

rence qui n'existait pas précédemment. C'est vrai,
mais la masse des consommateurs y aura gagné
d'avoir un marché beaucoup mieux approvisionné et
de payer la marchandise moins cher.

Sans le tarif différentiel, et avec un tarif kilométrique, les choses fussent restées dans leur ancien état, et les marnes et les chaux des environs de
Paris n'eussent pas pu pénétrer en Sologne ; alors
le but des chemins de fer, qui, a-t-on dit lorsqu'on
les a créés, est de supprimer les distances, n'eût pas
été atteint.

De plus, il faut remarquer encore que le chemin
de fer, trouvant à utiliser ses retours de Paris, a pu
par cela même abaisser ses prix pour les marchandises allant vers cette ville ; ce qui a été encore
un avantage pour la masse du public.

Lorsque l'homme a créé ces nouvelles voies de
communication, il ne s'est arrêté devant aucune
difficulté. Il a percé des tunnels sous les montagnes,
il a franchi les vallées sur des viaducs, il a dompté
les obstacles que la nature lui opposait, il a trouvé
une force motrice qui lui a permis de parcourir
l'espace avec une vitesse bien supérieure à celle
que peuvent atteindre les forces de la vie animale,
et il aurait accompli toutes ces merveilles pour
s'incliner devant un principe géométrique absolu,
l'unité kilométrique, auquel il ne pourrait pas déroger !
Les habitants des pays extrêmes reliés par les
chemins de fer seraient obligés de voir se perpétuer
d'anciennes entraves à leurs relations commerciales,
parce que la suppression de ces entraves nuirait à

quelques intérêts privés ou à des pays intermédiaires !

190. — L'exemple que nous venons de citer prouve les avantages qui résultent d'un tarif qui différencie les prix du transport suivant le sens dans lequel voyage la marchandise. Il est facile d'en citer d'autres qui expliquent et justifient les autres espèces de tarifs différentiels.

Prenons un tarif qui varie les prix suivant les distances parcourues. Supposons que de Chartres à Paris le prix du transport de la tonne de blé soit de 6 centimes par kilomètre, et que de Rennes à Paris il ne soit que de 4 centimes. Les habitants de Paris y gagneront ; car les blés de la Bretagne, qui, avec le tarif kilométrique à 6 centimes, n'eussent peut-être pas voyagé, arriveront sur le marché de Paris. Les cultivateurs de la Bretagne y gagneront aussi, car ils pourront porter leurs blés plus loin, et les faire figurer sur des marchés où la demande est plus nombreuse que sur leurs propres marchés.

Mais les habitants de la Beauce y perdront peut-être un peu, parce que l'arrivée de blés qui autrefois ne pouvaient pas paraître sur le marché de Paris, fera peut-être, par l'effet de la concurrence, baisser les prix dans une certaine mesure. De là grande indignation contre les tarifs différentiels des chemins de fer qui produisent de telles conséquences.

191. — Et l'on demande pourquoi la Compagnie qui transporte les blés à 4 centimes la tonne par

kilomètre de Rennes à Paris, ne les transporte pas au
même prix de Chartres à Paris. Il y a plusieurs ré-
ponses pour expliquer un fait de cette nature. D'a-
bord il peut se faire qu'il y ait une circulation beaucoup plus active entre Chartres et Paris qu'entre
Rennes et Paris. On sait qu'en pareil cas, quand il
y a encombrement sur une route, le prix du transport s'y élève de lui-même. C'est une loi générale
du commerce ; c'est cette loi qui fait que pour certains pays ou certains ports le fret maritime est plus
élevé que pour certains autres. C'est à cette loi que
se conforment les compagnies de chemins de fer lorsqu'elles abaissent leurs tarifs sur les routes les moins
parcourues, pour les maintenir élevés au contraire
sur celles où la circulation est plus active.

De plus, les frais de chargement et de déchargement et une partie des frais généraux sont les mêmes
pour les petits que pour les grands voyages; on comprend alors que pour se couvrir de ces frais, les compagnies soient obligées de percevoir une taxe plus
forte quand la marchandise parcourt une petite distance que lorsqu'elle en parcourt une grande. Ici encore elles se conforment à la loi du commerce.

Autrefois, lorsque l'on faisait opérer par le roulage
un transport qui devait durer quinze ou vingt jours,
on payait le prix de la lieue moins cher que si le
transport ne devait durer qu'un ou deux jours. C'est
qu'on assurait au voiturier du travail pour un temps
plus long, qu'il se trouvait pendant ce temps garanti
contre le chômage, et que, cette assurance étant un

avantage pour lui, il était juste qu'il en tînt compte
à l'expéditeur.

192. — Beaucoup des arguments que nous venons d'exposer pour justifier l'établissement des tarifs
différentiels s'appliquent également aux tarifs conditionnels.

On comprend qu'au-dessus d'un certain tonnage
ou pour les expéditions faisant le chargement d'un
wagon complet, les compagnies réduisent les tarifs,
car elles trouvent dans des expéditions considérables
des avantages sérieux dont elles doivent tenir compte
aux expéditeurs, comme le faisaient les anciens entrepreneurs de transports. Cela d'ailleurs ne lèse personne, puisque tout le monde peut profiter des tarifs
conditionnels, en remplissant les conditions moyennant lesquelles les tarifs sont réduits.

On attaque cependant ces tarifs conditionnels en
disant qu'ils favorisent les gros négociants au détriment des petits. Mais est-ce que ceux qui disposent
de gros capitaux et qui font de grosses opérations,
n'obtiennent pas toujours des conditions plus avantageuses que ceux dont les opérations sont limitées ?
Est-ce que celui qui achète en gros ne paie pas
moins cher que celui qui achète en détail ? Et, pour
prendre un point de comparaison tiré de la matière
même des transports, est-ce que celui qui frète un
navire entier ne paie pas moins que celui qui n'expédie que quelques colis ? Est-ce qu'il n'en est pas
ainsi pour le chargement des bateaux sur les rivières
et sur les canaux ?

Pourquoi vouloir faire aux chemins de fer une situation exceptionnelle et les placer en dehors des
règles qui dérivent de la force des choses? Les
compagnies, lorsqu'elles proposent des tarifs conditionnels, ne se préoccupent pas, qu'on le croie bien,
des gros ou des petits négociants. Elles ne considèrent que leurs propres intérêts, et comme elles
trouvent, de même que les propriétaires de navires
et les voituriers par terre et par eau, que les grosses
expéditions leur sont plus avantageuses que les petites, elles se déclarent prêtes à réduire leurs prix en
compensation des avantages que ces grosses expéditions leur procurent.

Le gouvernement, qui homologue les propositions
des compagnies, se préoccupe, lui, de deux choses :
des intérêts des compagnies et aussi, et par-dessus
tout, de l'intérêt public; et il approuve les tarifs lorsqu'il voit qu'ils ne doivent causer aucun préjudice à
la compagnie et qu'au contraire ils profiteront à la
masse du public en amenant, par la réduction du
prix du transport, une réduction du prix de vente de
la marchandise transportée.

193. — Quant aux tarifs à prix réduits dont la
condition est que l'expéditeur ne pourra pas, en cas
de retard, réclamer d'autre indemnité que le remboursement du prix de la voiture, ils ne peuvent
donner lieu à aucune critique. Les compagnies y trouvent un avantage qui consiste à voir leur responsabilité limitée, et en compensation elles abaissent le
prix du transport; les expéditeurs y trouvent aussi

leur compte, car ils profitent d'un prix réduit. Il est vrai que de part et d'autre, on s'expose à une chance, mais on est prévenu et l'on contracte en connaissance de cause [1].

194. — Nous avons dit au commencement de cette discussion, que l'intervention du gouvernement dans la fixation des tarifs était une garantie sérieuse pour tous les intéressés. On peut, en effet, dans la matière qui nous occupe, citer deux exemples où cette intervention a aboli des dispositions de tarifs qui avaient soulevé de vives et nombreuses réclamations qui ont paru fondées.

Ainsi, par le cahier des charges de 1857 et 1859, article 48, § 5, les traités particuliers ont été supprimés. On a pensé qu'en matière de chemins de fer la fixation des taxes devait toujours avoir un caractère de généralité qui ne se rencontrait pas dans ces traités; car c'était des conventions privées, comme leur nom l'indiquait. Il est vrai que le ministre des travaux publics pouvait déclarer les traités particuliers applicables à tous les expéditeurs, même sans conditions.

Mais, comme on l'a déjà remarqué ci-dessus, les traités particuliers ne participaient pas aux mesures de publicité qui doivent précéder l'établissement des tarifs. Aussi a-t-on préféré le système des tarifs conditionnels qui s'adressent et s'appliquent à tout

[1] Voyez *suprà* n° 36.

le monde, et à qui pour cette raison, on ne peut faire les mêmes reproches qu'aux traités particuliers.

195. — Les tarifs d'abonnement, qui avaient été autorisés par le ministre des travaux publics, mais à titre provisoire seulement, ont aussi été supprimés par un arrêté ministériel du **25** janvier **1860**. On appelait *tarifs d'abonnement*, ceux d'après lesquels les expéditeurs s'engageaient vis-à-vis des compagnies à remettre au chemin de fer, à l'exclusion de toute autre voie de transport, toutes les marchandises dont ils auraient la libre disposition. On a considéré ces tarifs d'abonnement comme constituant des tarifs particuliers, parce qu'en effet il ne suffisait pas aux expéditeurs qui en réclamaient le bénéfice, de remplir telle ou telle condition, mais il fallait de plus qu'un engagement fût pris par eux envers la compagnie. En outre on a pensé que l'engagement réclamé par les compagnies, et qui consistait à promettre de ne jamais employer d'autres voies de transport que leurs chemins de fer, était contraire au principe de la liberté du commerce.

Les expéditeurs ne conservaient pas, en effet, vis-à-vis des autres entreprises de transports leur indépendance. Cependant les tarifs d'abonnement présentaient des avantages réels, car ils pouvaient diminuer le prix de revient de beaucoup de matières premières utiles à l'industrie. Aussi le dernier mot de l'administration n'est-il peut-être pas dit en ce qui les concerne.

Quoi qu'il en soit, ce que nous voulons démontrer

par la double décision du gouvernement sur les traités particuliers et les tarifs d'abonnement, c'est que
l'administration n'hésite et n'hésitera pas à condamner l'établissement de tarifs contre lesquels on élèverait des objections qui lui paraîtraient sérieuses et
bien fondées.

Il ne faut pas d'ailleurs oublier qu'en matière de
tarifs à prix réduits il y a une règle protectrice du
public et des entreprises rivales des chemins de fer.
Cette règle est inscrite dans l'article 48 des cahiers de
charges ; elle ne permet pas que les tarifs à prix réduits soient relevés avant le délai d'un an à partir
de leur abaissement [1].

---

[1] Voy. *suprà*, no 107.

CHAPITRE IX.

DU CARACTÈRE ADMINISTRATIF DES TARIFS ET DES CONSÉQUENCES QUI EN DÉCOULENT.

SECTION UNIQUE.

Réclamations. — Compétence administrative.

SOMMAIRE. — 196. Les tarifs sont des actes administratifs; aussi les tribunaux ordinaires ne peuvent-ils connaître des réclamations qui s'élèvent contre l'établissement des tarifs. — 197. Jurisprudence. Arrêt de la Cour impériale d'Orléans du 28 avril 1857. — 198. Arrêt de la Cour impériale de Paris du 29 février 1860. — 199. — Erreurs d'un arrêt de la Cour impériale de Paris du 21 avril 1857. — 200. Cet arrêt a été cassé le 12 avril 1859. — Doctrine de la Cour de cassation. — 201. On ne peut réclamer contre l'établissement des tarifs que par la voie administrative. — 202. Compétence des tribunaux ordinaires pour les questions qui ne touchent qu'à l'application des tarifs.

196. — Les tarifs des compagnies de chemins de fer participent de la nature des actes administratifs. En effet, les taxes qu'ils fixent, même dans les limites prévues par les cahiers de charges, ne peuvent être perçues qu'après avoir été homologuées par le ministre des travaux publics et rendues exécutoires par des arrêtés préfectoraux.

Or, il est de principe que les actes administratifs

ne peuvent être attaqués que devant l'autorité administrative elle-même. Il faut donc reconnaître qu'aucune réclamation ne peut être faite contre l'établissement des tarifs devant les tribunaux ordinaires, et, par voie de conséquence, qu'aucune demande en dommages-intérêts ne peut être portée devant eux, contre les compagnies de chemins de fer, à raison de l'établissement d'une taxe dont la fixation et la perception ont été approuvées par l'administration publique.

Ce principe, souvent respecté, a été quelquefois méconnu par les tribunaux. Aussi n'est-il peut-être pas inutile de rappeler, d'étudier et d'apprécier quelques-unes des décisions de la jurisprudence sur la question que nous venons d'indiquer.

197. — Cette question s'est présentée d'une façon formelle devant la Cour impériale d'Orléans le 28 avril 1857. Voici dans quelles circonstances :

Un sieur Leclerc-Fleureau avait formé contre la Compagnie du chemin de fer d'Orléans une demande en dommages-intérêts, à raison d'un tarif différentiel en vertu duquel la Compagnie percevait moins par kilomètre pour les expéditions de grains de Paris au delà d'Orléans que pour celles de Paris à Orléans. Le sieur Leclerc-Fleureau prétendait que ce tarif lui était préjudiciable, parce qu'il contenait pour les expéditeurs habitant certaines localités des avantages dont ne pouvaient pas profiter les habitants d'Orléans. Il se plaignait de ce que les tarifs différentiels détruisaient les avantages naturels que la situation géographique assurait respectivement aux diverses cités commerçantes.

La Compagnie répondit que le tarif à raison duquel on lui demandait des dommages-intérêts avait été approuvé par l'autorité administrative compétente ; qu'il était donc légal, régulier ; que la contraindre, à raison de l'application de ce tarif, à payer une indemnité à Leclerc-Fleureau, ce serait juger, apprécier, condamner un acte administratif; que ce serait détruire ce que le ministre avait arrêté en vertu des pouvoirs qui lui ont été conférés par la loi.

Néanmoins, le tribunal de commerce d'Orléans avait condamné la Compagnie du chemin de fer, et il avait donné dans son jugement les motifs suivants :

« Attendu que c'est à tort que la Compagnie prétend qu'il suffit que les tarifs aient été admis par l'administration, car cette règle protectrice du droit des tiers, écrite en termes si positifs dans la loi, que la perception doit se faire indistinctement et sans aucune faveur, pourrait devenir lettre morte si elle n'avait pour sanction la justice des tribunaux ;

» Attendu qu'aucun texte ne donne à l'administration seule l'appréciation de la légalité des tarifs dont la loi permet l'abaissement dans l'intérêt général; que si l'administration a le droit et le devoir de contrôler les changements de tarifs et les traités particuliers que la Compagnie aurait contractés, ce droit tutélaire des intérêts du public et du commerce ne saurait, par suite des erreurs ou de la tolérance de l'autorité, tourner au préjudice de ces mêmes intérêts, car il n'est pas exclusif du recours des tiers à la loi ; il s'exerce indépendamment de l'action des intérêts privés avec lesquels il n'est nullement incompatible ; qu'enfin la légalité des tarifs ne résulte pas de leur homologation, mais de leur conformité aux prescriptions de la loi. »

Sur l'appel, la Cour impériale d'Orléans a réformé ce jugement par un arrêt du 28 avril 1857 [1], où elle a rétabli les véritables principes qui régissent cette matière.

« Considérant, dit l'arrêt, qu'en vain Leclerc-Fleureau oppose, comme l'ont à tort déclaré les premiers juges, que le tarif serait abusif et illégal si les dispositions n'en étaient appliquées indistinctement à tous et sans faveur ;

» Qu'il n'appartient pas à l'autorité judiciaire de rétracter ou modifier un tarif homologué par l'autorité compétente ; que s'il s'y rencontre des dispositions de nature à compromettre les intérêts du commerce et à rendre impossible, comme on l'a allégué, toute concurrence entre les commerçants d'une ville et ceux d'une autre localité, c'est à l'administration supérieure, gardienne vigilante de ces droits, que ces doléances doivent être adressées et non aux tribunaux ;

» Qu'il suit de là que la Cour se trouvant en pré-

---

[1] *Gazette des tribunaux* du 2 mai 1857. — On y trouve les remarquables conclusions qui ont été données dans cette affaire par M. le procureur général Martinet, dont l'opinion a été admise par la Cour.

sence d'un tarif dûment homologué, fait pour des cas particuliers, ne saurait en étendre l'application générale sans s'immiscer dans la connaissance d'actes administratifs, ce que la loi lui interdit formellement. . . . . .

» Attendu que, de ce qui précède, il résulte que la Compagnie d'Orléans n'a fait qu'user d'un droit qui lui a été accordé par le cahier des charges de sa concession, sous le contrôle et la surveillance de l'administration supérieure, et que dès lors elle ne peut être exposée à une action en dommages et intérêts pour avoir fait ce que la loi lui a permis de faire, etc. »

198. — La Cour impériale de Paris, dans un arrêt du 29 février 1860, a rendu hommage aux principes qu'avait déjà proclamés l'arrêt qui vient d'être cité.

Il s'agissait d'un tarif [1] à prix réduits conditionnel. Parmi les conditions que, d'après ce tarif, devaient remplir les expéditeurs pour profiter de la réduction de prix, se trouvait celle-ci : qu'en cas de retard dans l'arrivée, l'expéditeur ne pourrait réclamer d'autre indemnité que la restitution du prix de transport. Cette condition du tarif était attaquée comme contraire à la loi, parce qu'elle restreignait pour la compagnie du chemin de fer la responsabilité que la loi impose aux voituriers.

---

[1] Voyez *suprà*, ch. 11, *des Obligations des entrepreneurs de transports*, section 1, n° 36.

La Cour a répondu à ces attaques par les motifs suivants :

« Considérant que, dès qu'ils ont été approuvés et publiés dans la forme légale, les tarifs fixés ou modifiés par l'autorité administrative supérieure deviennent obligatoires pour et contre les compagnies de chemins de fer, au même titre que les cahiers des charges annexés aux lois et décrets de concession, et qu'il n'appartient pas à la juridiction civile, non plus qu'aux tribunaux de commerce, d'en faire la critique ni d'en entraver l'exécution ;

» Considérant que l'ordonnance du 23 juin 1857, relative à un tarif spécial pour le transport à petite vitesse, et à prix réduits, des bestiaux expédiés par bandes sur les chemins de fer de l'Ouest, dispose par son article final qu'en cas de retard dans l'arrivée des trains, la Compagnie n'est responsable du préjudice éprouvé par les expéditeurs que jusqu'à concurrence du montant du prix de transport;

» Met l'appellation et la sentence dont est appel au néant, en ce que, au lieu de restreindre la responsabilité de la Compagnie de l'Ouest à la restitution du prix perçu pour le transport, les premiers juges l'ont condamnée à payer la valeur arbitrée de tout le préjudice résultant du retard [1]. »

199. — Les deux arrêts que nous venons de

---

[1] *Gazette des tribunaux* du 6 mars 1860.
Voyez, dans le même sens, Bourges, 20 février 1860, *Journal du Palais*, 1860, 252.

rapporter ont fait une juste appréciation des droits conférés par la loi à l'autorité administrative. On n'en peut pas dire autant d'un arrêt de la Cour impériale de Paris en date du 24 avril 1857. Cet arrêt a été rendu à propos de traités particuliers. S'il n'avait prononcé que sur les questions relatives à ces traités, il n'aurait plus aujourd'hui qu'un intérêt rétrospectif; mais, à propos des traités particuliers dont il s'agissait dans l'espèce, la Cour a été amenée à s'expliquer sur les attributions que l'administration tient de la loi relativement aux taxes des chemins de fer.

Nous croyons donc qu'il est utile de signaler ici les erreurs que contient l'arrêt dont nous parlons; car il consacre une doctrine qui, appliquée en thèse générale à la législation des chemins de fer, pourrait conduire à une étrange confusion des pouvoirs judiciaire et administratif.

Il s'agissait d'un traité particulier passé entre les Compagnies d'Orléans et de Lyon, d'une part, et des expéditeurs de Nantes, d'autre part, pour des transports de sucres de Nantes à Lyon. Le traité avait été communiqué au ministre des travaux publics, qui n'avait pas usé de la faculté de le déclarer applicable à tous les expéditeurs indistinctement et sans conditions. Quelques raffineurs de Paris s'adressèrent alors aux tribunaux de commerce, afin de demander que le traité pour les transports de Nantes à Lyon leur fût déclaré applicable, proportionnellement aux distances, pour les transports de Paris à Lyon.

Leur demande fut repoussée par un jugement du

4 juin 1856 ; mais sur l'appel elle fut admise par un arrêt dans lequel on lisait les motifs suivants [1] :

« Considérant que la loi réserve expressément à l'autorité la faculté de rendre obligatoire, pour tous les négociants exerçant un même commerce, les réductions de prix consenties à quelques-uns seulement, manifestant par cet ensemble de dispositions la ferme volonté d'empêcher que les chemins de fer n'abusent pas de la force dont ils disposent pour jeter la perturbation dans l'industrie ; . . .

» Que l'*inaction de l'autorité* ne peut, quelle qu'en soit la cause, porter atteinte à ce droit. »

S'exprimer ainsi, n'était-ce pas méconnaître les attributions que le ministre des travaux publics tenait de la loi ? Comment ! la loi disait que le ministre pouvait déclarer ou non les traités particuliers applicables à tout le monde, et la Cour décide que lorsqu'il n'use pas de la faculté de déclarer les traités particuliers applicables à tous, il reste dans l'inaction, et elle s'arroge le droit de faire par arrêt la déclaration qui, aux termes de la loi, ne pouvait être faite que par acte administratif !

Mais le silence du ministre était-il le résultat de l'inaction ? N'était-il pas au contraire le résultat d'une décision prise par lui de vouloir laisser le traité particulier applicable aux seuls expéditeurs à qui il avait été consenti ? Dans tous les cas, la Cour n'avait pas

---

[1] Voyez le jugement et l'arrêt dans le numéro de la *Gazette des tribunaux* du 22 avril 1857.

à juger la conduite du ministre. C'était confondre les attributions que d'ordonner judiciairement ce que l'administration n'avait pas fait ou n'avait pas voulu faire ; c'était empiéter sur les pouvoirs qui lui avaient été régulièrement attribués.

200. — Aussi cet arrêt n'a-t-il pas échappé à la censure de la Cour de cassation. Il a été cassé le 12 avril 1859 [1].

Entre autres motifs, la Cour suprême s'est fondée sur ce qu'il n'appartient pas à une autre autorité qu'à l'autorité administrative, appelée à apprécier les traités particuliers, de faire participer les tiers à leurs avantages en les dispensant de remplir les conditions dans lesquelles les compagnies ont cherché la compensation de leurs sacrifices.

D'ailleurs, lorsque les cahiers des charges autorisaient les traités particuliers, la jurisprudence de la Cour de cassation était constante sur le point dont nous venons de nous occuper.

Elle a rendu plusieurs arrêts où elle a reconnu que le ministre des travaux publics n'ayant pas déclaré applicables à tous les expéditeurs sans condition des traités particuliers qui lui avaient été communiqués, les tribunaux n'avaient pas pu décider que les comptes d'expéditeur, autres que les bénéficiaires des traités, seraient réglés d'après le taux des taxes réduites porté dans ces traités.

---

[1] *Journal du Palais*, 1859, p. 1011.

On peut citer en ce sens un arrêt du 28 décembre 1857, rendu dans une affaire qui a vivement ému et préoccupé les expéditeurs et les compagnies ; c'était l'affaire Vasse contre le chemin de fer de l'Ouest [1]. Un arrêt semblable a été rendu par la même Cour, le 22 février 1858, entre le sieur Delarsille et la Compagnie du chemin de fer du Nord [2].

201. — De tout ce qui précède il résulte donc qu'en matière d'établissement et de modification de tarifs approuvés par l'administration supérieure, les expéditeurs ne peuvent recourir qu'à cette même administration pour obtenir la réformation des mesures qui leur font grief ; c'est donc à M. le ministre des travaux publics que les réclamations relatives à l'établissement et aux modifications des tarifs doivent être adressées.

202. — Mais, toutes les fois que la légalité, la régularité ou l'opportunité des tarifs ne sont pas contestées, lorsqu'il ne s'agit que de difficultés relatives à la manière dont ils sont appliqués par les compagnies, les réclamations que l'on peut avoir à élever contre ces dernières sont de la compétence des tribunaux ordinaires.

En effet, lorsque les actes administratifs ne sont pas attaqués, lorsque leur sens est clair, qu'il n'est

---

[1] *Journal du Palais*, 1858, p. 618.
[2] *Op. cit.*, 1858, p. 622.

pas contesté, qu'il n'y a pas par conséquent lieu de les interpréter, lorsqu'il ne s'agit donc que de les appliquer et d'en assurer l'exécution entre les parties en litige, l'action doit être portée devant l'autorité judiciaire. C'est une règle fondamentale de notre droit, qui régit la matière des tarifs comme toutes les autres.

On doit encore porter devant les tribunaux ordinaires les actions qui sont basées sur ce que les compagnies de chemins de fer ne se sont pas conformées aux prescriptions de la loi sur l'établissement ou la modification de leurs tarifs.

Si, par exemple, une compagnie appliquait un tarif sans l'avoir publié un mois à l'avance, comme le veut l'article 49 de l'ordonnance du 15 novembre 1846, elle pourrait être assignée en dommages-intérêts devant les tribunaux ordinaires [1]. En effet, en pareil cas, il n'y a pas d'acte administratif en jeu. L'action est fondée sur l'inexécution d'une prescription légale par la compagnie.

On ne pourrait pas, pour essayer de donner au débat un caractère administratif qu'il ne comporte pas, dire que l'administration, en ne s'opposant pas à la perception d'un tarif non affiché, a donné à cette façon d'agir de la compagnie une sorte d'approbation tacite; que par conséquent il y a une intervention du pouvoir administratif; que les tribunaux or-

---

[1] Cassation, 7 juillet 1852. *Journal du Palais*, 1854, II, p. 520.

Cassation, 19 juin 1850. *Journal du Palais*, 1850, II, p 257.

dinaires ne peuvent connaître de cette intervention, quand même elle sanctionnerait un fait illégal et qu'il n'y a de recours possible que par les voies administratives.

En effet, l'administration n'a pas le droit de dispenser ou non de l'affichage ; on ne peut donc pas dire que de sa tolérance résulte une manifestation de sa volonté équivalente à un acte positif. L'administration en pareil cas est donc tout à fait étrangère à la violation de la loi reprochée à la compagnie, qui doit en répondre devant les tribunaux et se voir faire application de l'article 1382 du Code Napoléon.

CHAPITRE X.

RÈGLES SUR L'APPLICATION DES TARIFS.

SECTION UNIQUE.

Bagages. — Masses indivisibles. — Groupage.

SOMMAIRE. — 203. Règles sur le calcul des distances et des poids. — 204. Des excédants de bagages. — 205. Des bagages des militaires et marins.—206. Les tarifs varient suivant la nature des marchandises.— 207. Des taxes à percevoir sur les marchandises qui ne sont pas nommément désignées dans les tarifs. — 208. Des masses indivisibles de 5,000 kilogrammes et au-dessus. — 209. Exceptions aux règles générales, pour les objets désignés dans l'article 47 du cahier des charges de 1857 et 1859. — 210. Du groupage. — 211. Sens de ces mots *expédiés à* ou *par une même personne*. — 212. Du groupage *à couvert* et du groupage *à découvert*. — 213. Sens de ces mots : *objets de même nature*. — 214. Nouvelle disposition du cahier des charges de 1857 et 1859. — 215. Conséquences de cette disposition. — 216. De la fixation annuelle des taxes exceptionnelles.

203. — Ce n'était pas tout que de fixer les taxes que les compagnies sont autorisées à percevoir; il fallait aussi établir des règles pour cette perception. C'est ce que le gouvernement a fait dans les articles 42 et suivants du cahier des charges de 1857 et 1859.

L'article 42 contient les dispositions suivantes :

« La perception aura lieu d'après le nombre de kilomètres parcourus. Tout kilomètre entamé sera payé comme s'il avait été parcouru en entier.

» Si la distance parcourue est inférieure à 6 kilomètres, elle sera comptée pour 6 kilomètres.

» Le poids de la tonne est de 1,000 kilogr.

» Les fractions de poids ne seront comptées, tant pour la grande que pour la petite vitesse, que par centième de tonne ou par 10 kilogrammes.

» Ainsi tout poids compris entre 0 et 10 kilogrammes paiera comme 10 kilogrammes ; entre 10 et 20 kilogrammes, comme 20 kilogrammes, etc., etc.

» Toutefois, pour les excédants de bagages et marchandises à grande vitesse, les coupures seront établies : 1° de 0 à 5 kilogrammes ; 2° au-dessus de 5 jusqu'à 10 kilogrammes; 3° au-dessus de 10 kilogrammes par fraction indivisible de 10 kilogrammes.

» Quelle que soit la distance parcourue, le prix d'une expédition quelconque, soit en grande, soit en petite vitesse, ne pourra être moindre de 40 centimes. »

On voit en outre, dans le tarif compris dans cet article 42, que les perceptions doivent se faire :

Pour les voyageurs, par personne et par kilomètre ;

Pour les bestiaux, par tête et par kilomètre ;

Pour les marchandises, par tonne et par kilomètre.

Ces dispositions sont assez claires par elles-mêmes pour n'avoir pas besoin de commentaire.

204. — L'article 44, relatif aux excédants de bagages des voyageurs, est ainsi conçu :

« Tout voyageur dont le bagage ne pèsera pas plus de 30 kilogrammes n'aura à payer, pour le port de ce bagage, aucun supplément de prix de sa place.

» Cette franchise ne s'appliquera pas aux enfants transportés gratuitement, et elle sera réduite à 20 kilogrammes pour les enfants transportés à moitié prix. »

205. — Voilà la règle générale. Il faut signaler, à côté d'elle, une exception qui lui a été faite pour le transport des bagages des militaires et marins.

Aux termes de l'article 54 des cahiers des charges, les militaires ou marins voyageant en corps, aussi bien que les voyageurs ou marins voyageant isolément pour cause de service, envoyés en congé limité ou en permission, ou restant dans leurs foyers après libération, ne sont assujettis eux, leurs chevaux et leurs bagages, qu'au quart de la taxe du tarif fixé par le cahier des charges. Il résulte de là que les militaires et marins ne doivent payer, pour leur excédant de bagages, que le quart du prix ordinaire; mais ils n'ont toujours droit, conformément à l'article 44 précité, qu'au transport gratuit de 30 kilogrammes.

Un arrêté ministériel du 31 décembre 1859, rendu pour réglementer les transports des militaires et des marins, a limité les quantités pour lesquelles le transport de leurs bagages doit se faire au prix réduit du quart du tarif; de sorte que les militaires et marins ne peuvent faire taxer à ce prix une quantité indéfinie de colis qu'ils présenteraient comme leurs bagages. Ils ont droit au transport gratuit de 30 kilogrammes comme tous voyageurs; au delà de 30 kilogrammes jusqu'à un poids déterminé par l'arrêté ministériel, selon les grades, ils ne paient que le quart du tarif ordinaire, et, pour les quantités qui excèdent le poids porté à l'arrêté ministériel du 31 décembre 1859, ils doivent payer le tarif ordinaire.

L'article 11 de cet arrêté du 31 décembre porte, en effet :

« Les excédants de bagages dont le transport doit être effectué au prix réduit du cahier des charges sont limités, indépendamment des 30 kilogrammes gratuits, à :

» 70 kilogrammes pour les sous-officiers des armées de terre et de mer, les officiers mariniers, soldats et agents du même rang ;

» 200 kilogrammes pour les officiers jusqu'au grade de capitaine ou de lieutenant de vaisseau et pour les assimilés;

» 300 kilogrammes pour les officiers supérieurs et pour les officiers généraux, et pour les assimilés ;

» Aucune limite n'est assignée aux officiers géné-

19

raux et autres du corps de la marine allant prendre
un commandement à la mer, pourvu que leur situation soit constatée sur la feuille de route ou sur le
titre qui la supplée. »

Les compagnies avaient réclamé contre la fixation
de ces chiffres, qu'elles avaient trouvé exagérés et
de nature à faciliter la fraude, en permettant aux
militaires d'établir avec les voyageurs civils un concert coupable, consistant à présenter, comme bagages militaires, des colis appartenant à d'autres personnes et à ne payer ainsi que le quart du tarif. Les
compagnies faisaient remarquer qu'en effet jamais
un soldat se rendant à son corps, voyageant en permission ou rentrant dans ses foyers n'avait avec lui
100 kilogrammes de bagages. Elles eussent trouvé préférable que l'on eût renoncé à toute limitation, comme
le faisait le cahier des charges, et que l'on eût admis
que tous les bagages des militaires, quel que fût leur
poids, dussent être taxés au quart du tarif, à la condition toutefois que l'on eût exigé que la propriété des
bagages présentés par les militaires fût certifiée, avec
indication du poids, sur la feuille de route délivrée
par le chef de corps. Ce moyen eût en effet prévu
les fraudes redoutées par les compagnies.

Les militaires ne voyagent pas toujours seuls.
Beaucoup d'officiers sont mariés et emmènent leur famille dans leurs déplacements. Les réductions de
prix stipulées par les cahiers des charges ne s'appliquent qu'à leur personne; ceci est incontestable.
Mais si le militaire, voyageant en famille, présente
à l'enregistrement des bagages excédant l'allocation

légale de 30 kilogrammes par voyageur, comment devra-t-on taxer l'excédant?

La Cour impériale d'Aix a décidé qu'il n'y avait pas lieu de faire une ventilation de l'excédant entre le militaire et les personnes de sa famille, de manière à ne taxer au tarif réduit que sa part proportionnelle, mais qu'on devait attribuer tout l'excédant de bagages au militaire comme chef de la famille, et appliquer par conséquent à la totalité le tarif réduit [1].

206. — Les tarifs ont fixé des prix différents, suivant la nature des objets à transporter; ils ont établi des classes suivant leur poids, leur volume ou les soins particuliers que ces objets peuvent exiger. Ils ont indiqué autant que possible par leur nom les objets rangés dans chaque classe.

Toutefois cette division en classes n'a d'effet que pour les marchandises transportées par la petite vitesse. En effet, toutes les marchandises, quelle que soit leur nature, transportées par la grande vitesse sont taxées à 36 centimes par tonne et par kilomètre. Tel est le maximum du tarif.

Pour les transports à petite vitesse, il existe trois classes dans le tarif du cahier des charges.

La première classe comprend les articles suivants :

Spiritueux. — Huiles. — Bois de menuiserie, de

---

[1] Cet arrêt est rapporté dans le *Courrier de la Drôme* et de *l'Ardèche*, numéro du 13 janvier 1855.

teinture, et autres bois exotiques. — Produits chimiques non dénommés. — OEufs. — Viande fraîche. — Gibier. — Sucre. —Café. — Drogues.—Épiceries. — Tissus. — Denrées coloniales.—Objets manufacturés. — Armes.

Pour cette classe, le prix fixé est de 16 centimes par tonne et par kilomètre.

Dans la seconde classe on a rangé les Blés. — Grains. — Farines. — Légumes farineux. — Riz, maïs, châtaignes et autres denrées alimentaires non dénommées. —Chaux et plâtre. — Charbon de bois. — Bois à brûler, dit *de corde.* — Perches. — Chevrons. — Planches. — Madriers. — Bois de charpente. — Marbre en bloc. — Albâtre. — Bitume. — Cotons. — Laines. — Vins. — Vinaigres. — Boissons. — Bière. — Levûre sèche. — Coke. — Fers. — Cuivres. — Plomb et autres métaux ouvrés ou non. — Fontes moulées.

Le prix du transport des articles de cette classe est de 14 centimes.

Enfin, la troisième classe se compose des objets dont voici l'énumération :

Houille. — Marne. — Cendres. — Fumiers et engrais. — Pierres à chaux et à plâtre. — Pavés et matériaux pour la construction et la réparation des routes. — Pierres de taille et produits de carrières. — Minerais de fer et autres. — Fonte brute. — Sel. — Moellons. — Meulières. — Cailloux. — Sable. — Argiles. — Briques. — Ardoises.

Le prix de cette classe est de 10 centimes.

207. — Les trois classes établies, pour les transports à petite vitesse, ne peuvent pas, on le comprend, désigner nommément toutes les denrées. L'article 45 du cahier des charges a prévu le cas où l'on présenterait à une compagnie quelque objet non désigné dans le tarif, et il a établi qu'on devrait le taxer d'après le prix de la classe des marchandises avec lesquelles il a le plus d'analogie.

Voici comment il dispose :

« Les animaux, denrées, effets et autres objets non désignés dans le tarif seront rangés, pour les droits à percevoir, dans les classes avec lesquelles ils auront le plus d'analogie, sans que jamais, sauf les exceptions formulées aux articles 46 et 47 ci après, aucune marchandise non dénommée puisse être soumise à une taxe supérieure à celle de la première classe du tarif.

» Les assimilations de classes pourront être provisoirement réglées par la compagnie, mais elles seront soumises immédiatement à l'administration, qui prononcera définitivement. »

208. — Cet article 45 fait des réserves pour certains cas où, par exception, les taxes portées au tarif ne sont pas appliquées. Ces cas exceptionnels sont indiqués dans les articles 46 et 47 du cahier des charges.

L'article 46 dit :

« Les droits de péage et de transport, déterminés

.au tarif, ne sont point applicables à toute masse indivisible pesant plus de 3,000 kilogrammes.

» Néanmoins, la compagnie ne pourra se refuser
à transporter les masses indivisibles pesant de 3,000
à 5,000 kilogrammes ; mais les droits de péage et
les prix de transport seront augmentés de moitié.

» La compagnie ne pourra être contrainte à
transporter les masses pesant plus de 5,000 kilogrammes.

» Si, nonobstant la disposition qui précède, la
Compagnie transporte des masses indivisibles pesant
plus de 5,000 kilogrammes, elle devra, pendant
trois mois au moins, accorder les mêmes facilités à
tous ceux qui en feraient la demande.

» Dans ce cas, les prix de transport seraient fixés
par l'administration, sur la proposition de la Compagnie. »

Ces dispositions s'expliquent d'elles-mêmes. En
effet, il va de soi que des masses aussi encombrantes
et aussi pesantes que celles dont il s'agit, ne peuvent
être transportées au même prix que les marchandises
ordinaires. Il faut des agencements spéciaux pour
pouvoir les voiturer ; le chargement et le déchargement en sont toujours difficiles, quelquefois dangereux.

Il fallait aussi prévoir le cas où les masses indivisibles seraient tellement pesantes que le transport
n'en pourrait pas être obligatoire pour les compagnies. C'est ce qui a été fait pour les masses pesant
plus de 5,000 kilogrammes.

209. — Quant à l'article 47, qui énumère aussi quelques cas où les prix des tarifs ordinaires ne sont pas applicables, il doit être divisé, pour son explication, en deux parties distinctes.

La première partie est ainsi conçue :

« Les prix de transport, déterminés au tarif, ne sont point applicables :

» 1° Aux denrées et objets qui ne sont pas nommément énoncés dans le tarif et qui ne pèseraient pas 200 kilogrammes, sous le volume d'un mètre cube.

» 2° Aux matières inflammables ou explosibles, aux animaux et objets dangereux, pour lesquels des règlements de police prescrivent des précautions spéciales ;

» 3° Aux animaux dont la valeur déclarée excéderait 5,000 francs.

» 4° A l'or et à l'argent, soit en lingots, soit monnayés ou travaillés, ou plaqué d'or ou d'argent, au mercure et au platine, ainsi qu'aux bijoux, dentelles, pierres précieuses, objets d'art et autres valeurs [1] ; . . . . .

» Dans les cas ci-dessus spécifiés, les prix de transport seront arrêtés annuellement par l'administration, tant pour la grande que pour la petite vitesse, sur la proposition de la compagnie. »

Ces exceptions sont basées sur les soins spéciaux

[1] Voyez *suprà*, n° 64, l'arrêté ministériel sur les sacs d'espèces ou valeurs que les voyageurs gardent avec eux dans les voitures.

qu'exigent tous les objets sus-énoncés, soit à raison
de leur valeur, qui peut exciter des convoitises coupables, soit à cause des dangers qui peuvent résulter
de leur transport dans les voitures des compagnies.
En effet, la surveillance ne doit pas être la même
lorsqu'il s'agit de transporter une bête féroce ou un
mouton, un sac de piastres ou un sac de blé ; il n'eût
pas, par conséquent, été juste que le prix du transport eût été le même.

210. — La seconde partie de l'article 47 s'occupe d'une question qui, avant d'avoir été tranchée
par le cahier des charges, avait soulevé de nombreuses difficultés. C'est la question du groupage.

L'article 47, dans son numéro 5, dit que les prix
de transport, déterminés au tarif, ne sont pas applicables, « en général, à tous paquets, colis ou excédants de bagages pesant isolément 40 kilogrammes
ou au-dessous. »

Les anciens cahiers des charges faisaient une exception semblable au principe de l'application générale des tarifs ; seulement ils disaient 50 kilogrammes au lieu de 40.

Toutefois cette disposition ne pouvait régir que les
expéditions d'un colis pesant moins de 50 kilogrammes ; et il fallait évidemment faire une restriction pour les colis d'un poids inférieur à 50 kilogrammes, s'ils faisaient partie d'une expédition
de plusieurs colis d'un poids total supérieur à la li-

mite fixée. Aussi les anciens cahiers des charges [1], après avoir dit que les prix portés au tarif n'étaient pas applicables aux paquets, colis ou excédants de bagages pesant isolément moins de 50 kilogrammes, ajoutaient-ils la restriction suivante : « A moins que ces paquets, colis ou excédants de bagages ne fassent partie d'envois pesant ensemble au delà de 50 kilogrammes d'objets expédiés à ou par une même personne, et d'une même nature, quoique emballés à part, tels que sucre, café, etc. »

Il n'est pour ainsi dire pas un mot de cette disposition qui n'ait donné lieu à de longs et nombreux procès.

211. — Les premières contestations se sont élevées sur le sens qu'il fallait donner à ces mots : *expédiés à ou par une même personne.*

Le commissionnaire de transport qui expédie des colis d'un de ses bureaux à un autre, ou qui les adresse à un correspondant, pour les livrer ensuite après l'arrivée à diverses personnes, pourrait-il être considéré comme un seul expéditeur et comme un seul destinataire ?

La Cour de cassation avait résolu affirmativement cette question ; elle avait admis que le commissionnaire de transport ou l'intermédiaire, qui contracte seul avec la compagnie du chemin de fer et qui

---

[1] Voyez notamment l'article **24** de l'ancien cahier des charges du chemin de fer d'Orléans, annexé à la loi du 26 juillet 1844.

adresse les colis qu'il lui remet à un agent ou à un correspondant, ne devrait payer que la taxe ordinaire, quoique les colis par lui expédiés dussent être ensuite distribués, par son agent ou son correspondant, entre plusieurs personnes différentes [1].

212. — Mais alors fallait-il que les objets pesant moins de 50 kilogrammes fussent réunis sous la même enveloppe, ou bien pouvaient-ils ne pas payer la taxe exceptionnelle, lorsqu'ils étaient emballés séparément des autres objets faisant partie du même envoi.

On appelle la réunion, sous la même enveloppe, de colis pesant moins de 50 kilogrammes, *groupage à couvert*.

On appelle, au contraire, *groupage à découvert* la réunion dans un même envoi de colis emballés séparément.

La Cour impériale d'Amiens avait condamné le groupage à couvert employé par des commissionnaires de transports [2]. Elle avait considéré que, bien que renfermées dans une enveloppe unique, portant une adresse unique, les expéditions faites par les commissionnaires ne remplissaient pas les conditions voulues pour être exemptées de la taxe exceptionnelle, puisque chacun des objets contenus dans cette enve-

---

(1) Voyez l'arrêt de la Cour de cassation du 9 mai 1855. *Journal du Palais*, 1855, II, 295.

(2) Arrêt du 24 janvier 1852, *Journal du Palais*, 1852, I, 204. — Arrêt du 21 janvier 1853, *Journal du Palais*, 1853, II, 37.

loppe formait un colis particulier destiné à une personne différente.

Mais ces arrêts de la Cour impériale d'Amiens avaient été cassés, par le motif qu'aucune disposition du cahier des charges du chemin de fer du Nord ne faisait défense aux expéditeurs de réunir sous un même ballot, pesant plus de 50 kilogrammes, les objets qu'ils voulaient faire transporter et que, par conséquent, en employant le groupage à couvert, les commissionnaires de transport ne faisaient qu'user de leur droit [1].

La Cour de cassation avait même été plus loin ; car elle admettait que, même dans le cas de groupage à découvert, les commissionnaires ne devaient que la taxe ordinaire, et non la taxe exceptionnelle, lorsque le poids total de l'envoi fait par eux dépassait 50 kilogrammes [2]. Cette jurisprudence était conforme au texte de plusieurs cahiers des charges, qui disposaient que les prix du tarif ordinaire seraient applicables aux colis pesant isolément moins de 50 kilogrammes, *quoique emballés à part,* s'ils faisaient partie d'expéditions d'un poids total de plus de 50 kilogrammes. Cependant ces mots, *quoique emballés à part*, ne se trouvaient pas dans tous les cahiers des charges.

213. — Mais pour que les colis pesant isolément moins de 50 kilogrammes fussent assujettis à la

---

[1] Arrêt du 20 juillet 1853, *Journal du Palais*, 1855, II, 293.
[2] Arrêt du 9 mai 1855, *Journal du Palais*, 1855, II, 297.

taxe ordinaire, il fallait, suivant les anciens cahiers des charges, que les autres colis avec lesquels ils étaient expédiés continssent des objets de même nature, tels que café, sucre, etc.

Quel était le sens de ces mots, *de même nature ?*

Certains expéditeurs avaient prétendu que cela voulait dire des objets compris dans la même classe du tarif que ceux contenus dans le colis pesant moins de 50 kilogrammes. Suivant cette opinion, on aurait pu annexer un paquet d'armes pesant moins de 50 kilogrammes à une expédition de spiritueux ; car les spiritueux et les armes sont compris dans la même classe du tarif.

Les compagnies, au contraire, soutenaient que, par ces mots, *objets de même nature,* les cahiers des charges avaient entendu désigner des objets appartenant à une même nature de commerce, d'industrie ou de production, et ayant entre eux des rapports d'analogie à raison de leur origine même et de leur destination usuelle.

Cette dernière opinion avait été adoptée par la Cour de cassation [1].

214. — Aujourd'hui, le nouveau cahier des charges de 1857 et 1859 a résolu d'une façon nette et précise toutes les questions qui avaient auparavant soulevé des controverses. Voici, en effet, comment

[1] Voyez l'arrêt précité du 9 mai 1855, *loc. cit.*

est conçue la seconde partie de l'article 47 de ce nouveau cahier des charges.

« Les prix de transport, déterminés au tarif, ne sont point applicables :

. . . .

» 5° En général, à tous paquets, colis ou excédants de bagages pesant isolément 40 kilogrammes et au-dessous.

» Toutefois, les prix de transport déterminés au tarif sont applicables à tous paquets ou colis, quoique emballés à part, s'ils font partie d'envois pesant ensemble plus de 40 kilogrammes d'objets envoyés par une même personne à une même personne. Il en sera de même pour les excédants de bagages qui pèseraient ensemble ou isolément plus de 40 kilogrammes.

» Le bénéfice de la disposition énoncée dans le paragraphe précédent, en ce qui concerne les paquets et colis, ne peut être invoqué par les entrepreneurs de messagerie et de roulage et autres intermédiaires de transport, à moins que les articles par eux envoyés ne soient réunis en un seul colis...»

215. — Il résulte de ce qui précède :

1° Que les messagistes et commissionnaires de transport peuvent bénéficier de la disposition qui dit que les colis pesant moins de 40 kilogrammes paient le prix du tarif ordinaire, lorsque les colis font partie d'un envoi de plus de 40 kilogrammes ;

2° Que les intermédiaires ne peuvent plus employer que le groupage à couvert, et que le groupage à découvert n'est admis que pour les expéditeurs qui font transporter leurs propres marchandises ;

3° Qu'il n'est plus nécessaire, pour être affranchis de la taxe exceptionnelle, que les colis pesant moins de 40 kilogrammes soient expédiés avec des objets de même nature.

216. — Nous venons de voir que l'article 47 contient cinq cas exceptionnels, dans lesquels on ne perçoit pas les taxes du tarif ordinaire.

Quelles taxes percevra-t-on alors, et comment seront-elles fixées ?

On a vu plus haut qu'en aucune circonstance les compagnies ne peuvent faire payer de taxes sans l'approbation de l'autorité administrative. Pour l'application de ce principe, l'article 47 contient une disposition finale, où il est dit :

« Dans les cinq cas ci-dessus spécifiés, les prix de transport seront arrêtés annuellement par l'administration, tant pour la grande que pour la petite vitesse, sur la proposition de la compagnie.

» En ce qui concerne les paquets ou colis mentionnés au § 5 ci-dessus, les prix de transport devront être calculés de telle manière qu'en aucun cas un de ces paquets ou colis ne puisse payer un prix plus élevé qu'un article de même nature pesant plus de 40 kilogrammes. »

CHAPITRE XI.

OBLIGATIONS SPÉCIALES DES COMPAGNIES DE CHEMINS DE FER, CONSIDÉRÉES COMME ENTREPRISES DE TRANSPORTS.

SECTION UNIQUE.

Ordonnance du 15 novembre 1846. — Cahier des charges de 1857-1859. — Arrêté ministériel du 15 avril 1859.

SOMMAIRE. — 217. Dispositions de l'article 50 de l'ordonnance du 15 novembre 1846, sur les obligations imposées aux compagnies. — 218. Dispositions de l'article 49 du cahier des charges de 1857-1859 sur le même sujet. — 219. Comparaison de ces deux articles. — 220. Article 50 du cahier des charges de 1857-1859, sur les délais de départ, de voyage et d'arrivée. — 220 *bis*. Arrêté ministériel du 15 avril 1859. Dispositions relatives aux délais de transports, et à l'ouverture des gares pour la grande vitesse. — 220 *ter*. Même arrêté. Dispositions relatives aux délais de transports, et à l'ouverture des gares pour la petite vitesse. — 221. Les marchandises voyageant à grande vitesse doivent être remises dans les deux heures de l'arrivée du train; on doit compter les deux heures à partir de l'arrivée effective, et non à partir de l'heure réglementaire de l'arrivée. — 222. Articles 51 et 47 sur les frais accessoires.

217. — Nous venons de voir, dans les articles 42, 43, 44, 45, 46, 47 et 48, quelles sont les règles posées par le cahier des charges pour l'application des tarifs.

Nous allons trouver maintenant, dans les articles 49 et suivants, quelques dispositions spéciales aux transports par chemins de fer. Dans ces articles, le législateur a réglé les rapports des compagnies et des expéditeurs et défini leurs droits et leurs obligations réciproques.

L'article 50 de l'ordonnance du 15 novembre 1846 avait déjà statué sur cette matière. Il est ainsi conçu :

« La compagnie sera tenue d'effectuer avec soin, exactitude et célérité, et sans tour de faveur, les transports des marchandises, bestiaux et objets de toute nature qui lui seront confiés.

» Au fur et à mesure que des colis, des bestiaux ou des objets quelconques *arriveront au chemin de fer, enregistrement en sera fait immédiatement,* avec mention du prix total dû pour le transport. Le transport s'effectuera dans l'ordre des inscriptions, *à moins de délais demandés ou consentis par l'expéditeur, et qui seront mentionnés dans l'enregistrement.*

» Un récépissé devra être délivré à l'expéditeur *s'il le demande,* sans préjudice, *s'il y a lieu,* de la lettre de voiture. Le récépissé énoncera la nature et le poids des colis, le prix total du transport et le délai dans lequel ce transport devra être effectué.

» Les registres mentionnés au présent article seront représentés à toute réquisition des fonctionnaires et agents chargés de veiller à l'exécution du présent règlement. »

218. — L'article 49 du cahier des charges de 1857 et 1859 a reproduit les prescriptions de cet article, en y apportant quelques modifications résultant de l'expérience. Il s'exprime ainsi :

« La compagnie sera tenue d'effectuer constamment avec soin, exactitude et célérité, et sans tour de faveur, le transport des voyageurs, bestiaux, denrées, marchandises et objets quelconques qui lui seront confiés.

» Les colis, bestiaux et objets quelconques *seront inscrits à la gare d'où ils partent et à la gare où ils arrivent,* sur des registres spéciaux, au fur et à mesure de leur réception ; mention sera faite sur les registres de la gare de départ du prix total dû pour leur transport.

» Pour les marchandises *ayant une même destination,* les expéditions auront lieu suivant l'ordre de leur inscription à la gare de départ.

» Toute expédition de marchandises sera constatée, *si l'expéditeur le demande,* par une lettre de voiture dont un exemplaire restera aux mains de la compagnie et l'autre aux mains de l'expéditeur. Dans le cas où l'expéditeur ne demanderait pas de lettre de voiture, la compagnie *sera tenue* de lui délivrer un récépissé, qui énoncera la nature et le poids du colis, le prix total du transport et le délai dans lequel ce transport devra être effectué. »

219. — Nous avons écrit en caractères *italiques* les passages de l'article 50 de l'ordonnance de 1846, qui ont été modifiés, et ceux de l'article 49 du cahier des charges qui les ont modifiés ; on a pu ainsi

20

remarquer facilement les différences qui existent entre les deux articles.

L'ordonnance de 1846 ne prescrivait l'enregistrement des objets remis aux chemins de fer qu'à la gare du départ. Le cahier des charges exige que cette formalité soit aussi remplie à la gare d'arrivée. Cela facilite la surveillance des envois et permet de contrôler pendant combien de temps les marchandises sont restées en route.

L'ordonnance admettait que les expéditeurs pussent consentir des délais pour le départ de leurs envois. Sur ce point, l'article 49 du cahier des charges est muet, mais il doit être complété par l'article 50, où il est dit qu'il peut être établi un tarif à prix réduit pour les expéditeurs qui consentent des délais plus longs que ceux qui sont fixés par le cahier des charges. Lorsque les expéditeurs ont déclaré réclamer le bénéfice de ce tarif à prix réduit, il est évident que la compagnie peut faire partir les marchandises quand elle le veut; pourvu qu'elles arrivent à l'époque fixée, elle n'est plus astreinte à les expédier à leur tour d'inscription.

L'ordonnance se bornait à dire que les départs devraient avoir lieu suivant l'ordre d'inscription des marchandises, et elle ne distinguait pas entre les lieux de destination. C'était évidemment une lacune que le cahier des charges a comblée, disant que pour les expéditions *ayant une même destination*, elles auraient lieu suivant l'ordre d'inscription.

Il y a encore une différence entre les deux articles qui nous occupent, pour ce qui est relatif aux lettres de voiture. L'ordonnance disait qu'il serait dressé une lettre de voiture, *s'il y avait lieu*. Quel était le sens de ces derniers mots ? Qui devrait être juge de la nécessité de la rédaction d'une lettre de voiture ? Était-ce la compagnie ? Était-ce l'expéditeur ? Des contestations s'étaient élevées à cet égard. Quelques compagnies avaient prétendu que les expéditeurs ne pouvaient pas les obliger à accepter des lettres de voiture. Le cahier des charges lève toute incertitude sur cette question. En effet, il dit que toutes les fois que l'expéditeur le demandera, il sera dressé une lettre de voiture.

Enfin en ce qui touche le récépissé à délivrer à l'expéditeur, l'article 49 du cahier des charges contient encore une innovation. D'après l'article 50 de l'ordonnance, il ne devait être délivré de récépissé à l'expéditeur que s'il en demandait un, tandis que d'après le cahier des charges, les compagnies *sont tenues* de lui en remettre un toutes les fois qu'il n'y a pas de lettre de voiture. Autrefois, c'était à l'expéditeur de réclamer un récépissé, aujourd'hui c'est à la compagnie de lui en offrir un.

220. — L'article 50 du cahier des charges réglemente les délais dans lesquels les transports doivent être effectués par les chemins de fer. Il détermine :

1° Le délai dans lequel les marchandises doivent être expédiées ;

2° Le temps qu'elles doivent rester en route ;

3° Le délai dans lequel elles doivent être remises au destinataire après l'arrivée.

Voici quelles sont ces dispositions :

« Les animaux, denrées, marchandises et objets quelconques seront expédiés et livrés de gare en gare, dans les délais résultant des conditions ci-après exprimées :

» 1° Les animaux, denrées, marchandises et objets quelconques, à grande vitesse, seront expédiés par le premier train des voyageurs comprenant des voitures de toutes classes, et correspondant avec leur destination, pourvu qu'ils aient été présentés à l'enregistrement trois heures avant le départ de ce train.

» Ils seront mis à la disposition des destinataires, à la gare, dans le délai de deux heures après l'arrivée du même train.

» 2° Les animaux, denrées, marchandises et objets quelconques, à petite vitesse, seront expédiés dans le jour qui suivra celui de la remise ; toutefois, l'administration supérieure pourra étendre ce délai à deux jours.

» Le maximum de durée du trajet sera fixé par l'administration, sur la proposition de la compagnie, sans que ce maximum puisse excéder vingt-quatre heures par fraction indivisible de 125 kilomètres.

» Les colis seront mis à la disposition des destinataires dans le jour qui suivra celui de leur arrivée effective en gare.

» Le délai total résultant des trois paragraphes ci-dessus sera seul obligatoire pour la compagnie.

» Il pourra être établi un tarif réduit, approuvé par le ministre, pour tout expéditeur qui acceptera des délais plus longs que ceux déterminés ci-dessus pour la petite vitesse.

» Pour le transport des marchandises, il pourra être établi, sur la proposition de la compagnie, un délai moyen entre ceux de la grande et de la petite vitesse. Le prix correspondant à ce délai sera un prix intermédiaire entre ceux de la grande et de la petite vitesse.

» L'administration supérieure déterminera, par des règlements spéciaux, les heures d'ouverture et de fermeture des gares et stations, tant en hiver qu'en été, ainsi que les dispositions relatives aux denrées apportées par les trains de nuit et destinées à l'approvisionnement des marchandises des villes.

» Lorsque la marchandise devra passer d'une ligne sur une autre sans solution de continuité, les délais de livraison et d'expédition au point de jonction seront fixés par l'administration, sur la proposition de la compagnie. »

220 *bis.* — Les dispositions de cet article ont été complétées par un arrêté ministériel du 15 avril 1859.

Cet arrêté est divisé en deux parties ; la première est relative aux expéditions à grande vitesse ; la seconde aux expéditions à petite vitesse.

Après avoir, dans son article 2, rappelé que les animaux ou objets à expédier par la grande vitesse doivent être présentés à l'enregistrement trois heures avant l'heure réglementaire du départ du train, faute de quoi ils doivent être remis au train suivant, l'arrêté, dans son article 3, fixe le délai de transmission d'une ligne à l'autre, lorsque la marchandise doit voyager sur plusieurs voies de fer.

Cet article est ainsi conçu :

« Pour les animaux, denrées, marchandises et objets quelconques passant d'une ligne sur une autre, sans solution de continuité, le délai de transmission sera de trois heures à compter de l'arrivée du train qui les aura apportés au point de jonction, et l'expédition à partir de ce point aura lieu par le premier train de voyageurs, comprenant des voitures de toutes classes, dont le départ suivra l'expiration de ce délai.

» Le délai de transmission entre les lignes qui, aboutissant dans une même localité, n'ont pas encore de gare commune, sera porté à huit heures, non compris le temps pendant lequel les gares sont fermées, conformément aux deuxième et troisième paragraphes de l'article 5 ci-dessous, et il sera de la même durée entre les diverses gares de Paris, jusqu'à ce que le service de la grande vitesse ait été organisé sur le chemin de fer de Ceinture, le surplus des conditions énoncées au paragraphe Ier du présent article restant applicable dans les deux derniers cas. »

Cet article doit recevoir son application toutes les fois qu'il y a transmission d'une ligne sur une autre, que les deux lignes soient exploitées par une seule et même compagnie ou par deux compagnies différentes. En effet, pour une expédition de Nantes à Bordeaux, la marchandise doit voyager sur la ligne de Nantes à Tours, et, à Tours, elle prend la ligne de Paris à Bordeaux. La Compagnie d'Orléans, qui exploite toutes ces lignes, pourra invoquer l'article 3 précité tout aussi bien que si les deux lignes distinctes en question étaient exploitées par deux compagnies différentes.

L'article 4 de l'arrêté ministériel rappelle que la remise au destinataire des choses expédiées à grande vitesse doit avoir lieu deux heures après l'arrivée des trains.

Quant aux expéditions arrivant pendant la nuit, les compagnies ne sont tenues de les remettre à la disposition des destinataires que deux heures après l'ouverture des gares.

Pour éviter toute contestation entre les destinataires et les compagnies sur la fixation du moment qui doit être considéré comme celui de l'ouverture des gares, l'article 5 de l'arrêté a déterminé que du 1er avril au 30 septembre, les gares doivent être ouvertes, pour la réception et la livraison des marchandises à grande vitesse, à 6 heures du matin, et fermées, au plus tôt, à 8 heures du soir. Du 1er octobre au 31 mars, elles doivent être ouvertes à 7 heures du matin au plus tard, et fermées au plutôt à 8 heures du soir.

Ces dispositions générales demandaient quelques exceptions pour les marchandises qui sont destinées à l'alimentation des habitants des grandes villes. Aussi l'article 5 de l'arrêté ministériel ajoute-t-il que le lait, les fruits, la volaille, la marée et autres denrées destinées à l'approvisionnement des marchés de la ville de Paris et des autres villes, qui seraient ultérieurement désignées par l'administration supérieure, les compagnies entendues, doivent être mises à la disposition des destinataires, la nuit comme le jour, deux heures après l'arrivée des trains qui les apportent.

220 *ter*. — La seconde partie de l'arrêté ministériel du 15 avril 1859 est relative aux transports qui ont lieu par la petite vitesse. Il complète aussi sur ce point les dispositions de l'article 50 du cahier des charges de 1857-1859.

L'article 7 de cet arrêté, après avoir rappelé que la durée du trajet, pour les transports à petite vitesse, doit être calculée à raison de vingt-quatre heures par fraction indivisible de 125 kilomètres, ajoute que l'on ne comptera pas les excédants de distance jusques et y compris 25 kilomètres. Ainsi 150 kilomètres compteront comme 125, et 275 comme 250.

Dans son article 8, l'arrêté ministériel fixe les délais pour les marchandises qui doivent voyager sur plusieurs lignes. Il dispose que, pour les objets passant d'une ligne sur une autre sans solution de continuité, le délai d'un jour accordé pour la petite vitesse aux compagnies, entre le moment où les marchandises leur sont remises et celui où elles doivent être expédiées, ne doit être compté qu'une seule fois à la gare originaire ; de sorte que si des marchandises sont envoyées de Nantes à Bordeaux, on ne comptera qu'une seule fois le délai d'expédition d'un jour, à la gare de Nantes ; on ne le comptera pas à Tours, où la ligne de Nantes transmettra la marchandise à la ligne d'Orléans à Bordeaux.

Mais, pour la petite vitesse, lorsque les deux lignes sur lesquelles doit voyager la marchandise, ne sont pas exploitées par la même compagnie, l'article 8 de l'arrêté ministériel accorde aux compagnies un jour de délai pour la transmission d'une ligne à l'autre ; la durée du trajet est toujours calculée par fraction de 125 kilomètres, suivant le mode qui a été indiqué par l'article 7 du même arrêté.

Le délai de transmission entre les lignes qui, aboutissant à une même localité, n'ont pas de gare commune, est de trois jours.

A Paris, pour la transmission d'une gare à l'autre par le chemin de Ceinture, le délai est de deux jours, mais il comprend la durée du trajet sur ce chemin.

L'article 10 de l'arrêté ministériel contient une disposition fort importante. Il décide que le délai total, depuis la remise à la gare jusqu'à celui où doit avoir lieu l'arrivée, sera seul obligatoire pour les compagnies. Ainsi supposons un colis remis le 1er juillet à une gare, et devant être transporté à 250 kilomètres. La compagnie a un jour pour le délai d'expédition, deux jours pour le trajet, et elle doit remettre la marchandise dans le jour qui suit l'arrivée effective en gare, c'est-à-dire le 5 juillet. En effet, le colis remis le 1er a dû partir par un train du 2, il sera arrivé le 4, et il doit être remis au destinataire le lendemain 5, au plus tard. Or, le sens de l'article 10 de l'arrêté ministériel est que le destinataire n'a rien à dire si la marchandise lui est remise le 5, quand bien même elle n'aurait été expédiée que le 4, et non le 2. Le destinataire serait non recevable à se plaindre de ce retard dans le départ, puisqu'il n'en souffrirait pas, son colis lui ayant été remis au moment prévu, et que, par conséquent, il n'y a eu aucun retard dans la livraison.

L'article 12 contient, sur l'ouverture des gares pour la petite vitesse, une disposition analogue à celle de l'article 5 pour la grande vitesse. Il dit que du 1er avril au 30 septembre les gares doivent être ouvertes, pour la réception et la livraison des marchandises à petite vitesse, à 6 heures du matin, au plus tard, et fermées, au plus tôt, à 6 heures du soir. Du 1er octobre au 31 mars, elles doivent être ouvertes à 7 heures du matin, au plus tard, et fermées, au plus tôt, à 5 heures du soir.

Par exception, les dimanches et jours fériés, les gares des marchandises à petite vitesse sont fermées à midi, et les livraisons restant à faire avant la fin de la journée sont remises à la première moitié du jour suivant. Dans le dernier cas, le délai fixé pour la perception du droit de magasinage, soit par les tarifs généraux, soit par les tarifs spéciaux homologués par l'administration supérieure, sera augmenté de tout le temps compris entre l'heure de midi et l'heure réglée pour la fermeture des gares, soit en été, soit en hiver.

Il est bien entendu que si des formalités de douane sont nécessaires, les délais fixés par l'arrêté ministériel devront être augmentés de tout le temps que l'accomplissement de ces formalités réclamera.

221. — L'article 50 du cahier des charges et l'arrêté ministériel du 15 avril 8159 demandent une explication sur le moment où doit avoir lieu la remise des colis aux destinataires.

Pour les transports à grande vitesse, cette remise doit avoir lieu dans les deux heures de l'arrivée du train qui a apporté les colis.

A partir de quel moment doit-on calculer ce délai de deux heures? Est-ce à partir de l'heure réglementaire indiquée aux affiches, ou bien est-ce à partir de l'arrivée effective du train en gare ?

Nous avons déjà eu occasion de dire que, pour nous, c'était à partir de l'arrivée effective du train [1], à moins qu'il ne s'agît d'un transport opéré dans des conditions particulières.

Pour les marchandises expédiées par la petite vitesse, il n'y a pas de question, notre article faisant courir de l'arrivée effective en gare le délai de la remise au destinataire.

Voudrait-on, pour résoudre la question posée, tirer un argument *à contrario* de ce que le mot *effective* est ajouté au mot *arrivée* pour les transports à petite vitesse, tandis que, pour les transports à grande vitesse, il est parlé seulement de l'arrivée

---

[1] Voyez *suprà.*, ch. 11, sect. 4, *de la Responsabilité en cas de retard*, n° 80.

du train, sans que le mot *effective* soit joint au mot
arrivée ?

Cette manière de raisonner serait très-mauvaise ;
on sait en effet ce que valent les arguments *à contrario*. N'est-il pas beaucoup plus raisonnable de
compléter le passage relatif aux transports à grande
vitesse par ce qui est dit pour les transports à
petite vitesse ? N'est-il pas évident que dans les
deux cas il s'agit de l'arrivée effective ? En effet,
il n'y a aucun motif pour établir une différence
entre l'un et l'autre cas, tandis qu'il y a les mêmes
motifs pour adopter toujours la même décision.

Le délai accordé aux compagnies pour opérer
la remise des colis aux destinataires a été fixé dans
l'intérêt du bon ordre et de la régularité du service.
Si tous les destinataires avaient eu le droit, aussitôt
l'arrivée réelle du train , de venir réclamer leurs
marchandises, les employés n'auraient su lequel entendre. On leur eût arraché les colis des mains , et
la rapidité avec laquelle la livraison aurait eu lieu
eût causé de fréquentes erreurs. Le cahier des
charges a voulu que les compagnies eussent un
délai matériel pour opérer le déchargement et pour
pouvoir procéder avec ordre et méthode. Le délai
n'est que de deux heures pour les transports à
grande vitesse, tandis qu'il est d'un jour pour ceux
à petite vitesse, parce que les premiers sont en général moins nombreux et parce que les expéditeurs
qui choisissent la grande vitesse sont plus pressés
d'avoir leurs marchandises.

Si, pour les expéditions à grande vitesse , on faisait courir le délai à partir de l'heure fixée pour l'arrivée réglementaire des trains, le but de l'article 50 du cahier des charges se trouverait manqué. Supposez en effet que le train arrive deux heures après l'heure réglementaire ; la compagnie devrait donc opérer immédiatement la remise des colis aux destinataires, sous peine d'être constituée en retard et de se voir exposée à des dommages-intérêts. Cela n'est pas admissible ; car alors les inconvénients que l'on a voulu éviter, l'encombrement des gares, les erreurs provenant de la précipitation des livraisons se produiraient comme de plus belle. Il faut donc tenir pour certain que le motif qui a fait établir un délai de deux heures pour la remise des objets transportés à grande vitesse, veut que le délai coure à partir de l'arrivée effective du train, et non à partir de l'heure réglementaire.

222. — Les voituriers ordinaires discutent de gré à gré le prix des frais accessoires du transport ; mais les compagnies, ayant un monopole qui s'applique aussi bien aux accessoires qu'au principal, il fallait que le cahier des charges indiquât comment seraient réglés les frais accessoires. C'est ce que fait l'article 51, qui décide que ces frais ne peuvent être perçus sans une autorisation administrative. Il dit :

« Les frais accessoires non mentionnés dans les tarifs, tels que ceux d'enregistrement, de chargement, de déchargement et de magasinage, dans les gares et magasins des chemins de fer, seront fixés annuellement par l'administration, sur la proposition de la compagnie.»

L'article 47 avait déjà posé le principe de la nécessité d'une autorisation administrative pour la perception de ces frais. Il s'exprime comme suit :

« Quant aux frais accessoires, tels que ceux de chargement, de déchargement et d'entrepôt, dans les gares et magasins du chemin de fer, et quant à toutes les taxes qui doivent être réglées annuellement, la compagnie devra en soumettre le règlement à l'approbation du ministre des travaux publics, dans le dixième mois de chaque année. Jusqu'à décision, les anciens tarifs continueront à être perçus.»

C'est une obligation spéciale aux compagnies et qui dérive de la nature de leurs concessions, que d'avoir à faire établir chaque année le tarif des frais accessoires qu'elles peuvent percevoir.

CHAPITRE XII.

TRANSPORTS AU DELA DE LA VOIE DE FER.

SECTION UNIQUE.

Camionnage. — Services de correspondance.

SOMMAIRE. — 223. Division de la matière. — 224. Du camionnage. — 225. Les compagnies peuvent-elles prétendre qu'elles ont le droit d'opérer elles-mêmes le camionnage, toutes les fois que l'expédition n'est pas faite *bureau restant*. — 226. Arrêt de la Cour de cassation du 27 juillet 1852. — 227. En l'absence des mots *bureau restant*, les compagnies doivent aviser le destinataire de l'arrivée et le mettre en demeure d'indiquer s'il veut faire le camionnage lui-même ou le laisser faire à la compagnie. — 228. Les compagnies ont le droit de faire le camionnage elles-mêmes lorsque l'expédition est livrable au domicile du destinataire. — 229. Du droit des compagnies d'avoir des bureaux d'expédition dans les villes. — 230. Des correspondances. — 231. De l'autorisation ministérielle pour les traités particuliers de correspondance. Dans quels cas elle est nécessaire. — 232. De l'entrée des omnibus dans les gares. — 233. Des réductions des prix de correspondance. — 234. Arrêt de la Cour de cassation du 30 juillet 1853. — 235. Les compagnies peuvent monter elles-mêmes des services de correspondance au delà de leur voie de fer.

223. — Nous venons de voir quelles sont les obligations spéciales que le cahier des charges impose aux compagnies de chemins de fer.

Nous avons maintenant à rechercher quelles sont les dispositions qui règlent le camionnage et le factage

qui sont des accessoires et comme le complément
du transport.

Le système des chemins de fer ne permet pas d'a-
mener les wagons tout chargés au domicile du destinataire comme cela se faisait pour les voitures
roulant sur les routes de terre. Il faut que de la gare
les colis soient transportés par des camions ou des
voitures jusque chez le destinataire. Les gares sont
situées en général à l'extrémité des villes, de sorte
que le transport des colis au domicile du destinataire est souvent une sorte de petit voyage après le
grand. Il fallait que l'autorité publique intervînt pour
régler les rapports des compagnies et du public en
ce qui concerne ces transports accessoires du voyage.
De là l'article 52 du cahier des charges.

Les chemins de fer ne desservent pas toutes les
localités, de sorte que dans beaucoup de circonstances les marchandises arrivées à une gare doivent
prendre les routes ordinaires pour arriver au lieu de
leur destination. Elles doivent voyager au delà de la
ligne de fer, non plus comme lorsqu'il s'agit de camionnage dans l'intérieur d'une ville, mais bien
d'une localité à une autre. Il s'établit presque toujours entre les gares et les localités voisines des services de correspondances pour terminer les transports
commencés par le chemin de fer. Sans vouloir réglementer ces services, il fallait que l'autorité sur-
veillât les relations des compagnies avec les entrepreneurs de correspondance pour empêcher qu'elles
ne fissent avec quelques-uns d'entre eux des conventions préjudiciables aux autres.

C'est ce dont s'est occupé l'article 35 du cahier des charges.

Nous parlerons d'abord du camionnage, puis nous examinerons les dispositions relatives au service des correspondances.

224. — L'article 52 du cahier des charges de 1857-1859 est ainsi conçu:

« La compagnie sera tenue de faire, soit par elle-même, soit par un intermédiaire dont elle répondra, le factage et le camionnage pour la remise au domicile des destinataires de toutes les marchandises qui lui sont confiées.

» Le factage et le camionnage ne seront point obligatoires en dehors du rayon de l'octroi, non plus que pour les gares qui desserviraient, soit une population agglomérée de moins de 5,000 habitants, soit un centre de population de 5,000 habitants situé à plus de 5 kilomètres de la gare du chemin de fer.

» Les tarifs à percevoir seront fixés par l'administration sur la proposition de la compagnie. Ils seront applicables à tout le monde sans distinction.

» Toutefois les expéditeurs et destinataires resteront libres de faire eux-mêmes et à leurs frais le factage et le camionnage des marchandises. »

Des dispositions de cet article il faut en remarquer deux qui sont les principales: 1° le camionnage est obligatoire pour les compagnies ; 2° il n'est pas obligatoire pour les expéditeurs ou destinataires de laisser faire le camionnage par les compagnies.

Ces deux dispositions, qui ont l'air fort simples,

21

ont cependant donné lieu à une grave difficulté.
Comment doivent-elles être combinées?

225. — Les compagnies de chemins de fer peuvent-elles prétendre qu'elles doivent conduire les marchandises par elles transportées au domicile du destinataire toutes les fois que la lettre de voiture ne
porte pas cette mention : *bureau restant?* Les anciens cahiers des charges disaient en général, comme
celui de 1857-1859, que « les expéditeurs ou destinataires resteraient libres de faire eux-mêmes et à
leurs frais le factage et le camionnage de leurs marchandises. » On a soulevé la question de savoir s'il
fallait, pour que l'usage de cette liberté, réservée
par les cahiers des charges, pût être revendiqué par
les destinataires, que les expéditeurs eussent eu soin
d'insérer dans la lettre de voiture que la livraison
devrait avoir lieu en gare.

En 1851, la question s'est présentée à Nantes
entre des commerçants de cette ville et la Compagnie du chemin de fer de Tours à Nantes. La
Compagnie de ce chemin avait fait camionner des
marchandises au domicile de destinataires, qui cependant avaient manifesté l'intention de prendre livraison en gare. Elle soutenait que la lettre de voiture, indiquant le domicile des destinataires, il en
résultait pour le voiturier l'obligation de livrer à ce
domicile; elle invoquait la pratique du roulage et
l'usage où l'on était de considérer les rouliers comme
responsables de la marchandise jusqu'à l'arrivée au
domicile du destinataire; elle concluait de là qu'elle

était, en sa qualité de voiturier et d'après la contexture de la lettre de voiture, responsable des colis qui lui avaient été confiés jusqu'à leur remise à domicile ; d'où elle tirait la conséquence que, la responsabilité lui incombant, elle était libre de faire faire le camionnage comme elle l'entendait. Elle soutenait en outre que sa responsabilité ne pouvait être restreinte au transport sur la voie ferrée que par une mention de l'expéditeur dans la lettre de voiture, par exemple par ces mots, *bureau restant*, ajoutés après l'adresse du destinataire. Une telle mention avait, selon elle, pour effet de la soustraire aux usages du commerce qui la rendait responsable jusqu'à la livraison à domicile ; et ce n'était qu'en pareil cas que le destinataire pouvait faire lui-même le camionnage.

226. — Le tribunal de commerce de Nantes avait repoussé ces prétentions de la Compagnie. La Cour de cassation, appelée par un pourvoi à se prononcer à son tour sur la question, consacra, dans un arrêt de rejet du 27 juillet 1852, les principes adoptés par le tribunal de commerce de Nantes [1]. Voici les motifs de cet arrêt :

« Attendu qu'il n'a été ni justifié par une lettre de voiture, ni reconnu devant les juges de la cause que l'expéditeur, qui avait chargé la Compagnie du chemin de fer de transporter les vins dont il s'agit de Tonnerre à Nantes, l'eût chargée en outre de les remettre au domicile du destinataire ;

---

[1] *Journal du Palais*, 1852, II, 466.

» Que le tribunal de commerce de Nantes n'a donc pas eu à se prononcer sur les effets qu'une telle convention eût pu produire vis-à-vis du destinataire, si elle eût été régulièrement constatée ;

» Que la seule question du procès a été de savoir si cette Compagnie pouvait réclamer des droits de camionnage pour le transport des marchandises à domicile, quand l'expéditeur, en indiquant le nom du destinataire à Nantes, n'avait pas ajouté: *Bureau restant;*

» Attendu qu'il n'en est pas des entrepreneurs de transports par voie de fer comme des entrepreneurs de transports par le roulage ordinaire ;

» Que ces derniers sont chargés, en général, et sauf convention contraire, de prendre les marchandises au domicile de l'expéditeur et de les conduire à celui des destinataires, moyennant un prix unique ;

» Qu'au contraire, le monopole accordé aux premiers ne s'étend pas au delà de la voie de fer; que le prix de transport est fixé par le tarif de gare en gare, et que les expéditeurs ou destinataires restent libres de faire, eux-mêmes et à leurs frais, le factage et le camionnage de leurs marchandises ;

» Que ce n'est donc que par exception que la Compagnie peut réclamer, en sus du prix de transport fixé par le tarif, des droits de factage et de camionnage, et que, quand au premier avis donné par les agents de l'arrivée des marchandises, les destinataires se présentent à la gare pour les réclamer et pour en effectuer eux-mêmes le transport, ils

usent d'un droit qui ne peut leur être contesté, etc. ;
Rejette..... »

227. — Il résulte de cet arrêt qu'à l'arrivée des
marchandises à la gare de destination, les agents de
la compagnie doivent donner avis au destinataire de
cette arrivée. C'est, du reste, ce qui a lieu dans la
pratique.

Aussitôt cet avis reçu, le destinataire doit faire
savoir à la compagnie s'il entend venir lui-même
prendre livraison en gare, ou s'il préfère que ses
colis soient amenés chez lui.

Si le destinataire ne répondait pas à la communication qui lui est faite de l'arrivée des marchandises,
nous pensons que dans tous les cas où l'expédition
n'est pas faite *bureau restant*, la compagnie est en
droit d'envoyer les marchandises au domicile du destinataire et de lui réclamer les frais de camionnage.

Il résulte donc de l'arrêt précité que l'absence
dans la lettre de voiture ou le récépissé de ces mots:
bureau restant, n'autorise pas la compagnie à effectuer le camionnage sans avoir mis le destinataire en
demeure de déclarer s'il entend le faire lui-même ou
le laisser faire à la compagnie. C'est au destinataire
que le choix appartient.

228. — Mais que faudra-t-il décider si l'expédition était faite livrable au domicile du destinataire ?
Faudrait-il encore, comme dans le cas précédent,
admettre que le destinataire peut, s'il lui plaît, venir prendre livraison en gare ? Nous ne saurions le

penser; car il nous paraît que l'expéditeur, en adressant les marchandises livrables au domicile du destinataire, a entendu rendre la compagnie responsable jusqu'à la remise au domicile indiqué.

Cette question s'est présentée devant la Cour impériale de Bordeaux le 24 décembre 1858. Des colis remis au chemin de fer d'Orléans avaient été adressés à un destinataire de Périgueux; la lettre de voiture portait que la livraison devait avoir lieu au domicile du destinataire, et de plus le prix de camionnage de la gare d'arrivée à ce domicile avait été compris dans le montant du prix de la voiture. Aussi la Cour de Bordeaux a-t-elle décidé, avec beaucoup de raison, que le destinataire ne pouvait pas en pareille circonstance revendiquer le droit de faire le camionnage lui-même, pour exiger une réduction proportionnelle du prix compris dans la lettre de voiture. L'arrêt laissait pressentir que si le destinataire tenait cependant, à toute force, à prendre livraison en gare, il n'en devrait pas moins le paiement intégral du prix de la voiture, sans pouvoir retenir ce qui pouvait représenter le prix du camionnage.

Comme moyen opposé à la doctrine de cet arrêt, le destinataire soutenait que l'expéditeur n'était pas son représentant et qu'il n'avait pas qualité pour le priver du bénéfice de l'article 52 du cahier des charges, aux termes duquel il avait le droit, lui destinataire, d'opérer lui-même le camionnage des marchandises qui lui étaient adressées. La Cour impériale de Bordeaux avait repoussé cette argumentation par les motifs suivants :

« Attendu que l'expéditeur qui envoie la marchandise représente suffisamment le destinataire, quant
aux énonciations relatives au mode et au prix du
transport ; qu'il est présumé avoir exécuté les ordres
reçus ; que le destinataire est donc tenu de les exécuter ;

» Attendu qu'en admettant que l'expéditeur ne
puisse être considéré comme le mandataire du destinataire, il n'en est pas moins évident que le contrat
qui se forme, au moment du départ, entre l'expéditeur et le voiturier, ou la compagnie du chemin de
fer, donne évidemment à la compagnie le droit d'en
exiger l'exécution, et même lui en impose le devoir,
ou tout au moins lui assure le prix convenu pour
le transport..... »

Un pourvoi dirigé contre cet arrêt a été rejeté
par la chambre des requêtes de la Cour de cassation
le 13 juillet 1859 [1]. Cet arrêt de rejet déclare en
droit que la convention intervenue entre l'expéditeur
et le voiturier n'était pas obligatoire d'une façon
absolue pour le destinataire, mais il reconnaît que

---

[1] Voyez cet arrêt et l'arrêt précédent de la Cour impériale de
Bordeaux. — *Sirey*, 1859, 1, 841.

En sens contraire, il existe un arrêt de la cour impériale de
Montpellier du 1er juillet 1859, mais le pourvoi contre cet arrêt
a été admis le 11 avril 1860; *Gazette des tribunaux* du 12 avril.

Il y a aussi sur la même question un autre arrêt d'admission
du 6 février 1861 (*Gazette des tribunaux* du 8), qui préjuge la
question dans le même sens, contre un arrêt de la Cour impériale
de Riom du 18 juin 1860.

celui-ci ne pouvait pas s'y soustraire du moment où il consentait à recevoir la marchandise qui ne lui était adressée que sous la condition de rembourser au chemin de fer les frais de camionnage compris dans la lettre de voiture.

En réalité, l'expéditeur stipule pour le destinataire, celui-ci peut refuser sa ratification à ce qui a été fait par l'expéditeur, et alors le voiturier a un recours contre ce dernier; mais le destinataire ne peut pas élever la prétention de ne ratifier que pour partie les conventions passées entre l'expéditeur et le voiturier, et de rejeter du contrat de transport certaines conditions, sans lesquelles le voiturier n'eût pas traité ou eût exigé un prix différent.

229. — A propos du camionnage, il a été soulevé par des commissionnaires de transports une question que nous devons mentionner ici. On a contesté aux compagnies le droit d'établir dans l'intérieur des villes des bureaux d'expédition, où elles reçoivent les marchandises, se chargeant de les conduire elles-mêmes à la gare. Mais aucune interdiction d'établir de semblables bureaux n'a jamais été faite et rien ne pourrait la justifier ; en effet, les compagnies étant obligées par le cahier des charges à faire le camionnage et le factage dans l'intérieur des villes, et les gares se trouvant presque toujours aux extrémités, il est de l'intérêt du public, pour faciliter ses rapports avec les chemins de fer, que les compagnies aient des bureaux en ville. Aussi est-ce avec raison que la jurisprudence a repoussé la prétention des commissionnaires [1].

230. — L'article 53 du cahier des charges de 1857 et 1859, relatif aux services de correspondances, est ainsi conçu :

« A moins d'une autorisation spéciale de l'administration, il est interdit à la compagnie, conformément à l'article 14 de la loi du 15 juillet 1845 [1], de faire directement ou indirectement avec des entreprises de transport de voyageurs ou de marchandises par terre ou par eau, sous quelque dénomination ou forme que ce puisse être, des arrangements qui ne seraient pas consentis en faveur de toutes les entreprises desservant les mêmes voies de communication.

» L'administration agissant en vertu de l'article 33 ci-dessus [3], prescrira les mesures à prendre pour assurer la plus complète égalité entre les diverses entreprises de transport dans leurs rapports avec le chemin de fer. »

---

[1] Amiens, 21 janvier 1853. *Journal du Palais*, 1853, II, 37.

[2] L'article 14 de la loi du 15 juillet 1845 dispose que les contraventions aux clauses des cahiers des charges seront punies d'une amende de 300 francs à 3,000 francs.

[3] Cet article 33 dit que les compagnies sont tenues de soumettre à l'approbation de l'administration les règlements relatifs au service et à l'exploitation des chemins de fer. Il résulte de la combinaison de ces deux articles 33 et 53 que les arrangements avec les entreprises de correspondance doivent être approuvés par le ministre comme les règlements d'exploitation intérieure concernant les compagnies seules.

231. — Tout en posant en principe que l'égalité la plus complète doit régner entre les services de correspondance desservant les mêmes routes, cet article admet cependant que des traités particuliers peuvent être faits avec des entreprises de correspondance, à la condition qu'ils auront été spécialement approuvés par le ministre des travaux publics.

Du temps où les compagnies pouvaient faire des traités particuliers avec certains expéditeurs pour les transports par la voie de fer, il y avait une distinction à faire entre ces traités passés avec des expéditeurs et ceux qui étaient conclus avec des entreprises de transports par terre ou par eau. Pour les premiers, les compagnies avant de les exécuter n'étaient tenues que d'en donner communication au ministre des travaux publics, tandis que pour pouvoir mettre les seconds en vigueur, elles étaient astreintes, comme elles le sont encore par l'article 53 précité, à obtenir l'autorisation du ministre.

Mais l'autorisation ministérielle n'est nécessaire que pour faire avec des entreprises de correspondance des arrangements qui ne seraient pas consentis en faveur de tous les services desservant les mêmes routes. Lorsqu'il s'agit d'arrangements s'appliquant à tous les services sans distinction, il suffit que les compagnies les fassent connaître à l'administration supérieure. Des procès se sont cependant élevés sur ce point.

On peut citer notamment ceux qui ont été dirigés contre la Compagnie du chemin de fer du Nord par un commissionnaire de transports d'Amiens. Il se

plaignait de certains arrangements intervenus entre
la Compagnie et les Messageries nationales et générales, et il disait que ces arrangements n'ayant pas
été autorisés par le ministre étaient nuls ; mais la
Compagnie répondait que ces arrangements n'étaient
pas spéciaux aux deux entreprises de messageries,
qu'ils étaient généraux, s'appliquaient à tout le monde,
et que le réclamant lui-même avait toujours pu et
pouvait encore en profiter. Aussi la Compagnie
gagna-t-elle ses procès par arrêts de la Cour impériale d'Amiens du 24 janvier 1852 [1] et 21 janvier
1853 [2], et ensuite par arrêt de la Cour de cassation du 20 juillet 1853 [3].

Quoique dans les espèces jugées par ces arrêts
on ait invoqué les dispositions qui s'appliquent aux
traités conclus par les compagnies avec les entrepreneurs de transports, il faut reconnaître qu'il s'agissait bien plutôt de traités particuliers concernant des
expéditeurs. En effet, le débat ne portait que sur des
transports opérés par la voie de fer, soit pour le
compte des Messageries, soit pour celui du commissionnaire réclamant, et il n'était pas question d'arrangements relatifs à des expéditions devant avoir
lieu au delà de la voie de fer. Aussi les motifs des
arrêts précités sont-ils à cet égard un peu confus ;
ils laissent dans le vague le caractère des traités sur

[1] *Journal du Palais*, 1852, II, 204.
[2] *Op. cit.*, 1853, II, 37.
[3] *Op. cit.*, 1855, II, 292.

lesquels ils statuent. Quoi qu'il en soit, ils devaient
faire gagner le procès à la Compagnie du Nord puisqu'elle déclarait que le réclamant pouvait bénéficier
du traité passé avec les Messageries, que ce fût un
traité particulier conclu avec des expéditeurs ou un
traité conclu avec des entrepreneurs de transports.

232. — Le principe que l'égalité la plus complète doit être maintenue par les compagnies entre
les entreprises de correspondance desservant les
mêmes routes, a été appliqué plusieurs fois par la
jurisprudence. Un arrêt de la Cour de Nîmes du
11 mai 1843 en a tiré notamment la conséquence
qu'une compagnie ne pouvait accorder à une entreprise d'omnibus le droit d'introduire ses voitures
dans la cour d'une gare et le refuser aux entreprises
rivales [1].

233. — La plus grave atteinte qui pourrait être
portée au principe d'égalité posé par l'article 53 du
cahier des charges, ce serait de la part d'une compagnie d'accorder des réductions de prix sur son tarif,
aux voyageurs ou aux marchandises amenés par une
entreprise de correspondance, réductions qui seraient
refusées aux voyageurs ou marchandises amenés par
d'autres entreprises desservant les mêmes routes [2].

Mais si une des entreprises se faisant la concur-

---

[1] *Journal du Palais,* 1843, II, 185.

[2] Cassation, 28 juin 1851, *Journal du Palais,* 1851, I, 243. —
Orléans, 22 décembre 1851, *op. cit.,* 1852, I, 473.

rence percevait des prix bien moins élevés que les
autres, ces dernières ne pourraient pas prétendre que
c'est la compagnie du chemin de fer qui rompt l'é-
galité à leur détriment, à moins qu'elles ne prouvas-
sent qu'une réduction sur les tarifs pour le parcours
de la voie de fer est consentie à leur concurrent.
Elles ne seraient pas admises à soutenir par induction que cette réduction existe, parce que le prix total du parcours par le chemin de fer et par leurs
voitures est plus élevé que celui du parcours par le
chemin de fer et la voiture rivale. Elles ne seraient
pas fondées à dire que la différence de prix porte proportionnellement et sur le prix du parcours par voie
de terre et sur celui qui s'opère par voie de fer ; et
que par conséquent la compagnie fait payer plus
ou moins cher les voyageurs ou les expéditeurs suivant qu'ils se servent de telle ou telle voiture de
correspondance.

234. — Dans une espèce concernant le chemin
de fer de Rouen à Dieppe, un entrepreneur desservant une route de terre aboutissant au chemin de
fer se plaignait de ce qu'un de ses concurrents
transportait à beaucoup meilleur marché que lui, et
il disait que cela ne pouvait avoir lieu que par la diminution des prix perçus pour le parcours sur la
voie de fer.

Il s'agissait de transports de Neufchâtel à Rouen
par la station de Saint-Victor. Le réclamant réunis-
sait d'une part le tarif du chemin de fer de Rouen à
Saint-Victor et le prix établi par son concurrent de

Saint-Victor à Neufchâtel, d'autre part il comparait à cet ensemble le prix payé par les voyageurs qu'il voiturait, prix qui se trouvait plus élevé. Puis faisant porter la différence sur l'ensemble du parcours opéré par les voyageurs ou les colis voiturés par l'entreprise rivale, il trouvait que ces voyageurs ou ces colis avaient sur le chemin de fer payé moins cher que ceux qui étaient transportés par ses voitures. Mais la Cour impériale de Rouen, par arrêt du 3 mars 1853, et ensuite la Cour de cassation, par arrêt du 30 juillet 1853, ont condamné cette manière de calculer les prix [1].

Elles ont dit : « Que les prix payés pour le transport par terre de la station de Saint-Victor, soit à Saint-Saëns, soit à Neufchâtel, étaient en dehors du tarif et lui étaient étrangers; — que c'était à tort que l'appelant, réunissant et confondant dans un même prix celui du transport par le chemin de fer et celui du transport par terre, prétendait trouver dans la variation et l'abaissement de ce prix une modification indirecte aux prix du tarif. »

Puis il était constaté en fait que, en dehors des prix perçus pour le parcours de la voie de terre, la Compagnie percevait le prix intégral de son tarif pour la voie publique ferrée, de Rouen à Saint-Victor, de la part de tous les voyageurs, sans distinguer entre ceux qui étaient amenés à la gare par telle ou telle entreprise. Il résultait de ces faits que la Compagnie n'avait pas réduit son tarif et qu'elle n'avait pas cons-

---

[1] *Journal du Palais*, 1854, 1, 209.

titué, par conséquent, d'avantages directs ou indi-
rects à un entrepreneur au détriment de ses concurrents.

235. — On s'était demandé lors de l'établissement des chemins de fer, si l'on devait permettre
aux compagnies d'établir elles-mêmes, au delà de leurs
voies, des services sur les routes de terre. L'article 5
de la loi du 7 juillet 1838, portant concession du chemin de fer de Paris à Orléans, interdisait formellement à la Compagnie de former aucune entreprise
de transport de voyageurs ou de marchandises par
terre ou par eau pour desservir les routes aboutissant
à la voie de fer. Mais cette interdiction n'a pas été
maintenue; elle ne se retrouve pas dans le cahier des
charges de 1857 et 1859.

Les compagnies peuvent donc organiser elles-mêmes
des services de correspondance ; et elles sont libres,
pour les transports opérés au delà de leur voie de fer,
de fixer les prix à percevoir pourvu qu'elles ne mo-
difient pas leurs tarifs pour le parcours sur le chemin
de fer.

CHAPITRE XIII.

DES OBJETS ABANDONNÉS DANS LES BUREAUX ET GARES.

SECTION UNIQUE.

Droit de l'État. — Droits de magasinage.

SOMMAIRE.—236. Anciennes dispositions sur les objets abandonnés. — 237. Décret du 13 août 1810. — 238. Le droit du propriétaire des objets abandonnés sur le produit de leur vente se prescrit par deux ans. — 239. Des prélèvements à faire sur le produit de la vente. — 240. Quels droits de magasinage les compagnies de chemins de fer peuvent-elles réclamer sur les objets abandonnés. — 241. Jugement du tribunal de la Seine du 24 janvier 1860. — 242. Compétence du tribunal civil sur la question de fixation des droits de magasinage réclamés par les compagnies pour les objets abandonnés.

236. — Souvent des colis restent dans les voitures ou dans les magasins des entrepreneurs de transports, et ne sont réclamés par personne. Il est incontestable que les entrepreneurs de transports ne peuvent se les approprier. On a toujours considéré ces objets abandonnés comme des épaves devant être vendues au profit de l'État.

Une déclaration du roi du 20 janvier 1699 autorisait les régisseurs du domaine à faire vendre au profit de l'État les effets, paquets, balles et ballots conservés dans les bureaux où se tenaient les voitures publiques par terre et par eau, lorsque deux ans se seraient écoulés sans réclamation depuis leur abandon [1].

La loi du 24 juillet 1793, qui établissait une régie pour l'exploitation des Messageries, contenait une disposition semblable dans son article 56. Elle statuait que « les ballots, paquets et effets qui après deux années de garde ne seraient pas réclamés, seraient vendus publiquement et à l'enchère ; et que, les frais de transports, de vente et de loyers prélevés, le prix en serait versé à la Caisse de la régie, et compté avec les produits ordinaires à la trésorerie nationale. »

237. — Plus tard un décret du 13 août 1810 réglementa de nouveau la matière qui nous occupe et détermina les formalités qui devaient être observées pour la vente des colis abandonnés. Ce décret modifia les dispositions législatives dont il vient d'être question, en ce qu'il autorisa la vente des objets abandonnés après un délai de six mois, au lieu du délai de deux années précédemment fixé.

Voici en quels termes est conçu le décret du 13 août 1810 :

« Art. 1er. — Les ballots, caisses, malles, paquets et tous autres objets qui auraient été confiés pour

---

[1] Voyez Merlin, *Répertoire*, v° *Épaves* ;
Toullier, *Droit Civil français*, t. IV, n° 48 ;
Isambert, *Lois françaises*, t. XX, p. 326 ;
Paillet, *Manuel complémentaire des Codes*, à sa date, p. 111.

être transportés dans l'intérieur de l'Empire, à des entrepreneurs soit de roulage, soit de messagerie par terre ou par eau, lorsqu'ils n'auront pas été réclamés dans le délai de six mois à compter du jour de leur arrivée au lieu de destination, seront vendus par voie d'enchère publique à la diligence de la régie de l'enregistrement, et après l'accomplissement des formalités suivantes.

» ART. 2. — A l'expiration du délai qui vient d'être fixé, les entrepreneurs de messagerie et de roulage devront faire aux préposés de la régie de l'enregistrement la déclaration des objets qui se trouveront dans le cas de l'article précédent.

» ART. 3. — Il sera procédé par le juge de paix, en présence des préposés de la régie de l'enregistrement et des entrepreneurs de messagerie ou de roulage, à l'ouverture et à l'inventaire des ballots, malles, caisses et paquets.

» ART. 4. — Les préposés de la régie de l'enregistrement seront tenus de faire insérer dans les journaux, un mois avant la vente des objets non réclamés, une note indiquant le jour et l'heure fixés pour cette vente, et contenant en outre les détails propres à ménager aux propriétaires de ces objets la faculté de les reconnaître et de les réclamer.

» ART. 5. — Il sera fait un état séparé du produit de ces ventes, pour le cas où il surviendrait, dans un nouveau délai de deux ans à partir du jour de la vente, quelque réclamation susceptible d'être accueillie.

» ART. 6. — Les préposés de la régie de l'enregistrement et ceux de la régie des droits réunis sont
autorisés, tant pour s'assurer de la sincérité des déclarations ci-dessus prescrites que pour y suppléer, à
vérifier les registres qui doivent être tenus par les
entrepreneurs de messagerie ou de roulage. »

238. — L'article 5 de ce décret restreint à deux
ans le droit qui appartient au propriétaire des objets
abandonnés de réclamer le prix produit par leur
vente. Aux termes du Code Napoléon, article 2262,
les droits de créance ne se prescrivent que par trente
ans. Mais c'est là une règle générale qui comporte
beaucoup d'exceptions. Or, l'article 717 du Code
Napoléon dit que les droits sur les choses perdues,
dont le maître ne se représente pas, sont réglés par
des lois particulières. C'est en vertu de cette disposition que le décret du 13 août 1810 a pu décider,
en établissant une sorte de prescription spéciale,
qu'au bout de deux ans les propriétaires des objets
abandonnés ne pourraient plus réclamer le prix produit par leur vente. Le décret a fixé pour les réclamations le même délai que celui qui était imparti
par les lois précédentes. En effet, la loi du 6
août 1791 sur les douanes prescrivait que, si pendant
un terme de deux ans après la vente des objets
abandonnés dans les entrepôts des douanes il ne
s'était produit aucune réclamation, le prix serait
acquis à l'État et versé au Trésor public [1].

---

[1] Loi du 6 août 1791, titre IX, art. 5.

239. — Sur le produit de la vente, il y a toujours quelques prélèvements à faire. Ainsi on doit
payer au voiturier le prix du transport, et des droits
de magasinage pour le temps pendant lequel les
objets abandonnés sont restés dans ses bureaux,
gares ou hangars. Il va sans dire que le voiturier
ne peut réclamer ces prélèvements que pour les
colis expédiés comme messageries ou enregistrés
comme bagages, et qu'il ne peut rien prétendre
pour les petits paquets que les voyageurs gardent
avec eux, et qu'ils auraient oubliés dans les voitures
ou dans les salles d'attente. Ces objets non enregistrés sont assimilés aux choses trouvées sur la voie
publique et doivent être remis par les entrepreneurs
de transports entre les mains des commissaires de
police.

240. — Pour les colis expédiés comme messageries ou pour les bagages enregistrés, quels sont
les droits de magasinage que peut réclamer l'entrepreneur de transports ? Est-ce les droits qu'il perçoit
ordinairement sur les objets laissés dans ses magasins ? Est-ce, au contraire, un droit particulier déterminé par l'usage ou par des arrêtés préfectoraux
locaux ? Spécialement si le transport a été opéré par
un chemin de fer la compagnie peut-elle soutenir
qu'elle doit percevoir, sur le prix de vente, les droits
fixés par son tarif pour les colis qui ne sont pas
enlevés dans les vingt-quatre heures ? La régie de
l'enregistrement est-elle fondée, au contraire, à
prétendre que les droits à prélever par la compa-

gnie dans cette circonstance ne sont pas ceux du
tarif, mais ceux qui sont réglés par l'usage local,
par exemple, pour Paris, un droit de 2 0/0 du prix
de vente [1] ?

En l'absence de tarifs homologués par le gouvernement, lorsqu'il s'agit d'un entrepreneur de transports ordinaire, qui fixe lui-même ses prix, nous
comprenons que la régie puisse invoquer l'usage
local. Le destinataire qui vient au bout de cinq mois
réclamer ses colis peut débattre le prix du magasinage avec l'entrepreneur, parce qu'il n'y a pas une
règle commune qui s'impose à l'un et à l'autre. En
cas d'accord impossible on s'adresse au tribunal de
commerce qui alors applique l'usage local. C'est ce
qui légitime dans le cas qui nous occupe la prétention de la régie. Mais lorsqu'il s'agit d'un chemin de
fer qui a des tarifs homologués par le gouvernement, il n'y a ni débat ni désaccord possible entre
la compagnie et le destinataire ; les tarifs sont là qui
fixent les droits de chacun. Il y a un tarif pour les
objets qui ne sont pas réclamés dans les vingt-quatre
heures. Or, ceux qui sont vendus au bout de six
mois, faute de réclamation, sont évidemment dans ce
cas. Le tarif doit alors être appliqué à la régie de
l'enregistrement comme il le serait au destinataire.
Il nous semble, en effet, que pour résoudre la question posée et discutée ici, il faut rechercher quels

---

[1] L'usage de la perception de ce droit de 2 0/0 sur les objets
abandonnés est constaté par des arrêtés du préfet de la Seine de
l'an XIV, de 1806 et de 1815.

seraient les droits et les obligations du destinataire s'il venait à l'expiration des six mois réclamer les objets abandonnés jusque-là, et qu'il faut décider que la régie pourra se prévaloir de ces droits et qu'elle devra remplir ces obligations. C'est ce raisonnement qui conduit à l'opinion que nous avons enseignée.

241. — La question a, du reste, été jugée en faveur des compagnies de chemins de fer par un remarquable jugement rendu le 24 janvier 1860 par le tribunal de la Seine, sous la présidence de M. de Charnacé. Cette décision résume avec tant d'exactitude les diverses prétentions soumises au tribunal, et elle résoud la question avec une précision si juste que nous croyons utile de la rapporter en entier.

L'administration des domaines ne voulait allouer à la Compagnie du chemin de fer du Nord que 2 0/0 sur le produit de la vente de divers objets qui avaient été abandonnés dans les gares de cette Compagnie. Le chemin de fer prétendait, au contraire, qu'il devait lui être accordé sur le prix de la vente une somme égale à celle que ses tarifs l'autorisaient à percevoir pour les objets qui n'étaient pas réclamés dans les délais prévus. Voici comment le tribunal a statué :

« Le tribunal,

» Attendu en fait que la contestation soumise au tribunal ne porte pas sur les effets ou objets oubliés par les voyageurs dans les wagons, gares ou stations, et non enregistrés ; que la Compagnie du che-

min de fer, demanderesse au procès, admet que lesdits objets ou effets doivent être réputés perdus ou
égarés du moment où les voyageurs les ont délaissés,
et qu'elle est tenue, d'après le droit spécial existant
pour les cas analogues, de remettre immédiatement
ces choses dans un bureau de police, sans pouvoir
en réclamer ni le port, puisqu'elle l'a perçu avec les
places des voyageurs, ni la garde, puisque, à défaut
de remise immédiate, elle est censée les avoir conservés et emmagasinés bénévolement et gratuitement ;

» Que la somme de 4,164 fr. 10 c. que la Compagnie réclame à l'administration des domaines pour
1851 et années antérieures, s'applique uniquement
aux objets et colis qui ont été confiés à la Compagnie
avec mention sur ses registres, à la réquisition d'un
expéditeur et pour qu'elle en opérât le transport,
moyennant péage, jusqu'au lieu de destination ;

» Que sur la susdite somme de 4,164 fr. 10 c.,
l'État offre de faire compte à la Compagnie des
droits de transport à elle dus pour les objets et colis
de la deuxième catégorie ; qu'il reconnaît même
qu'en principe elle est encore fondée à réclamer un
prix pour la garde ou l'emmagasinage desdits objets
et colis, mais qu'il ne consent à lui allouer pour cette
cause que 2 0/0 sur le produit de leur vente, après
déduction faite de divers frais privilégiés ; qu'à l'appui de sa prétention il allègue l'usage qui aurait
existé entre lui, les anciennes messageries et les maisons de roulage, et que la Compagnie, au contraire,
soutient que cet usage (fût-il prouvé et toujours obligatoire pour les messageries et maisons de roulage

subsistantes) ne saurait l'obliger sous aucun rapport

» Que ce dernier point constitue la seule question à juger par le tribunal ;

» Attendu qu'il faut reconnaître, d'après le nouvel état de choses et de la législation, que la prétention de l'administration des domaines n'est pas fondée ;

» Attendu, en effet, que l'article 56 de la loi du 24 juillet 1793, qui confirme, en l'uniformisant, l'ancien droit sur les épaves de l'État en matière de messageries et de roulage, et notamment la loi du 1ᵉʳ décembre 1790, article 3, dispose que, si après deux ans de garde, « les ballots, paquets ou effets expédiés par lesdites messageries ne sont pas réclamés, ils seront vendus publiquement et à l'enchère, pour le prix de la vente être versé à la caisse de la trésorerie nationale, mais après prélèvement des frais de transport, de vente et de loyer, c'est-à-dire de garde ou emmagasinage ;

» Que le décret du 13 août 1810, qui a restreint à six mois le délai accordé pour la réclamation avant la vente, et donné un délai de deux ans pour la réclamation du prix après la vente, a implicitement et virtuellement confirmé la loi de 1793 quant au prélèvement du loyer sur le prix de la vente;

» Que le Code Napoléon (articles 713 et 717) a maintenu lui-même ces dispositions spéciales ;

» Qu'à la vérité, il paraît que l'administration des domaines représentant l'État s'est entendue avec les maisons de roulage et les messageries, dès avant le décret, pour régler entre eux à forfait le prix du loyer ou de la garde, savoir, sur le pied de 2 0/0 du produit de la vente à Paris, et de 1 1/2 0/0 dans les départements, quelle qu'ait été la durée de la garde, et déduction faite sur le produit de quelques frais privilégiés ; qu'il paraît aussi que cet accord s'est établi en usage et a été admis par des actes administratifs, arrêtés du préfet de la Seine et autres ;

» Mais que la Compagnie du chemin de fer du Nord n'a point accepté ledit accord en usage ; qu'elle n'a succédé ni activement ni passivement aux anciennes messageries et maisons de roulage qui ont cessé d'exister ; qu'elle a reçu, au contraire, tant de la loi du 17 juillet 1845, qui a autorisé la concession du chemin, que du cahier des charges y annexé, le principe et les conditions d'une existence nouvelle et toute différente de celle propre aux messageries et maisons de roulage ordinaires ; que le cahier des charges a dressé un tarif qui fixe les droits de transport pour les colis comme pour les voyageurs, et que par l'article 26 il a ajouté que « les frais accessoires » non mentionnés au tarif, tels que ceux de charge- » ment, de déchargement et d'entrepôt, dans les ga- » res et magasins du chemin de fer, seront fixés an- » nuellement par un règlement qui sera soumis à » l'approbation de l'administration supérieure ; »

» Que ce règlement ou tarif supplémentaire a été fait, dans l'origine de l'exploitation du chemin, par deux ordonnances du préfet de police en date des 19 juin 1846 et 21 septembre 1847, et que c'est d'après ledit règlement que la Compagnie a établi le décompte des droits de garde ou d'entrepôt, compris dans le chiffre total de sa demande ;

» Attendu que le règlement annuel étant ainsi opéré par l'autorité publique en exécution de la loi et du cahier des charges qui en fait partie intégrante, il devient évident que ledit règlement a force de loi comme eux, et qu'il a dû, au regard de la Compagnie, rendre sans effet ni valeur, soit l'ancien usage ou accord de 2 0/0, soit même les actes administratifs qui l'avaient consacré alors que lesdits actes auraient constitué des dispositions contentieuses ou réglementaires ;

» Attendu que, pour écarter cette conséquence légale, l'administration des domaines objecte que les deux arrêtés de 1846 et 1847, invoqués par le chemin du Nord, ne sont pas applicables aux objets et colis dont il s'agit dans la cause, mais uniquement à ceux dont la réclamation aura tardé de quelques jours ou moins de six mois dans tous les cas ; que le cahier des charges et les arrêtés eux-mêmes, en exprimant une disposition générale, excluent toute distinction et toute interprétation restrictive ; que l'on ne concevrait pas que le cahier des charges et lesdits règlements eussent omis de parler des objets et colis non réclamés pendant les six mois prévus par le décret de 1810, dans l'intérêt de l'État lui-même ; que cette lacune aurait constitué une injustice grave envers le chemin de fer, en le privant de son loyer au mépris du contrat de louage intervenu entre lu et l'expéditeur des objets et colis ; que si les arrêtés fixent le prix de garde par jour et pour deux, trois,

quatre ou cinq jours, ils ne déclarent pas affranchir
de tous droits les jours et les mois ultérieurs; que,
loin de là, en augmentant le prix graduellement, ils
considèrent la garde comme d'autant plus onéreuse
pour le chemin qu'elle a plus de durée;

» Attendu que l'on objecte aussi à tort que le
prix de garde ou de loyer serait exorbitant dans l'hypothèse de la cause, et que souvent il rendrait illusoire l'épave du Trésor en absorbant le produit de
la vente; que, quant à la prétendue exagération dudit
prix, l'appréciation faite par l'autorité compétente répond à l'objection; que cette fixation a été établie
d'après les bases du tarif (annexé à la loi), que
l'État ne saurait contester, et dans un système nouveau que nécessitait la création si importante de la
voie nouvelle; que, relativement à la possibilité d'un
résultat négatif pour le Trésor, cette chance est commune au chemin de fer, puisque le prix peut aussi
être insuffisant pour solder l'intégrité du droit de
garde; que d'ailleurs, par sa nature légale, l'épave
est nécessairement éventuelle; qu'elle peut encore
s'évanouir, aux termes du décret de 1810, article 5,
si dans les deux ans qui ont suivi la vente, le produit de la vente est réclamé par le propriétaire ou
par ses créanciers qui peuvent exercer ses droits,
le décret ne dérogeant point au principe général
établi en faveur desdits créanciers;

» Attendu que le chemin de fer n'est pas seulement un créancier ordinaire, qu'il a un droit propre
et privilégié comme créancier nanti par l'effet du
contrat de louage, soit aux termes de l'article 106

du Code de commerce, soit en vertu de la rétention civile ;

» Attendu enfin que, si le droit de garde ou d'entrepôt fixé par le règlement annuel paraît à l'État trop élevé, il est toujours recevable à en demander l'abaissement, mais sauf l'appréciation de l'autorité compétente, pour l'avenir seulement et en respectant les droits acquis ;

» Par ces motifs :

» Le tribunal, sans s'arrêter aux offres faites par l'administration des domaines, lesquelles sont déclarées insuffisantes, la condamne à payer au chemin de fer du Nord la somme de 4,164 fr. 10 c., ensemble les intérêts tels que de droit, et la condamne aux dépens. »

242. — Il résulte implicitement de cette décision que c'est aux tribunaux ordinaires qu'il appartient de connaître des difficultés qui s'élèvent entre l'administration des domaines et les compagnies des chemins de fer, à propos des sommes que ces dernières doivent prélever sur le prix de vente des objets abandonnés. Du reste, la question a été jugée en ce sens par une décision formelle du conseil d'État, en date du 26 février 1857 [1].

Il s'agissait d'une contestation entre l'administration des domaines et la même Compagnie du chemin de fer du Nord, précisément pour savoir quelle somme la Compagnie avait le droit de prélever. Le

---

[1] *Recueil de Lebon et Hallays-Dabot,* 1857, p. 176.

conseil de préfecture du département de la Seine avait été saisi de la connaissance du litige, et il avait consacré le système plaidé par l'administration des domaines.

Sur le pourvoi formé par la Compagnie du chemin de fer du Nord contre l'arrêté du conseil de préfecture, le conseil d'État se déclara incompétent d'office, en se fondant sur ce que la difficulté existant entre l'administration des domaines et la Compagnie du chemin de fer était relative à l'application des tarifs de cette Compagnie et à la quotité des droits qu'elle était autorisée à exiger des redevables. Dès lors, il n'appartenait qu'à l'autorité judiciaire de connaître de la contestation, car c'est aux tribunaux ordinaires que sont dévolues les questions relatives à l'application des tarifs.

CHAPITRE XIV.

DE QUELQUES TRANSPORTS DONNANT LIEU A L'APPLI-
CATION DE DISPOSITIONS PÉNALES.

SECTION UNIQUE.

Transport des lettres. — Transport du gibier. — Transport d'objets frappés de droits de douane.

tenant une lettre. — 261. Le déplacement dans une gare d'un colis contenant une lettre n'est pas considéré par la jurisprudence
comme un fait de transport illicite. — 262. Du transport du gibier,
lorsque la chasse est prohibée. — La jurisprudence est la même que
pour le transport illicite des lettres. — 263. C'est à tort que l'on
condamne les chefs de trains comme auteurs de transport de gibier. — 264. Des transports opérés en fraude des lois de douanes.
— 265. En cette matière, la jurisprudence admet que le voiturier
peut échapper à la poursuite en faisant connaître l'expéditeur dé-
linquant. — 266. Contradiction entre la jurisprudence sur les transports en matière de douane et la jurisprudence en matière de postes
et de chasse.

243. — Nous nous occuperons dans ce chapitre
de certains transports réglementés par des lois spéciales dont l'application a donné lieu à des difficultés
qu'il est nécessaire d'examiner.

Nous parlerons d'abord du transport des lettres,
ensuite de celui du gibier, puis de celui des marchandises prohibées ou soumises à certains droits par les
lois de douanes.

244. — On sait qu'il est interdit à toute personne
étrangère au service des postes, d'opérer le transport
des lettres et correspondances. L'arrêté des consuls
du 27 prairial an IX qui réglemente cette matière
statue comme suit dans ses articles 1 et 2 :

« ART. 1er. — Les lois des 26-29 août 1790 (art. 4)
et 21 septembre 1792, et l'arrêté du 26 vendémiaire
an VII, seront exécutés ; en conséquence il est défendu à tous les entrepreneurs de voitures libres et à
toute autre personne étrangère au service des postes,
de s'immiscer dans le transport des lettres, journaux,
feuilles à la main et ouvrages périodiques, paquets

et papiers du poids de 1 kilogramme et au-dessous dont le port est exclusivement confié à l'administration des postes aux lettres.

» ART. 2.— Les sacs de procédure, les papiers uniquement relatifs au service personnel des entrepreneurs de voitures et les paquets au-dessus du poids de 1 kilogramme sont seuls exceptés de la prohibition prononcée par l'article précédent. »

L'article 5 dit que l'amende à prononcer pour chaque infraction sera de 150 francs au moins et de 300 francs au plus.

Enfin l'article 9 rend les maîtres de poste et les entrepreneurs de voitures libres et messageries personnellement responsables des contraventions de leurs postillons, conducteurs, porteurs et courriers, sauf leur recours.

Telles sont les dispositions de l'arrêté consulaire du 27 prairial an VII qu'il était utile de rappeler au début de ce chapitre.

Ce qui domine la matière, c'est l'interdiction absolue s'appliquant à toute personne de s'immiscer dans les transports de lettres et correspondances. Cette interdiction générale comporte cependant quelques exceptions spécifiées dans l'article 2 de l'arrêté.

C'est à propos de ces exceptions et sur l'application de cet article 2 que des difficultés se sont élevées entre l'administration des postes et les entrepreneurs de transports.

245. — Ces derniers sont autorisés en premier lieu à transporter les sacs de procédure ou dossiers.

Ces sacs de procédure ou dossiers doivent-ils, lorsqu'ils sont transportés par des voituriers, être transportés ouverts? Ou bien peuvent-ils être transportés cachetés? Il a été jugé par la Cour de cassation à plusieurs reprises, notamment le 20 septembre 1851 [1] et 30 novembre 1855 [2], que les voituriers qui se chargeaient de paquets indiqués par une souscription comme pièces de procédure n'étaient pas en faute. Il n'y a en effet que les lettres de voiture et les papiers nécessaires aux voituriers pour leur service, qui doivent être transportés ouverts.

246. — Que faut-il entendre par l'expression *sacs de procédure* dont se sert l'article 2 de l'arrêté du 27 prairial an IX ? Les sacs de procédure n'existent plus, ils ont été remplacés par les dossiers, qui doivent, par conséquent, participer à l'immunité accordée à leurs devanciers. L'article 2 précité a-t-il voulu désigner tous les actes de procédure ou seulement les dossiers? Que décider, par exemple, d'actes isolés que l'on remettrait à un voiturier ?

La question s'est présentée devant la Cour de cassation le 13 novembre 1845 [3], et cette Cour a jugé que l'exception de l'article 2 ne s'appliquait pas à des actes isolés. Dans l'espèce soumise alors à la Cour suprême, il s'agissait de deux actes remis sous

---

[1] *Journal du Palais*, 1853, II, 470.
[2] *Id.* 1856, II. 42.
[3] *Journal du Palais*, 1846, 1, 553.
Voyez aussi un arrêt du 6 novembre 1845, même volume, p.555.

enveloppe à un voiturier et saisis sur lui par les préposés de l'administration.

L'arrêt a posé en principe « que ni l'arrêté consulaire du 27 prairial an VII, ni les arrêtés antérieurs n'ont en aucune sorte autorisé le transport, par les personnes étrangères au service des postes, des pièces et des actes isolés qui seraient relatifs à l'instruction d'une contestation judiciaire, puisque la prohibition portée par ces dispositions législatives embrasse toute espèce de papiers dont le poids ne serait pas supérieur à 1 kilogramme, et que sont seulement exceptés les sacs de procès ou sacs de procédure. » Et en fait, l'arrêt a ajouté que deux actes isolés, tels que ceux qui avaient été saisis, ne pouvaient, sans fausser le sens et les termes de la loi, être assimilés à un sac de procédure.

Cet arrêt nous paraît avoir fait une fausse application de la loi. En effet, si le rédacteur de l'arrêté du 27 prairial an IX a employé les mots *sacs de procédure*, c'est que c'était l'expression encore en usage pour désigner les pièces relatives à un procès. On a voulu que ces pièces pussent être transportées par toutes personnes, notamment par les voituriers. Par le mot *sacs de procédure*, il faut entendre *pièces de procédure*, et appliquer l'exception de l'article 2 de l'arrêté de l'an IX à toute pièce de procédure, qu'elle soit seule ou réunie à beaucoup d'autres. En effet, avec le système de la Cour de cassation, on tombe dans l'arbitraire et l'incertitude. Combien faut-il de pièces pour que l'on voie dans leur réunion un sac de procédure ou dossier ? Sera-ce trois, quatre ou plus ? Est-ce que souvent un dossier ne se compose pas seulement de l'assignation du demandeur et des conclusions en réponse du défendeur ? Il est beaucoup plus logique de décider que l'exception de l'article 2 de l'arrêté du 27 prairial an IX s'applique à toute pièce de procédure, sans vouloir restreindre cette exception aux envois de pièces nombreuses et d'un volume considérable.

247. — Outre les pièces de procédure, l'article 2 de l'arrêté du 27 prairial an IX autorise les voituriers à transporter ou faire transporter par leurs préposés les papiers uniquement relatifs à leur service personnel.

Mais tous ces papiers, lettres de voiture , feuilles d'expédition ou autres doivent être ouverts. Cette obligation pour les voituriers de transporter tous ces papiers ouverts résulte des arrêts du conseil des 18 juin et 29 novembre 1681. Ces arrêts du conseil n'autorisaient , il est vrai , les voituriers qu'à transporter les lettres de voitures, qui devaient être ouvertes. — Mais depuis, on a décidé que les lois postérieures [1], qui avaient permis le transport d'un plus grand nombre de papiers, avaient toujours entendu subordonner la faculté qu'elles concédaient, à l'obligation imposée par les arrêts du conseil de 1681.

En conséquence de ce principe, il a été jugé à

_____

[1] Loi du 29 août 1790. Arrêté du 27 prairial an IX.

plusieurs reprises par la Cour de cassation, et notamment par un arrêt rendu en robes rouges, le
20 mars 1840, sur les conclusions conformes de M. le
procureur général Dupin, que le voiturier qui avait
fait transporter par ses agents des papiers cachetés
avait, bien qu'ils fussent relatifs à son service, commis une infraction à la loi et était passible des peines
édictées pour le transport illicite des lettres et correspondances [1].

248.— L'exception de l'article 2 de l'arrêté du
27 prairial an IX ne s'applique qu'aux papiers uniquement relatifs au service des entrepreneurs. Il est
évidemment restrictif. Il ne faudrait cependant pas
l'interpréter d'une façon qui serait trop rigoureuse
et contraire à son esprit. Ainsi c'était certainement
aller trop loin que de vouloir trouver en faute le voiturier porteur d'une lettre de voiture où son nom ne
figure pas, lorsqu'il tient la marchandise d'un précédent voiturier. Souvent, en effet, le voiturier au nom
duquel la lettre de voiture est dressée ne conduit
pas lui-même la marchandise jusqu'à sa destination,
il la remet à un autre voiturier qui lui fait faire une
autre partie de la route, et qui quelquefois encore la
remet à un troisième. Les compagnies de chemins

---

[1] *Journal du Palais*, 1840, I, 366.
Voyez aussi Nancy, 28 février 1853. *Journal du Palais*, 1853,
I, 389.
Voyez aussi Cassation, 24 novembre 1854. *Journal du Palais*,
1856, II, 111.

de fer même se transmettent souvent de l'une à
l'autre des colis dont le transport doit s'effectuer
successivement sur plusieurs lignes. Il ne serait pas
juste de dire que le voiturier intermédiaire, à qui
la lettre de voiture a été transmise avec la marchandise, commet une infraction en transportant cette
lettre de voiture, parce qu'il transporterait une lettre
relative au service d'un autre voiturier et non au sien.
Ce qu'il faut considérer et ce qui fait que le transport de cette lettre de voiture est très-licite, c'est
qu'elle accompagne des marchandises que le voiturier qui en est porteur est chargé de transporter.
Aussi la Cour de cassation a-t-elle décidé, le 3 juillet 1856, qu'en pareille circonstance le voiturier intermédiaire ne pouvait être poursuivi à raison du
transport d'une lettre de voiture qui n'était pas à
son nom [1].

249. — L'autorisation accordée aux voituriers de
transporter les papiers relatifs à leur service et particulièrement les lettres de voiture, si elle ne doit pas
être restreinte dans des limites trop étroites, ne saurait non plus être étendue outre mesure. Elle s'applique, sans aucun doute, aux feuilles ou notes que
l'on peut considérer comme des équivalents de la
lettre de voiture ; mais elle ne peut pas faire considérer comme licite le transport par le voiturier d'une
lettre adressée comme missive au destinataire pour
lui annoncer l'envoi des colis auquel elle est jointe.

---

[1] *Gazette des tribunaux* du 4 juillet 1856.

En effet, de pareilles lettres ne sont évidemment pas relatives au service personnel du voiturier, elles ne sont pas l'équivalent de la lettre de voiture, qui constate les conditions d'un contrat auquel le voiturier est partie. Elles constituent au contraire une véritable correspondance privée entre l'expéditeur et le destinataire ; elles doivent donc être remises à l'administration des postes [1].

250.— L'article 9 de l'arrêté du 27 prairial an IX déclare les entrepreneurs de voitures et messageries personnellement responsables des contraventions commises par leurs préposés. En conséquence, les entrepreneurs peuvent être poursuivis et condamnés à l'amende lorsque leurs préposés s'immiscent dans le transport des lettres et correspondances. C'est là certes une disposition spéciale, exceptionnelle et exorbitante qui doit être restreinte aux cas et aux personnes pour lesquels elle a été édictée et qu'il faudrait se garder d'étendre par analogie.

251.— Cependant la jurisprudence nous paraît avoir étendu outre mesure les limites de la responsabilité personnelle des entrepreneurs de messageries et de roulages. Ainsi on juge qu'un entrepreneur à qui un expéditeur remet un colis renfermant une lettre est personnellement responsable de ce trans-

---

[1] Cassation, 28 mai 1836. *Journal du Palais*, à sa date.
    Id.   23 juillet 1836.   Id.   1837, 1, 80.
    Id.   13 juin 1839.   Id.   1839, II, 554.

port illicite. La jurisprudence ne se préoccupe que du fait matériel du transport. La lettre était dans un colis transporté par les voitures de tel entrepreneur ou de telle compagnie de chemin de fer. L'entrepreneur ou la compagnie sont alors considérés comme les auteurs de l'infraction, et c'est eux que l'on poursuit et que l'on condamne. Cependant le vrai coupable, celui qui a voulu faire fraude à la loi, c'est l'expéditeur qui a glissé une lettre dans une caisse de porcelaine ou au milieu d'un panier de fruits. L'entrepreneur de roulage ou la compagnie de chemin de fer, qui ne savaient pas qu'une lettre fût cachée dans les colis qu'on leur confiait, peuvent-ils être sérieusement regardés comme les coupables? Avec ce système, pourquoi ne seraient-ils pas aussi responsables du transport d'une lettre trouvée dans la malle ou dans le sac de nuit d'un voyageur? Car matériellement les malles et bagages sont transportés par les voitures ou par les wagons des chemins de fer, et non par les voyageurs eux-mêmes. Quelque irrationnelle que soit une pareille doctrine, les tribunaux et la Cour de cassation l'appliquent tous les jours.

252. — Il n'y a cependant aucun texte ni dans les lois ni dans les arrêtés spéciaux qui puisse autoriser à poursuivre et à punir des gens que l'on déclare coupables d'un fait qui s'est accompli à leur insu. L'article 9 de l'arrêté du 27 prairial an IX dit que les entrepreneurs de voitures et messageries sont responsables personnellement des faits de leurs préposés. Il est loin de dire qu'ils le sont également des faits des expéditeurs et des voyageurs. Et s'ils sont responsables, ils ne peuvent l'être que des faits que leurs préposés ont commis en connaissance de cause. En effet, ils sont responsables à la place de leurs préposés; mais dans les cas seulement où leurs préposés seraient eux-mêmes responsables, sans la disposition particulière de l'article 9 précité. Or, s'il s'agit d'une lettre qu'un préposé des entrepreneurs de voitures aurait transportée à son insu dans un colis qui lui a été remis par un expéditeur ou un voyageur, nous soutenons que le préposé ne saurait être responsable; l'entrepreneur ne peut donc pas l'être davantage.

253.— Ceci nous ramène à rechercher sur quoi l'on se fonde pour prétendre que l'on doit punir le fait matériel du transport d'une lettre quand l'agent même de ce fait matériel n'en a pas connaissance. On est, dit-on, en matière de *contravention*, et en cette matière, le juge ne doit se préoccuper ni de l'intention, ni de la bonne foi, il n'a même pas à rechercher si le prévenu a connaissance ou est dans l'ignorance du fait qu'on lui reproche. Que l'on soutienne cette théorie pour les contraventions de simple police, cela peut s'admettre peut-être; mais qu'on veuille l'appliquer aussi aux délits, c'est aller beaucoup trop loin.

Or, le transport illicite des lettres et correspondances est un délit d'après la classification de notre loi pénale, car il est puni d'une peine correctionnelle, d'une amende de 150 à 300 francs. Mais ceci n'est pas un obstacle pour l'opinion que nous combattons. Ses partisans répondent qu'il y a des faits punis de peines correctionnelles, dont le jugement appartient aux tribunaux correctionnels, et qui cependant sont des contraventions malgré la définition du Code pénal. Comment reconnaître les faits qui d'après la classification légale sont des délits, et qui d'après la jurisprudence deviennent des contraventions ? Il doit y avoir une règle.

254. — Se fondera-t-on sur les expressions de certaines lois ou de certains décrets et arrêtés, par exemple, en la matière qui nous occupe, sur le mot *contravention* employé par l'article 9 de l'arrêté du 27 prairial an IX ? Mais cet arrêté est antérieur au Code pénal. Le mot *contravention* ne peut donc dans ses articles avoir un autre sens que celui du mot *infraction* qui est général et sert à désigner tous les faits qui sont une violation des lois pénales. Le mot *contravention* est souvent employé lui-même dans cette signification par le législateur. Il ne faut donc pas attacher une trop grande importance aux mots qui se trouvent dans quelques lois ou décrets, et il faut toujours avoir en vue les premiers articles du Code pénal.

255. — Si l'on ne se guide pas par les mots, pour reconnaître les *délits-contraventions* des délits ordinaires, quelle règle adoptera-t-on ? En voici une que quelques personnes préconisent. On considère comme délits les faits qui portent une atteinte à la morale universelle, qui sont mauvais en eux-mêmes, indépendamment des prohibitions portées par les lois positives; on considère, au contraire, comme contravention les faits que la morale universelle ne réprouve pas, qui sont indifférents en eux-mêmes, mais qui sont défendus par les lois politiques, administratives ou de police. Pour ces derniers faits, il y a lieu, dit-on, à l'application de la loi, qui les prohibe et les punit par cela seul que leur existence matérielle est constatée.

Il n'est besoin ni d'une longue discussion, ni de beaucoup d'exemples pour prouver combien cette distinction est vicieuse. En ouvrant le Code pénal au hasard nous trouvons l'article 102, qui prononce une peine d'emprisonnement d'un mois à trois mois et une amende de 16 francs à 200 francs contre les officiers de l'état civil qui auront inscrit leurs actes sur de simples feuilles volantes. C'est là un fait qui évidemment n'est pas contraire à la morale universelle; dira-t-on qu'il constitue une contravention et non un délit?

256. — On voit donc que toutes les règles que l'on donne pour pouvoir distinguer les délits des prétendues contraventions punies correctionnellement sont toutes vicieuses. Si l'on abandonne les principes et les définitions contenus dans les premiers articles du Code pénal comme devant dominer toute notre législation, on tombe dans la confusion et dans l'arbitraire. Sous le rapport philosophique on peut critiquer le Code pénal, mais lorsqu'il s'agit de l'application des peines, il faut que le juge sache se résigner à prendre la loi telle qu'elle est, et qu'il ne cherche pas dans ses arrêts à la refaire en faussant son esprit. Il ne faut pas surtout qu'il veuille être plus sévère que le législateur, et qu'il fasse consister son habileté à poursuivre et à punir, au moyen de certaines subtilités, des personnes que la loi n'a pas voulu atteindre. Il ne faut pas non plus frapper sans raison et sans examen des gens qui n'en peuvent mais.

N'est-ce pas tomber dans cet abus que de punir un voiturier qui a transporté une lettre sans le savoir? N'est-ce pas là une jurisprudence barbare, qui manque le but qu'elle veut atteindre?

257. — Quel est le but, en effet, que se proposent les lois et arrêtés qui punissent le transport illicite des lettres et papiers? C'est d'empêcher autant que possible que des faits de cette nature ne se produisent. On pense que beaucoup de personnes seront arrêtées par l'existence seule de la loi et ne voudront pas s'exposer à une condamnation en contrevenant à ses dispositions. On pense aussi que ceux qui ont été frappés d'une peine pour infraction à la loi, ne voudront pas se mettre dans le cas d'être condamnés de nouveau. Mais si l'on poursuit les voituriers qui ne savent pas que les colis qu'ils transportent contiennent des lettres, et si on laisse dans une parfaite sécurité les expéditeurs de mauvaise foi qui glissent des lettres dans leurs colis pour frauder

les droits de l'administration des postes, on n'arrivera
pas à la répression et à l'extinction du délit qui nous
occupe. Ce sont les expéditeurs qui sont les vrais coupables, ce sont eux qui contreviennent à la loi, ce sont
donc eux qu'on devrait poursuivre. Rien n'est plus
facile, et les agents de l'administration pourraient
tout aussi bien dresser le procès-verbal contre l'expéditeur en faute que contre le voiturier. Il n'est pas
un entrepreneur de transports ou une compagnie de
chemin de fer qui refuserait de faire connaître le nom
de l'expéditeur dans les colis duquel on aurait trouvé
une lettre.

258. — Cependant la jurisprudence est telle que
nous l'avons indiquée. Elle déclare le voiturier pu-
nissable, lorsqu'il a transporté des lettres même sans
le savoir. Il y a sur ce point un arrêt des chambres réunies de la Cour de cassation en date du
28 février 1856[1]. On dit pour justifier cette jurisprudence que les voituriers doivent prendre leurs précautions pour que les expéditeurs ne leur fassent pas
transporter des lettres dans les colis qu'ils leur remettent. C'est de cette manière que le procureur
général à la Cour de cassation expliquait la respon-

---

[1] *Gazette des tribunaux* du 29 février 1856, et *Journal du
Palais*, 1856, 1, 595.

Voyez aussi Cassation,   5 mai 1855. *Journal du Palais* 1856, 1, 57.

—	—	20 nov 1851.	—	—	1853, 1, 71.
—	—	23 juil. 1836.	—	—	1837, 1, 80.
—	—	7 juin 1844.	—	—	1845, 1, 87.

sabilité que l'on fait peser sur les voituriers. Il disait en effet, dans un réquisitoire présenté dans l'intérêt de la loi :

« Il ne suffit pas qu'un voiturier prétende que des lettres ont été placées à son insu dans des boîtes fermées, pour se soustraire à toute responsabilité ; c'est à lui de faire ouvrir les boîtes avant de s'en charger, ou de prendre toute autre précaution pour s'assurer qu'elles ne contiennent aucune lettre ; et lorsque par sa connivence ou même sa négligence il est saisi de contravention, ce fait seul doit entraîner sa condamnation. Autrement le service des postes serait privé de la protection que lui assure le décret précité, puisque les voituriers pourraient impunément se charger du transport des lettres, en se bornant à les renfermer dans des boîtes ou paquets auxquels il suffirait d'attacher une adresse, soit fictive, soit réelle. »

C'est sur ce réquisitoire qu'a été rendu l'arrêt du 23 juillet 1836 [1].

259. — Mais cette façon de raisonner et de procéder est-elle juste? C'est ce que nous ne saurions admettre. Il faudrait donc que les voituriers ou les agents des compagnies de chemins de fer fissent déballer tous les colis qu'on leur apporte pour vérifier s'ils ne contiennent pas quelques lettres. En fait, une pareille vérification est impossible ; elle retarderait le service et elle exposerait les voituriers à répon-

---

[1] Voyez *suprà*.

dre d'une foule d'avaries qui résulteraient de la précipitation obligée du réemballage. Les voyageurs,
d'ailleurs, s'accommoderaient-ils de la prétention des
voituriers et des compagnies de bouleverser leurs
bagages pour vérifier s'il n'y a pas de lettres qui y
soient cachées ? Voilà cependant ce qu'il faudrait que
fissent les entrepreneurs, d'après la jurisprudence qui
les rend responsables, puisqu'elle dit qu'ils doivent veiller à ce que les expéditeurs ou les voyageurs
ne leur fassent pas transporter des lettres à leur
insu.

La loi est raisonnable, car évidemment elle veut
atteindre l'auteur du délit, et on la rend absurde en
frappant ceux qui n'ont pas voulu lui désobéir, tandis
que les vrais coupables ne sont pas poursuivis. On
la rend absurde encore en voulant obliger les entrepreneurs de transports à une inquisition matériellement impossible.

Il est bien vrai que l'on reconnaît aux voituriers
et aux compagnies de chemins de fer, condamnés
pour un transport illicite de lettres, le droit d'exercer
un recours au civil contre l'expéditeur ou le voyageur
dans les colis duquel la lettre se trouvait. Mais sous
le rapport de la répression ce recours indirect ne
peut pas avoir la même efficacité qu'auraient des
poursuites directes exercées contre le véritable
coupable.

260. — En ce qui concerne plus particulièrement
les chemins de fer, la jurisprudence nous paraît être
tombée dans une erreur non moins grave que celle

que nous venons de signaler. Il a été en effet décidé par un arrêt de robes rouges de la Cour de cassation [1] que l'on devait considérer comme responsable de l'infraction à la loi le chef de gare dans la gare duquel avait été chargé un paquet contenant une lettre. L'arrêt s'est fondé sur ce qu'un chef de gare doit surveiller tout ce qui se passe dans sa gare, et sur ce que toute négligence et tout défaut de surveillance deviennent son propre fait.

Poursuivre et condamner ainsi les chefs de gare, c'est mettre l'arbitraire à la place de la loi. Ne peuvent être responsables et punissables, aux termes de l'arrêté du 27 prairial an IX, que les entrepreneurs de voitures et messageries et leurs préposés qui contreviennent aux défenses de la loi.

Or, le chef de gare n'est pas un entrepreneur de transports, car il est l'employé d'une compagnie, et ce n'est pas lui, mais la compagnie qui fait l'entreprise des transports. Il ne peut donc être rangé dans la première catégorie des personnes contre qui l'arrêté autorise des poursuites.

Peut-il être rangé dans la seconde catégorie? Pas davantage. Car les préposés que l'article 9 de l'arrêté veut atteindre sont ceux qui ont commis en connaissance de cause une violation de la loi ; cela est de toute évidence ; ou tout au moins ce serait ceux qui auraient accompli le fait matériel du trans-

---

[1] Du 28 février 1856; *Gazette des tribunaux* du 29; *Journal du Palais*, 1856, 1, 595.

port, ce serait le facteur qui aurait chargé le colis contenant la lettre ou bien le chef du train qui aurait emporté le colis.

Ainsi, pour nous résumer, le chef de gare ne peut être poursuivi ni comme entrepreneur de transports, ni comme ayant opéré lui-même le fait matériel du transport. La jurisprudence l'a compris, et elle a essayé d'établir qu'il était responsable comme supérieur hiérarchique des employés auteurs du transport matériel. C'est là une responsabilité qui n'est écrite nulle part, et qui, par conséquent, est arbitraire et illégale. D'après la loi, la responsabilité ne peut peser que sur l'employé qui a opéré le transport ou sur l'entrepreneur; elle ne peut s'arrêter en route pour atteindre un préposé qui n'est ni l'auteur du transport ni l'entrepreneur.

261. — L'administration des postes, qui a fait sanctionner par la jurisprudence plusieurs des prétentions que nous venons de combattre, n'a cependant pas toujours réussi dans les poursuites dont elle avait pris l'initiative. Ainsi elle avait voulu considérer comme transport illicite d'une lettre le fait par un facteur de chemin de fer d'avoir chargé une caisse sur son épaule, pour la porter d'un bureau d'une gare à un bureau de l'octroi situé dans la même gare. C'était donc un simple déplacement d'un point de la gare à un autre point de cette gare. L'administration des postes, pour dénoncer ce fait, se fondait sur la jurisprudence qui ne considère que le fait matériel du transport. Mais la Cour de cassation,

par arrêt du 15 février 1855 [1], a déclaré que le fait relevé contre le facteur ne constituait pas un transport et qu'il n'y avait donc pas lieu à exercer des poursuites contre lui.

262. — La jurisprudence est la même en ce qui concerne le transport du gibier en temps prohibé qu'en ce qui touche le transport des lettres.

On sait que la loi du 3 mai 1844, dans ses articles 4 et 12-4°, défend le colportage du gibier pendant le temps où la chasse n'est pas ouverte. La peine applicable à ce délit peut être soit une simple amende de 50 à 200 francs, soit une amende et un emprisonnement de six jours à deux mois.

La jurisprudence décide cependant que l'infraction aux dispositions de cette loi est une contravention et non pas un délit. En conséquence, elle n'admet pas l'excuse de bonne foi, et elle condamne les voituriers qui ont transporté du gibier, et ce, quand bien même les voituriers ignoraient complétement qu'il se trouvait du gibier dans les colis qui leur étaient confiés.

Cette manière d'interpréter la loi sur la chasse peut paraître d'autant plus singulière que cette loi emploie partout le mot *délit* et non pas le mot *contravention* [2], et qu'elle édicte des peines correctionnelles, ce qui, d'après le Code pénal, donne le ca-

---

[1] *Journal du Palais*, 1857, 217.
[2] Art. 8, 10, 12, 13, 14, 15, 16, 17, 18, 21, etc.

ractère de délits aux faits auxquels elles s'appliquent.

Les juges peuvent-ils ainsi ne pas tenir compte de la loi, surtout en matière pénale ? N'est-ce pas aggraver les dispositions de l'article 12, § 4, de la loi du 3 mai 1844, que de condamner de la même façon ceux qui transportent du gibier à leur insu et ceux qui, au contraire, savent très-bien qu'ils commettent un délit? De plus, l'article 463 du Code pénal n'est pas applicable aux délits prévus et punis par la loi sur la police de la chasse ; de telle sorte que les tribunaux ne peuvent pas modérer la peine pour les prévenus. Il en résulte que celui qui a agi en connaissance de cause et celui qui a commis un délit à son insu, seront traités de même.

D'ailleurs en frappant les voituriers on n'atteint pas les vrais coupables, et la répression est loin d'être aussi efficace que si l'on poursuivait les expéditeurs ou les voyageurs qui ont caché du gibier dans leurs colis. Tout ce que nous avons dit sur la jurisprudence relative au transport illicite des lettres s'applique au transport du gibier [1].

263. — Lorsque du gibier a été transporté en temps prohibé par un chemin de fer, c'est le conducteur du train que l'on poursuit comme responsable [2]. Pourquoi le conducteur du train plutôt qu'un

---

[1] Voyez *suprà* n° 252 et suiv.

[2] Arrêt de la Cour de Paris, 18 avril 1857. *Gazette des tribunaux* du 3 mai suivant.

autre employé? Parce que c'est lui qui est censé
opérer le fait matériel du transport, et qu'on pense
qu'en le condamnant on arrivera à diminuer le
nombre des délits et à empêcher le transport du gibier quand la chasse n'est pas ouverte. C'est ce que
disait l'organe du ministère public dans une affaire
soumise à la Cour impériale de Paris le 18 avril
1857 [1] :

« Il peut paraître dur de traiter, à l'égal du dé-
linquant de mauvaise foi, le voiturier, le conducteur
de train, qui, s'il est coupable matériellement, n'est
pas coupable d'intention ; mais, dans des matières
où la fraude est si facile et si habituellement pratiquée,
c'est la seule manière d'assurer la répression. »

Ainsi on croit assurer la répression et empêcher
probablement le renouvellement du délit en condamnant les conducteurs de train. On espère que les
condamnations prononcées contre eux les rendront
circonspects et leur feront exercer une surveillance
efficace sur les colis transportés par leurs trains.

Ceux qui ont une telle pensée ne se rendent évidemment pas compte de la façon dont fonctionne
l'exploitation d'un chemin de fer. Ce n'est pas le
conducteur de train qui charge lui-même les colis ;
il ne lui est pas non plus possible d'en vérifier le
contenu. Le chargement des wagons a été opéré par
les facteurs ; dans les gares, le conducteur n'a au-

[1] *Gazette des tribunaux, loc. cit.*

cune autorité sur eux. Voilà pour ce qui se passe
aux extrémités de la ligne.

Aux stations intermédiaires le conducteur peut
encore moins vérifier les colis qu'on charge dans ses
fourgons. Le train s'arrête une ou deux minutes, des
facteurs apportent une foule de colis qu'on se hâte
de placer dans les voitures; quelquefois on accroche
un wagon tout chargé, et s'il se trouve une pièce de
gibier cachée dans un de ces nombreux colis, le conducteur sera responsable; on le condamnera pour assurer la répression! On aura beau condamner tous
les chefs de train, même à la prison, jamais on ne
pourra obtenir qu'ils exercent sur les colis chargés
sur leur train une surveillance et une vérification
pouvant leur permettre de découvrir s'ils contiennent du gibier. Il faudrait voir les réclamations des
partisans de la jurisprudence, si lorsqu'ils font une
expédition ou lorsqu'ils voyagent, un conducteur élevait la prétention de leur faire ouvrir leurs colis ou
leurs bagages, pour s'assurer par lui-même qu'ils ne
contiennent pas de gibier.

Que l'on condamne, et très-sévèrement encore, les
conducteurs qui violent la loi et qui transportent du
gibier soit pour eux-mêmes, soit pour des marchands
dont ils se font les complices, rien de mieux; mais
que l'on condamne également celui dont toute la
faute consiste en ce qu'il était préposé à la conduite
d'un train transportant un colis dans lequel un expéditeur avait caché du gibier, c'est ce que nous ne
pourrons jamais comprendre, et c'est ce qui nous pa-

raîtra toujours une violation des principes de notre droit pénal.

264. — Chose singulière ! la jurisprudence, qui veut que les voituriers, chefs de gare ou conducteurs de trains soient poursuivis et condamnés personnellement lorsqu'ils ont transporté soit des lettres, soit du gibier, même à leur insu, et qui n'admet pas qu'ils puissent se soustraire à la poursuite en faisant connaître l'expéditeur ou le voyageur véritable auteur du délit, professe une autre doctrine lorsqu'il s'agit d'objets transportés en violation des lois de douanes.

Avant la dernière réforme douanière, il y avait certaines marchandises dont l'introduction dans l'Empire était complétement prohibée. Il y en avait et il y en a encore d'autres dont l'introduction n'est permise que moyennant l'acquittement de certains droits. Les lois de douane ont des dispositions qui punissent le transport en France des marchandises tarifées qui n'ont pas payé les droits. Les agents des douanes peuvent opérer la saisie des marchandises, et on poursuit celui en la possession duquel elles ont été trouvées; et il faut noter qu'en cette matière spéciale l'article 16, titre IV, de la loi du 9 floréal an VII dit que « il est expressément défendu aux juges d'excuser les contrevenants sur l'intention. » Il semblerait qu'avec un pareil texte, le voiturier sur les voitures duquel on trouverait un colis contenant des marchandises introduites en fraude ne pourrait jamais échapper à la condamnation.

265. — Cependant la jurisprudence admet que le voiturier qui fait connaître l'expéditeur ou le destinataire à qui appartient le colis dans lequel se rencontrent les marchandises frauduleusement introduites, ne doit pas être poursuivi. Il est considéré comme responsable tant que le véritable auteur de la violation de la loi n'est pas connu ; mais dès que l'individualité de ce dernier est révélée, la responsabilité du voiturier s'évanouit. Après quelque hésitation, la jurisprudence s'est prononcée en ce sens dans de nombreux arrêts de la Cour impériale de Paris et de la Cour de cassation. On lit notamment dans un arrêt de la chambre criminelle de cette dernière Cour les motifs suivants :

« Attendu que si certains individus, comme les voituriers publics, les aubergistes, les commissionnaires autorisés peuvent, à raison de leur profession, recevoir des ballots ou paquets fermés, cette circonstance n'est pas par elle-même exclusive à leur égard de la présomption de fraude ;

» Attendu que si, en l'absence de tout fait de complicité, les individus dont s'agit peuvent être affranchis, comme auteurs, de la responsabilité personnelle encourue à raison du fait matériel de détention de marchandises prohibées, ce n'est qu'autant que par la désignation exacte, efficace de leurs commettants, ils fournissent à l'administration les moyens d'exercer contre les véritables auteurs de la fraude des poursuites utiles ;

» Que dans ces cas les dispositions de la loi, loin d'être éludées, sont réellement appliquées [1]. »

Voici donc quelle est la doctrine de la Cour de cassation sur la question qui nous occupe : lorsqu'on trouve des marchandises introduites en fraude dans l'Empire, sur les voitures d'un entrepreneur de trans-ports, la présomption est que cet entrepreneur de transports est coupable ; mais il peut détruire cette présomption en indiquant l'expéditeur ou le destina-taire, véritable auteur de la fraude. En ce cas, l'en-trepreneur de transports n'est pas poursuivi, c'est con-tre le vrai coupable que les poursuites sont dirigées. Et alors, comme le reconnaît la Cour de cassation, la loi, loin d'être éludée, est réellement appliquée.

266. — Cette doctrine est juste, équitable ; elle ne frappe pas à tout hasard, sans examiner et uni-quement pour frapper. Il est en effet du devoir de la justice de traiter chacun selon ses œuvres ; or, c'est ce que la jurisprudence ne fait pas lorsqu'il s'agit du transport des lettres ou du gibier. Nous avons vu qu'elle condamnait pour ces faits sans exa-men, sans recherche, sans discernement. Elle agit tout autrement lorsqu'il s'agit du transport de mar-chandises introduites en fraude des lois de douane ; cependant il n'y a aucune raison de faire une distinc-

---

[1] *Journal du Palais*, 1856, II, 395.

Dans le même sens, Paris, 8 mars 1842; *Journal du Palais*, 1843, II, 439; Paris, 2 février et 3 mars 1843, *même recueil, loc. cit.*; Paris, 9 mars 1850, *même recueil*, 1850, II, 407.

tion; et au contraire, s'il fallait distinguer on devrait
se montrer plus sévère pour l'application des lois de
douanes, puisqu'il y a en cette matière un texte formel qui dit que les juges ne doivent pas se préoccuper de l'intention.

Il y a une contradiction évidente entre ce que les
tribunaux jugent pour l'infraction aux lois de douanes et pour l'infraction aux lois sur les postes et sur
la chasse. C'est une preuve de plus que, lorsqu'on
veut aller au delà de la loi, on rencontre des écueils
sur lesquels vient échouer le système arbitraire que
l'on a cherché à faire prévaloir. Il arrive toujours
un moment où la loi reprend son empire, en mettant
en contradiction avec eux-mêmes ceux qui l'ont mé-
connue, et cette contradiction est la condamnation
la plus éclatante de leurs erreurs.

CHAPITRE XV.

DISPOSITIONS FISCALES.

SECTION UNIQUE.

Timbre des lettres de voiture.

267. — Aux termes du décret impérial du 3 janvier 1809 et de la loi de finance du 11 juin 1842, les lettres de voiture doivent être timbrées. Ce décret est ainsi conçu :

« ARTICLE PREMIER. — Les lettres de voiture, connaissements, chartes-parties et polices d'assurances continueront d'être assujettis au timbre de dimension. Les parties, pour rédiger ces actes, pourront se servir de telle dimension de papier timbré qu'elles jugeront convenable, sans être tenues d'employer exclusivement à cet usage du papier frappé du timbre de 1 franc.

» ART. 2.— Ne sont point assujettis à se pourvoir de lettres de voiture timbrées les propriétaires qui font conduire par leurs voituriers et leurs propres domestiques ou fermiers les produits de leur récolte. »

De ce décret il ne faut pas conclure que toute expédition de marchandises doit être accompagnée d'une lettre de voiture. Il est libre aux parties de ne pas recourir à ce mode de constater le contrat de transport ainsi que cela a été expliqué plus haut [1]. Mais lorsqu'elles l'emploient, il faut que la lettre de voiture qu'elles dressent soit écrite sur papier timbré.

268. — Si l'on fait des duplicata de la lettre de voiture, comme cela est d'usage dans le commerce, faut-il que chacun des duplicata soit rédigé sur papier timbré? Non, l'impôt du timbre n'est dû que sur l'original qui voyage avec la marchandise. En effet, les duplicata que l'expéditeur envoie par la poste aux destinataires ne sont pas timbrés, et la régie de l'enregistrement et des domaines n'a jamais élevé de réclamations à cet égard. C'est la conséquence de ce principe qu'en matière de timbre l'impôt n'est dû qu'une fois. La loi du 1er mai 1822 dispense du timbre les lettres de change tirées par seconde, troisième ou quatrième lorsqu'on justifie que

_____

(1) Voyez *suprà*, nos 6 et suiv.

la première a été écrite sur papier timbré. Cette
disposition a été maintenue par l'article 10 de la loi
du 5 juin 1850 sur le timbre des effets de commerce. On devait décider la même chose tant pour
les duplicata des lettres de voiture que pour les duplicata des lettres de change; aussi ne fait-on timbrer
ni les uns ni les autres.

269. — L'article 2 du décret impérial du 3 janvier 1809 ne veut pas dire que les propriétaires peuvent faire faire leurs transports par leurs gens de
service ou fermiers sans lettres de voiture, ce qui si-
gnifierait par argument *a contrario* que tous les voituriers de profession doivent toujours en être munis.
Le sens qu'il faut lui donner est celui-ci : lorsque
des propriétaires font accompagner les voitures de
leurs gens de service ou fermiers par des lettres de
voiture, ces lettres n'ont pas besoin d'être timbrées.
Telles sont les dispositions du décret du 3 janvier 1809.

270. — Voici maintenant les additions qui y ont
été faites par la loi du 11 juin 1842.

« ART. 6. — A partir de la promulgation de la
présente loi, les lettres de voiture et les connaissements ne pourront être rédigés que sur du papier
timbré fourni par l'administration ou sur du papier
timbré à l'extraordinaire, et frappé d'un timbre noir
et d'un timbre sec. Les particuliers qui, dans les départements autres que celui de la Seine, voudront
faire timbrer à l'extraordinaire des papiers destinés

aux lettres de voiture ou aux connaissements, seront admis à les remettre, en payant préalablement les droits, au receveur du timbre à l'extraordinaire établi au chef-lieu de chaque département. Ces papiers seront remis par le directeur à l'administration, qui les fera timbrer et les renverra immédiatement. Les frais de transport seront à la charge de l'administration.

» ART. 7. — Pour toute lettre de voiture ou connaissement non timbré ou non frappé du timbre noir et du timbre sec, la contravention sera punie d'une amende de 30 francs payable solidairement par l'expéditeur et le voiturier, s'il s'agit d'une lettre de voiture, et par le chargeur et le capitaine s'il s'agit d'un connaissement. »

271. — L'application de ces lois fiscales a donné lieu à une difficulté qui s'est présentée à propos des chemins de fer. L'usage des lettres de voiture étant facultatif, les compagnies, dans le principe, n'en acceptaient pas. Elles se bornaient à constater les expéditions sur leurs registres et à donner aux conducteurs des trains qui les transportaient des extraits de ces registres. Ces extraits devaient-ils être considérés comme des lettres de voiture, et, par conséquent, étaient-ils assujettis au timbre ?

Voici, sur cette question, une espèce qui a été soumise à la Cour de cassation :

En 1850 la Compagnie du chemin de fer de Rouen n'avait pas de lettres de voiture timbrées ;

mais elle faisait accompagner les marchandises d'extraits d'un livre à souche portant le nombre, la marque, le poids des colis, les noms de l'expéditeur et du destinataire et le prix du port. Dans la pratique de l'exploitation des chemins de fer on donne à ces extraits le nom de feuilles d'expédition. La régie de l'enregistrement prétendit que ces extraits devaient être timbrés, parce qu'elle y voyait de véritables lettres de voiture. Le 18 avril 1850 le tribunal civil de Rouen repoussa cette prétention en se fondant sur ce que l'usage des lettres de voiture était facultatif, que les extraits des registres de la Compagnie du chemin de fer ne contenaient pas toutes les mentions qui doivent se trouver dans les lettres de voiture ; qu'ils n'étaient pas signés par l'expéditeur ; que par conséquent ils n'avaient ni la forme ni le caractère de lettres de voiture.

Mais, par arrêt du 3 janvier 1853, la Cour de cassation a cassé cette décision. On lit dans cet arrêt :

» Attendu que si la lettre de voiture est assujettie, par l'article 102 du Code de commerce, à de certaines formes, aucune de ces formes n'étant prescrite à peine de nullité, c'est aux juges à apprécier celles qui sont substantielles, c'est-à-dire, celles qui sont indispensables pour que la lettre de voiture puisse, aux termes de l'article 101 du Code de commerce, assurer les droits respectifs, soit de l'expéditeur et du voiturier, soit de l'expéditeur, du commissionnaire et du voiturier ;

» Attendu que l'article 96 du Code de commerce, qui prescrit aux commissionnaires la tenue d'un livre journal, ne dispense pas des lettres de voiture et ne pourvoit pas à tous les intérêts qui en sont l'objet ;

» Attendu que la Compagnie du chemin de fer de Paris à Rouen, en délivrant à ses agents des écrits destinés à remplir le même but que les lettres de voiture , devait se soumettre à l'obligation de se servir du papier timbré, sous les peines portées par les lois ;

» Attendu d'ailleurs que les écrits saisis, malgré l'absence de signature (ce qui est le fait de la Compagnie du chemin de fer), présentent toutes les indications suffisantes pour établir, conformément à l'article 101 du Code de commerce, l'existence et la portée du contrat intervenu entre l'expéditeur, le commissionnaire et le voiturier , etc. ; — casse [1]. »

272. — Mais cette jurisprudence de la chambre civile de la Cour de cassation n'a pas prévalu. La question a, en effet, été soumise récemment aux chambres réunies, qui ont, par arrêt du 28 mars 1860, décidé que les feuilles d'expédition, étant de simples pièces de comptabilité intérieure pour les compagnies, pouvaient n'être pas timbrées. Cet arrêt, motivé avec beaucoup de soin et avec une grande précision, a sainement apprécié le véritable caractère des feuilles

---

[1] *Journal du Palais*, 1853, 1, p. 11. Arrêt conforme du 17 juin 1846, C. cassation, rapporté par Lehir, *Mémorial du Commerce*, 1847, t. I, p. 8.

d'expédition , qui auparavant avait été méconnu, notamment par l'arrêt que nous avons ci-dessus rapporté.

Voici comment est conçu l'arrêt de robes rouges du 28 mars 1860 :

« Attendu, en droit, que la lettre de voiture ne saurait exister sans une convention intervenue entre l'expéditeur, le commissionnaire et le voiturier ; que c'est ce qui résulte de l'article 101 du Code de commerce ; que, de plus, il est de l'essence de contrat que ladite lettre soit adressée au destinataire à qui le voiturier doit la présenter ;

» Attendu que l'on ne rencontre dans les dix-huit feuilles d'expédition dont il s'agit au procès aucun de ces caractères ni aucune de ces conditions ; qu'il est prouvé par les documents actuels de la cause et par les nouveaux éclaircissements qui en ont précisé le sens, que ces feuilles d'expédition ne sont que des pièces de comptabilité intérieure pour la Compagnie du chemin de fer de l'Ouest ; qu'elles ne sont pas destinées à sortir des mains de ses agents et à être produites aux tiers ; que, d'une part, elles ne sont pas dressées sur la demande des expéditeurs, lesquels y restent entièrement étrangers ; que, d'autre part, elles ne sont jamais produites aux destinataires ; qu'ainsi elles sont toute autre chose que la lettre de voiture ; qu'elles n'en renferment ni par équipollence, ni autrement, les éléments constitutifs ; qu'elles n'en ont pas l'objet et ne sauraient en atteindre le but ;

» Que si le système de la régie était admis, on

ferait arbitrairement résulter le contrat de lettre de
voiture, non du concours de deux ou plusieurs vo-
lontés, mais d'un acte purement unilatéral, et qu'on
l'imposerait aux parties malgré elles et à leur insu ;

» Qu'il est cependant certain, tout au moins en
ce qui concerne l'industrie des chemins de fer, que
la lettre de voiture n'est pas une forme obligatoire
de la convention de transporter les marchandises ;
qu'elle n'en est qu'une forme facultative ; que l'expéditeur peut en choisir une autre, et, par exemple,
donner la préférence à un simple récépissé à lui délivré par la Compagnie ; que telles sont les dispositions formelles de l'article 50 de l'ordonnance réglementaire du 15 novembre 1846, ainsi que de
toute la législation sur les chemins de fer et des
cahiers de charges des compagnies ;

» Attendu que ces dispositions et, par suite, l'option qu'elles autorisent, demeureraient sans valeur, si
l'on devait nécessairement assimiler les feuilles d'expédition à des lettres de voiture ; qu'en effet, ces
feuilles étant toujours indispensables pour accompagner le chargement et prévenir les erreurs de comptabilité, il arriverait qu'il y aurait lettre de voiture
dans tous les cas, et alors même que les parties,
usant de leur droit, n'en auraient pas voulu ; qu'une
telle conséquence est inadmissible ;

» Que, dès lors, en décidant que les dix-huit
écrits saisis constituent, non point des lettres de
voiture, ni des actes destinés à équivaloir à des
lettres de voiture ou à en tenir lieu, mais bien de
simples pièces d'ordre et de comptabilité intérieure,

le tribunal de Versailles, loin de violer aucune loi, a fait au contraire une saine appréciation des faits de la cause et une juste application des principes de la matière ;

» Par ces motifs,

» La Cour rejette le pourvoi de l'administration de l'enregistrement et des domaines contre le jugement du tribunal civil de Versailles, en date du 6 décembre 1855. »

273. — L'administration de l'enregistrement et des domaines n'avait pas seulement la prétention d'assujettir au timbre, en les assimilant aux lettres de voiture, les feuilles d'expédition. Elle allait beaucoup plus loin. Ainsi, elle voulait que de simples notes trouvées dans l'intérieur d'une ville entre les mains des camionneurs d'une compagnie, qui devaient conduire des marchandises du domicile d'un expéditeur à la gare, fussent timbrées.

Un mot d'explication sur ces notes pour bien faire apprécier leur objet, leur nature et leur caractère.

Lorsque des colis à expédier sont présentés à une gare pour être enregistrés, il y a nécessité d'une déclaration par l'expéditeur sur la nature du colis, sur le nom de l'expéditeur, sur celui du destinataire, etc., etc.

Si l'expéditeur se présente en personne, il donne ces indications verbalement ; s'il envoie un de ses préposés, celui-ci peut également donner des indications verbales ; mais le plus souvent ces indications, afin de ne pas être mal comprises ou mal trans-

25

mises, sont écrites sur une note dont le préposé est porteur et qui est destinée à lui servir de mémento.

Il arrivait fréquemment que les indications ainsi transmises par les expéditeurs, ou données en leur nom, étaient incomplètes, confuses, mal présentées, et afin d'éviter des confusions ou des omissions, les compagnies ont fait imprimer des modèles de note, des espèces de passe-partout, sur lesquels les expéditeurs n'ont qu'à écrire dans les blancs ménagés à cet effet toutes les indications qui, à l'arrivée en gare, doivent servir à l'enregistrement des colis à expédier et à la rédaction des lettres de voiture. Si les marchandises sont prises au domicile des expéditeurs par les camions de la compagnie, les conducteurs de ces camions sont porteurs de ces notes, dites *notes d'expédition*.

Ces notes, une fois l'enregistrement fait, n'ont plus aucune espèce d'utilité; elles ne voyagent pas avec la marchandise.

Dans le système de la régie, ces notes devaient être assimilées aux lettres de voiture, ou, dans tous les cas, comme elles pouvaient tenir lieu de titres, elles devaient être timbrées, c'est-à-dire que la régie invoquait deux moyens contradictoires l'un de l'autre.

En effet, les lettres de voiture sont soumises, en ce qui concerne le timbre, à des règles spéciales, les écrits formant titre ordinaire sont soumis aux règles générales.

Or, la régie prétendait que les notes devaient être timbrées, et ce, en vertu des règles spéciales sur les lettres de voiture, et aussi en vertu des règles générales sur les titres ordinaires.

Que doit-on conclure de cette hésitation de la régie qui n'osait opter entre les deux moyens qu'elle présentait et qui voulait en réserver un au moins comme subsidiaire? Il résultait de là évidemment que les notes d'expédition ne rentraient ni dans l'un ni dans l'autre des cas proposés ; car en matière fiscale, tout est de droit étroit. On est soumis à un impôt en vertu du texte précis ou on ne l'est pas. Et lorsque le texte précis manque, on ne peut être déclaré imposable en vertu de deux textes combinés dont aucun ne s'applique précisément au cas en question.

Mais examinons chacun des deux systèmes de la régie.

1º Les notes d'expédition sont-elles l'équivalent de lettres de voiture?

Nous n'hésitons pas à répondre négativement, et voici pourquoi.

Qu'est-ce qu'une lettre de voiture? C'est l'acte, l'instrument qui accompagne la marchandise en cours de voyage, pour prouver le contrat de transport intervenu entre le voiturier et l'expéditeur.

Or, la note d'expédition accompagne-t-elle des marchandises en cours de voyage? Non, car les marchandises ne voyagent pas dans le sens juridique de ce mot, lorsqu'on les porte des magasins de l'expéditeur à la gare située dans la même ville. Pour qu'il y ait voyage, il faut qu'il y ait expédition d'une place sur une autre. Il y a plus d'une analogie entre le contrat de transport et le contrat de change, entre

la lettre de voiture et la lettre de change. Pour qu'il
y ait lieu au contrat de change, il faut qu'il y ait
remise d'argent de place en place ; pour qu'il y ait
lieu au contrat de transport, il faut aussi qu'il y ait
remise de marchandises de place en place. Lorsque,
sur une même place, il y a remise d'argent, du
comptoir d'un banquier au comptoir d'un autre banquier, il n'y a pas contrat de change. De même,
lorsque des marchandises sortent des magasins d'un
négociant d'une ville pour entrer dans les magasins
d'un autre négociant de la même ville, ou dans ceux
d'un commissionnaire, il n'y a pas non plus contrat
de transport proprement dit, tel qu'il est qualifié soit
par la loi commerciale, soit par la loi fiscale.

Si donc, dans ce cas, il n'y a pas contrat de transport, comment une note remise au camionneur qui
va d'un magasin à un autre pourrait-elle être considérée comme l'instrument d'un contrat qui n'existe
pas, et qui se formera là seulement où les marchandises seront remises au commissionnaire chargé de
les transporter à leur destination?

Que les marchandises soient voiturées d'un magasin à un magasin, d'un magasin à une gare ou au
siége d'une entreprise de roulage, en droit cela importe peu ; car le déplacement a lieu toujours d'un
point d'une ville ou d'une commune à un point différent de la même ville ou de la même commune.

Quelles seraient les conséquences de ce système
de la régie, qui voudrait considérer tout déplacement
de marchandises comme un voyage, et toute note

relative à un déplacement comme une lettre de voiture?

Prenons un exemple bien simple, mais que sa simplicité même rend plus saisissant encore ; supposons qu'à Paris un fabricant de meubles du faubourg Saint-Antoine envoie des meubles au faubourg Saint-Honoré. Il loue une tapissière, il donne au cocher de cette voiture une facture qui porte son nom à lui fabricant, le nom et l'adresse de la personne à qui la livraison doit être faite, l'indication des objets à livrer. D'après le système de la régie, il faudrait dire qu'il y a là un voyage, un contrat de transport, un acte équivalant à une lettre de voiture voyageant avec la marchandise, et que cet acte doit être timbré.

Autre cas : un négociant envoie à une gare un ballot pour être expédié au loin ; il charge un portefaix de porter ce ballot à la gare, et il lui donne une note pour qu'il puisse faire exactement à la gare les déclarations nécessaires. Ce déplacement, opéré sur des crochets, sera-t-il considéré comme un voyage, et la note remise au portefaix sera-t-elle regardée comme une lettre de voiture voyageant avec la marchandise? Intervient-il donc un contrat de transport entre le portefaix et le négociant qui a remis le ballot?

Si le portefaix, au lieu de se servir de crochets, portait le ballot dans une voiture à bras, cela changerait-il donc la nature du déplacement et celle de la note qui lui a été remise?... Évidemment non.

Si, au lieu de traîner la voiture lui-même, il place

un cheval dans le brancard, la commission qui lui a
été confiée deviendra-t-elle un voyage et la note une
lettre de voiture? Il faut toujours répondre par la
négative.

En matière de connaissement, la loi fiscale est la
même qu'en matière de lettre de voiture. Le connaissement doit être timbré. Or, supposons le fait d'un
armateur qui envoie des marchandises pour être chargées à bord, là où doit se dresser le connaissement.
Dans le trajet de ses magasins au quai de chargement dira-t-on que les marchandises sont en cours de
voyage, et si un des préposés de l'armateur accompagne les marchandises avec une note indicative de
la nature de ces marchandises et de leur destination,
note préparée pour dresser le connaissement, dira-t-
on qu'elle doit être timbrée, parce qu'elle contient
les éléments qui serviront à la rédaction du connaissement, ou que par telle ou telle circonstance à venir
elle pourra devenir un titre? Évidemment la régie
n'élèverait pas une pareille prétention, lors même que
cette note serait rédigée sur des modèles imprimés
au lieu d'être complétement manuscrite.

L'administration a elle-même, par une décision du
10 juin 1854, déclaré que ne peut être considéré
comme une lettre de voiture l'écrit saisi entre les
mains d'un domestique ou d'un voiturier aux gages
d'un expéditeur, conduisant la marchandise des magasins d'un expéditeur à la gare.

Ainsi, sous ce premier point de vue, il faut dire
que la note d'expédition n'est pas et ne peut pas être
considérée comme une lettre de voiture accompagnant

la marchandise en cours de voyage, et que le contrat de transport n'est pas encore intervenu.

En effet, voyons ce qui se passe.

Lorsque des marchandises sont remises à une gare elles doivent, aux termes de l'article 49 du cahier des charges des chemins de fer, être inscrites sur des registres spéciaux. Il faut donc que celui qui remet des marchandises puisse donner le nom et l'adresse du destinataire et de l'expéditeur, et indiquer la nature des objets à transporter. Lorsque l'expéditeur apporte lui même ses colis, il n'a pas besoin de se faire une note pour se rappeler ce qu'il doit dire; mais lorsqu'il les envoie par un commis ou par un camionneur, il peut craindre, à juste titre, que les indications verbales qu'il donnerait soient oubliées en route. Il écrit donc les déclarations qui doivent être faites lors de l'enregistrement des marchandises. Or, comme nous l'avons dit plus haut, il arrivait souvent que les indications remises ainsi aux camionneurs étaient informes et incomplètes, et que les employés étaient fort embarrassés pour opérer l'enregistrement.

Afin de remédier à cet inconvénient, les compagnies ont fait dresser des formules imprimées que les camionneurs prient les expéditeurs de remplir; les expéditeurs y consignent les observations à faire pour les enregistrements. Ils pourraient écrire au chef de gare: « Je vous fais remettre tel ou tel colis. Expédiez-le à telle personne, à tel endroit. » Au lieu de cela, ils remplissent une formule absolument dans le même but. On voit donc que ces formules ou notes d'expédition ne sont que des mémento donnés aux camionneurs pour qu'ils puissent, à l'arrivée à la gare, faire procéder à l'enregistrement.

Une fois l'enregistrement opéré, l'expéditeur, aux termes de l'article 49 du cahier des charges de 1857, peut demander la rédaction d'une lettre de voiture. Cette lettre de voiture est rédigée d'après les indications de la note d'expédition. Cette note n'a donc pas pour but de tenir lieu de lettre de voiture et de frauder le fisc. Elle contient les éléments qui doivent servir à rédiger la lettre de voiture, rien de plus.

Il faut en outre remarquer que les notes d'expédition sont loin de contenir les énonciations prévues par l'article 102 du Code de commerce et qui sont substantielles de la lettre de voiture. Ainsi on n'y trouve ni le délai dans lequel le transport doit être effectué, ni l'indemnité pour retard, ni le prix du transport. Elles ne sont pas plus des lettres de voiture que les feuilles d'expédition dont il a été question plus haut [1].

En résumé, sur ce premier point :

Ce qui est frappé par le timbre, c'est l'écrit destiné à constater le contrat de transport, à faire preuve de la convention.

La note d'expédition n'est qu'un fait préparatoire destiné à dresser la lettre de voiture; il disparaît et devient sans objet quand cette lettre est dressée.

La lettre de voiture accompagne la marchandise en cours de voyage. Ici le voyage n'est pas com-

---

([1]) Voyez n° 271.

mencé, car le voyage, dans le sens juridique, c'est le transport des magasins du voiturier ou du commissionnaire au lieu de destination.

La loi spéciale n'est donc pas applicable aux notes dont il s'agit.

Il nous reste à examiner le second moyen que présentait l'administration pour vouloir assujettir au timbre les notes d'expédition.

La régie disait : « Si les notes d'expédition ne doivent pas être timbrées en vertu de la législation relative aux lettres de voiture, elles doivent l'être en vertu de la loi générale, en vertu de l'article 12 de la loi du 13 brumaire an VII, qui dispose que tous les actes et écritures, extraits, copies et expéditions, soit publics, soit privés, devant ou pouvant faire titres, ou être produits pour obligations, décharges, justification, en demande ou défense, sont assujettis au timbre. »

Si la loi de brumaire an VII n'eût contenu que cet article, la régie aurait pu, jusqu'à un certain point, essayer de soutenir que tous les écrits, que toutes les lettres, même les plus confidentielles, doivent être sur papier timbré ; car il n'y a pas d'écrit, même d'une ligne, qui ne puisse, dans une circonstance donnée, être invoqué comme un titre. Ainsi, un coupon de location d'une loge peut, dans une certaine occasion, faire titre contre l'administration du théâtre. Ainsi, la bande d'un journal portant que l'abonnement du destinataire finit tel jour peut, dans certains cas, être produite comme titre pour prouver la durée de l'abonnement Et ce n'est

pas ici de pures hypothèses, car il est arrivé, en
effet, que ces écrits ont été parfois invoqués et produits devant les tribunaux. Est-ce donc que tous
ces écrits doivent être sur papier timbré, même lorsqu'ils ne sont pas produits en justice? Non, la pratique constante de l'administration à cet égard
prouve qu'elle n'entend pas d'une manière aussi absolue la loi du 13 brumaire an VII.

Quel est le sens de l'article 12 de cette loi? C'est
qu'on doit rédiger sur papier timbré tout acte destiné à faire titre; mais il faut bien s'entendre sur la
portée et le sens vrai de ces mots. Deux cas peuvent se présenter : ou l'écrit doit nécessairement faire
titre et être produit en justice; ou l'écrit ne fera
titre que dans certaines circonstances, mais ces circonstances se réalisant, l'acte devra être produit.
Dans ces deux hypothèses, les personnes faisant un
écrit prévoient le cas où, pour assurer l'exécution
de leur convention, cet écrit sera ou nécessairement
ou éventuellement produit en justice. Elles veulent
qu'il y ait un acte qui doive ou qui puisse contraindre l'obligé à exécuter ses obligations. C'est à ces
circonstances que se réfère l'article 12 de la loi de
brumaire an VII.

Quant aux écrits qui, dans la pensée des parties,
n'étaient pas destinés à former titre, et dont la production n'est devenue nécessaire que par des circonstances non prévues lors de leur création, ils sont
régis par l'article 30 de la même loi de brumaire,
qui dit :

« Les écritures privées qui auraient été faites sur

papier non timbré, sans contravention aux lois du timbre, quoique non comprises nommément dans les exceptions, ne pourront être produites en justice sans avoir été soumises au timbre extraordinaire. »

La loi prévoit donc le cas où l'on produira en justice, comme titres, des écrits qui n'ont pas été rédigés sur papier timbré; elle reconnaît que ces écrits ont pu être légitimement faits sur papier libre. Quelles sont les écritures dont parle l'article 30? Celles qui ont été faites sur papier non timbré sans contravention aux lois du timbre. Suivant le système de la régie, qui veut assujettir au timbre tout acte généralement quelconque pouvant, dans une circonstance donnée, faire titre, on ne pourrait pas écrire une ligne pouvant être produite en justice sans être en contravention avec les lois du timbre. De telle sorte que l'article 30 n'aurait aucun sens, car il ne serait jamais applicable. Si l'on veut qu'il ne soit pas une lettre morte, si l'on veut qu'il puisse produire quelque effet, il faut entendre l'article 12 comme nous venons de l'expliquer, et dire que s'il est vrai qu'on doive faire sur papier timbré tout acte destiné, dans la pensée des parties, à être un titre nécessairement ou éventuellement, on n'est pas tenu de porter sur papier timbré les écritures privées qui, dans la pensée des parties, n'ont pas été créées dans le but de faire titre. Si l'on n'entend pas ainsi les articles 12 et 30 combinés, l'article 30, nous le répétons, n'a pas de sens.

Ceci dit, voyons si les notes d'expédition sont créées afin de faire titre. Nous avons expliqué plus

haut quelle est la nature de ces notes. C'est le résumé des indications qu'on n'a pas voulu confier à
la seule mémoire des camionneurs, et qu'on a écrites
pour qu'ils pussent faire exactement les déclarations
nécessaires à l'enregistrement des marchandises. Ces
notes, ces écritures privées, comme dit l'article 30,
ne doivent donc pas être•portées sur timbre. Mais
si, par une circonstance postérieure, on a besoin de
les produire en justice, on les fera timbrer à l'extraordinaire, conformément à l'article 30; de même que si
on produit un billet de spectacle, une bande de journal, une facture de commerçant, une quittance de
loyer, on devra les faire timbrer à l'extraordinaire.

La régie disait que les notes d'expédition pourraient être invoquées comme défense par les compagnies de chemin de fer pour faire preuve contre les
expéditeurs s'ils réclamaient un plus grand nombre
de colis que celui remis au camionneur. Mais nous
avons vu que la note d'expédition est créée dans un
tout autre but que celui de faire titre à la compagnie ou aux camionneurs contre des réclamations
exagérées. Que ces notes puissent, en effet, dans
certaines circonstances, être invoquées, qu'importe?
Est-ce qu'il n'y a pas aussi d'autres écritures qui, au
cas de réclamation, pourront être invoquées par l'une
ou l'autre des parties, et qui, cependant, ne tombent
pas sous le coup de la loi? Est-ce qu'il n'y a pas
d'autres écrits également relatifs à une expédition,
qui ne sont pas destinés à faire titre, et que, cependant, il devient utile de produire en justice? Supposons un expéditeur qui écrit à un chef de gare :

« Je vous recommande d'expédier promptement mes dix barriques, etc. » Si cet expéditeur réclamait vingt barriques, il est évident que la compagnie pourrait invoquer sa lettre contre lui pour prouver qu'il ne lui a été confié que dix barriques. La régie voudrait-elle soutenir qu'une lettre comme celle qu'on vient de supposer doit être écrite sur papier timbré, parce qu'elle peut faire titre contre des réclamations exagérées de l'expéditeur? Une telle prétention ne serait pas soutenable; celle que la régie présente pour les notes d'expédition ne l'est pas davantage. Sans doute, si on produit la lettre de l'expéditeur, on la fera timbrer à l'extraordinaire, de même que nous avons dit qu'en pareil cas on ferait timbrer aussi la note d'expédition. Mais la régie ne peut exiger rien de plus.

Veut-on un exemple consacré par les décisions de l'administration elle-même, et qui prouve que tout écrit pouvant ou devant servir de titre ne doit pas nécessairement, et en dehors de toute production en justice, être soumis au timbre?

Dans une décision ministérielle du 25 octobre 1808, M. le ministre déclare que les mandats donnés par lettre ne sont pas assujettis au timbre. Cette décision est fondée sur ce que l'article 1985 du Code Napoléon dit que le mandat peut être donné par lettre. Or, qu'est, en définitive, la note d'expédition? Nous l'avons dit, c'est une pièce qui doit rappeler au camionneur les déclarations que l'expéditeur le charge de faire à la gare. Dans cette circonstance, le camionneur est le mandataire de l'expéditeur. La note d'expédition est donc une sorte de mandat donné par lettre, et alors, aux termes de la décision ministérielle du 25 octobre 1808, elle pourrait n'être pas timbrée.

De ce qui précède il faut conclure que la loi générale n'est pas plus applicable aux notes d'expédition que la loi spéciale.

Cette note n'est pas rédigée avec l'intention de faire preuve : dans la pensée de celui qui la remet, comme de celui qui la reçoit, ce n'est pas, ce ne sera pas un écrit pouvant ou devant faire titre. Il n'a pas plus ce caractère que ne l'auraient une lettre, un avis adressé au chef de gare.

Que, si dans une circonstance non prévue, au moment de la remise de la note, elle est invoquée comme le pourrait être une lettre, un avis, si elle est produite comme preuve, alors, sans doute, elle devra être timbrée à l'extraordinaire; mais c'est dans ce cas seulement que le fisc aura à s'en préoccuper.

Sur le second point, comme sur le premier, la prétention de la régie devait donc être repoussée.

274. — Aussi le tribunal d'Évreux, saisi de la question par des procès-verbaux que l'administration avait fait dresser contre des camionneurs de la Compagnie des chemins de fer de l'Ouest, a-t-il décidé que les notes d'expédition n'étaient pas assujetties au timbre. Le jugement, en date du 1er avril 1859, est ainsi conçu [1] :

---

[1] Voyez l'espèce : *Gazette des tribunaux* du 29 mai 1859.

« Le tribunal, vu les articles 12 et 30 de la loi du 13 brumaire an VII, les articles 6 et 7 de celle du 11 juin 1842, et les articles 101 et 102 du Code de commerce ;

» Attendu que pour faire une juste et saine interprétation de l'article 12 de la loi du 13 brumaire an VII, il faut le combiner avec l'article 30 de la même loi et déterminer en conséquence la véritable portée du principe trop général et trop absolu que semble tout d'abord poser le premier de ces articles ; que de la combinaison de ces deux articles il résulte que le législateur n'a entendu assujettir à la formalité préalable du timbre que les écrits rédigés par les parties avec l'intention de former titres, mais que pour ceux qui dans leur pensée ne sont pas destinés à former titres, et dont la production peut seulement devenir nécessaire par suite des circonstances postérieures et accidentelles, la formalité du timbre n'est obligatoire que lorsqu'on veut faire usage de ces écrits en justice ;

» Qu'en dehors de cette interprétation, l'article 30 n'aurait aucun sens ; que s'il fallait entendre l'article 12 comme le prétend la régie, on arriverait à des conséquences qu'il suffit d'énoncer pour faire condamner son système ; qu'en effet, il s'ensuivrait que pas un écrit, pour ainsi dire, ne serait exempt du timbre ; qu'il faudrait y soumettre, par exemple, un billet de spectacle, une bande de journal, un bulletin de bagages, etc., puisque ces écrits peuvent éventuellement être produits à l'appui d'une réclamation ;

» Attendu que les notes d'expédition que la compagnie du chemin de fer est dans l'usage de remettre aux négociants qui la chargent habituellement de leurs transports, ne sont nullement destinées à former titres, mais bien simplement, ainsi que leur dénomination l'indique, à fournir à la compagnie le résumé exact et régulier des renseignements nécessaires pour inscrire les marchandises sur le registre d'expédition lors de leur arrivée à la gare, et rédiger ensuite la facture de transport ou lettre de voiture ;

» Attendu que ces notes ne peuvent non plus tomber sous le coup de la loi du 11 juin 1842 ; qu'en effet, lors même qu'elles pourraient, malgré l'absence de certaines indications prescrites par l'article 102 du Code de commerce, être considérées comme lettres de voiture, cela ne pourrait avoir lieu, dans tous les cas, que si elles avaient été saisies accompagnant la marchandise en cours de voyage ; que ce n'est, en effet, que lorsqu'il y a voyage que la lettre de voiture est obligée ; mais que la marchandise ne voyage pas dans le sens juridique du mot pendant le trajet du domicile de l'expéditeur à la gare d'expédition ; qu'il n'y a voyage que lorsqu'il y a transport d'une place à une autre ; que, tant que la marchandise n'est pas inscrite sur le registre d'expédition, elle est toujours réputée aux mains de l'expéditeur ; qu'elle n'est que proposée pour être expédiée ; que cela est si vrai, que la compagnie peut, pour une cause ou pour une autre, refuser d'en faire le transport ; que le contrat de transport ne se forme donc que par l'inscription des colis sur le registre d'expédition, et qu'en conséquence jusque-là il n'y a pas lieu à lettre de voiture ;

» Attendu que le sieur Brunet, camionneur, qui a transporté les colis du domicile de Goude à la gare du chemin de fer, est l'agent, le préposé de la compagnie, et non un entrepreneur de transports vis-à-vis duquel la note d'expédition puisse être considérée comme une lettre de voiture ; que bien qu'il soit l'agent de la compagnie du chemin de fer, on ne peut raisonnablement prétendre que la marchandise a commencé à voyager du moment qu'elle a été placée sur le camion ; que la marchandise ne voyage, ainsi qu'on l'a dit, que lorsqu'elle est transportée d'une place à une autre ; que son apport à la gare n'est qu'un préparatif indispensable du voyage, et non le voyage lui-même ;

» Attendu que tous les monuments de jurisprudence invoqués par l'administration à l'appui de son système, n'ont statué que sur des écrits saisis aux mains des conducteurs ou voituriers accompagnant la marchandise en cours de voyage, et ne sont conséquemment pas applicables à l'espèce ; qu'il en est de même du jugement du tribunal de Lille (V. *Rép. périod. de l'Enregistrement,* 6e cahier, 1858, Régie c. Challoneix) invoqué par l'administration ; qu'en effet, il est constaté par ce jugement, que les sieurs Challoneix et C°, qui transportaient les marchandises des bureaux de la douane au domicile des négociants, étaient des entrepreneurs de transports pour leur compte personnel ;

» Attendu enfin que, dans l'espèce, aucune intention de fraude ne peut être reprochée à Goude ; qu'il

justifie en effet par une attestation du destinataire de
la marchandise et par un extrait en due forme des
registres de la compagnie, qu'il a été rédigé pour les
colis par lui expédiés une lettre de voiture ou facture
de transport sur timbre; qu'il en résulte que l'administration n'a éprouvé aucun préjudice, puisque l'impôt du timbre a été bien et dûment acquitté;

    » Par ces motifs,

    » Déclare mal fondé le procès-verbal dressé contre
Goude, annule la contrainte, etc. »

ANNEXES.

ANNEXES.

N° 1.

LOI DU 15 JUILLET 1845

SUR LA POLICE DES CHEMINS DE FER.

—

TITRE PREMIER.

Mesures relatives à la conservation des chemins de fer.

ARTICLE PREMIER.

Les chemins de fer construits ou concédés par l'État font partie de la grande voirie.

ART. 2.

Sont applicables aux chemins de fer les lois et règlements sur la grande voirie qui ont pour objet d'assurer la conservation des fossés, talus, levées et ouvrages d'art dépendant des routes, et d'interdire, sur toute leur étendue, le pacage des bestiaux et les dépôt de terre et autres objets quelconques.

ART. 3.

Sont applicables aux propriétés riveraines des chemins

de fer les servitudes imposées par les lois et règlements sur la grande voirie, et qui concernent :

L'alignement ;

L'écoulement des eaux ;

L'occupation temporaire des terrains en cas de réparation ;

La distance à observer pour les plantations, et l'élagage des arbres plantés ;

Le mode d'exploitation des mines, minières, tourbières, carrières et sablières, dans la zone déterminée à cet effet.

Sont également applicables à la confection et à l'entretien des chemins de fer, les lois et règlements sur l'extraction des matériaux nécessaires aux travaux publics.

ART. 4.

Tout chemin de fer sera clos des deux côtés et sur toute l'étendue de la voie.

L'administration déterminera, pour chaque ligne, le mode de cette clôture, et, pour ceux des chemins qui n'y ont pas été assujettis, l'époque à laquelle elle devra être effectuée.

Partout où les chemins de fer croiseront de niveau les routes de terre, des barrières seront établies et tenues fermées, conformément aux règlements.

ART. 5.

A l'avenir, aucune construction autre qu'un mur de clôture ne pourra être établie dans une distance de 2 mètres d'un chemin de fer.

Cette distance sera mesurée soit de l'arête supérieure du déblai, soit de l'arête inférieure du talus du remblai, soit du bord extérieur des fossés du chemin, et, à défaut d'une ligne tracée, à $1^m,50$ à partir des rails extérieurs de la voie de fer.

Les constructions existantes au moment de la promulgation de la présente loi, ou lors de l'établissement d'un nouveau chemin de fer, pourront être entretenues dans l'état où elles se trouveront à cette époque.

Un règlement d'administration publique déterminera les formalités à remplir par les propriétaires pour faire constater l'état desdites constructions, et fixera le délai dans lequel ces formalités devront être remplies.

ART. 6.

Dans les localités où le chemin de fer se trouvera en remblai de plus de 3 mètres au-dessus du terrain naturel, il est interdit aux riverains de pratiquer, sans autorisation préalable, des excavations dans une zone de largeur égale à la hauteur verticale du remblai, mesurée à partir du pied du talus.

Cette autorisation ne pourra être accordée sans que les concessionnaires ou fermiers de l'exploitation du chemin de fer aient été entendus ou dûment appelés.

ART. 7.

Il est défendu d'établir, à une distance de moins de 20 mètres d'un chemin de fer desservi par des machines à feu, des couvertures en chaume, des meules de paille, de foin, et aucun autre dépôt de matières inflammables.

Cette prohibition ne s'étend pas aux dépôts de récoltes faits seulement pour le temps de la moisson.

ART. 8.

Dans une distance de moins de 5 mètres d'un chemin de fer, aucun dépôt de pierres, ou objets non inflammables, ne peut être établi sans l'autorisation préalable du préfet.

Cette autorisation sera toujours révocable.

L'autorisation n'est pas nécessaire :

1º Pour former, dans les localités où le chemin de fer

est en remblai, des dépôts de matières non inflammables, dont la hauteur n'excède pas celle du remblai du
chemin ;

2° Pour former des dépôts temporaires d'engrais et
autres objets nécessaires à la culture des terres.

ART. 9.

Lorsque la sûreté publique, la conservation du chemin
et la disposition des lieux le permettront, les distances
déterminées par les articles précédents pourront être di-
minuées en vertu d'ordonnances royales rendues après
enquêtes.

ART. 10.

Si, hors des cas d'urgence prévus par la loi des
16-24 août 1790, la sûreté publique ou la conservation
du chemin de fer l'exige, l'administration pourra faire
supprimer, moyennant une juste indemnité, les constructions, plantations, excavations, couvertures en chaume,
amas de matériaux combustibles ou autres, existant, dans
les zones ci-dessus spécifiées, au moment de la promulgation de la présente loi, et, pour l'avenir, lors de l'établissement du chemin de fer.

L'indemnité sera réglée, pour la suppression des constructions, conformément aux titres IV et suivants de la loi
du 3 mai 1841, et, pour tous les autres cas, conformément
à la loi du 16 septembre 1807.

ART. 11.

Les contraventions aux dispositions du présent titre
seront constatées, poursuivies et réprimées comme en
matière de grande voirie.

Elles seront punies d'une amende de 16 à 300 francs,
sans préjudice, s'il y a lieu, des peines portées au Code
pénal et au titre III de la présente loi. Les contreve-

nants seront, en outre, condamnés à supprimer, dans le délai déterminé par l'arrêté du conseil de préfecture, les excavations, couvertures, meules ou dépôts faits contrairement aux dispositions précédentes.

A défaut, par eux, de satisfaire à cette condamnation dans le délai fixé, la suppression aura lieu d'office, et le montant de la dépense sera recouvré contre eux par voie de contrainte, comme en matière de contributions publiques.

TITRE II.

Des contraventions de voirie commises par les concessionnaires ou fermiers de chemins de fer.

ART. 12.

Lorsque le concessionnaire ou le fermier de l'exploitation d'un chemin de fer contreviendra aux clauses du cahier des charges, ou aux décisions rendues en exécution de ces clauses, en ce qui concerne le service de la navigation, la viabilité des routes royales, départementales et vicinales, ou le libre écoulement des eaux, procès-verbal sera dressé de la contravention, soit par les ingénieurs des ponts et chaussées ou des mines, soit par les conducteurs, gardes-mines et piqueurs, dûment assermentés.

ART. 13.

Les procès-verbaux, dans les quinze jours de leur date, seront notifiés administrativement au domicile élu par le concessionnaire ou le fermier, à la diligence du préfet et transmis dans le même délai au conseil de préfecture du lieu de la contravention.

ART. 14.

Les contraventions prévues à l'article 12 seront punies d'une amende de 300 francs à 3,000 francs.

ART. 15.

L'administration pourra, d'ailleurs, prendre immédiatement toutes mesures provisoires pour faire cesser le dommage, ainsi qu'il est procédé en matière de grande voirie.

Les frais qu'entraînera l'exécution de ces mesures seront recouvrés, contre le concessionnaire ou fermier, par voie de contrainte, comme en matière de contributions publiques.

TITRE III.

Des mesures relatives à la sûreté de la circulation sur les chemins de fer.

ART. 16.

Quiconque aura volontairement détruit ou dérangé la voie de fer, placé sur la voie un objet faisant obstacle à la circulation, ou employé un moyen quelconque pour entraver la marche des convois ou les faire sortir des rails, sera puni de la réclusion.

S'il y a eu homicide ou blessures, le coupable sera, dans le premier cas, puni de mort, et dans le second, de la peine des travaux forcés à temps.

ART. 17.

Si le crime prévu par l'article 16 a été commis en réunion séditieuse, avec rébellion ou pillage, il sera imputable aux chefs, auteurs, instigateurs et provocateurs de ces réunions, qui seront punis comme coupables du crime et condamnés aux mêmes peines que ceux qui l'auront personnellement commis, lors même que la réunion séditieuse n'aurait pas eu pour but direct et principal la destruction de la voie de fer.

Toutefois, dans ce dernier cas, lorsque la peine de mort sera applicable aux auteurs du crime, elle sera remplacée, à l'égard des chefs, auteurs, instigateurs et provocateurs de ces réunions, par la peine des travaux forcés à perpétuité.

ART. 18.

Quiconque aura menacé, par écrit anonyme ou signé, de commettre un des crimes prévus en l'article 16, sera puni d'un emprisonnement de trois à cinq ans, dans le cas où la menace aurait été faite avec ordre de déposer une somme d'argent dans un lieu indiqué, ou de remplir toute autre condition.

Si la menace n'a été accompagnée d'aucun ordre ou condition, la peine sera d'un emprisonnement de trois mois à deux ans, et d'une amende de 100 à 500 francs.

Si la menace avec ordre ou condition a été verbale, le coupable sera puni d'un emprisonnement de quinze jours à six mois, et d'une amende de 25 à 300 francs.

Dans tous les cas, le coupable pourra être mis par le jugement sous la surveillance de la haute police, pour un temps qui ne pourra être moindre de deux ans ni excéder cinq ans.

ART. 19.

Quiconque, par maladresse, imprudence, inattention, négligence ou inobservation des lois ou règlements, aura involontairement causé sur un chemin de fer, ou dans les gares ou stations, un accident qui aura occasionné des blessures, sera puni de huit jours à six mois d'emprisonnement, et d'une amende de 50 à 1,000 francs.

Si l'accident a occasionné la mort d'une ou plusieurs personnes, l'emprisonnement sera de six mois à cinq ans, et l'amende de 300 à 1,000 francs.

ART. 20.

Sera puni d'un emprisonnement de six mois à deux ans

tout mécanicien ou conducteur garde-frein qui aura abandonné son poste pendant la marche du convoi.

ART. 21.

Toute contravention aux ordonnances royales portant règlement d'administration publique sur la police, la sûreté et l'exploitation du chemin de fer, et aux arrêtés pris par les préfets, sous l'approbation du ministre des travaux publics, pour l'exécution desdites ordonnances, sera punie d'une amende de 16 à 3,000 francs.

En cas de récidive dans l'année, l'amende sera portée au double, et le tribunal pourra, selon les circonstances, prononcer, en outre, un emprisonnement de trois jours à un mois.

ART. 22.

Les concessionaires ou fermiers d'un chemin de fer seront responsables, soit envers l'État, soit envers les particuliers, du dommage causé par les administrateurs, directeurs ou employés à un titre quelconque au service de l'exploitation du chemin de fer.

L'État sera soumis à la même responsabilité envers les particuliers, si le chemin de fer est exploité à ses frais et pour son compte.

ART. 23.

Les crimes, délits ou contraventions prévus dans les titres Ier et III de la présente loi, pourront être constatés par des procès-verbaux dressés concurremment par les officiers de police judiciaire, les ingénieurs des ponts et chaussées et des mines, les conducteurs, gardes-mines, agents de surveillance et gardes nommés ou agréés par l'administration et dûment assermentés.

Les procès-verbaux des délits et contraventions feront foi jusqu'à preuve contraire.

Au moyen du serment prêté devant le tribunal de première instance de leur domicile, les agents de surveillance de l'administration et des concessionnaires ou fermiers pourront verbaliser sur toute la ligne du chemin de fer auquel ils seront attachés.

ART. 24.

Les procès-verbaux dressés en vertu de l'article précédent seront visés pour timbre et enregistrés en débet.

Ceux qui auront été dressés par des agents de surveillance et gardes assermentés devront être affirmés dans les trois jours, à peine de nullité, devant le juge de paix ou le maire, soit du lieu du délit ou de la contravention, soit de la résidence de l'agent.

ART. 25.

Toute attaque, toute résistance avec violence et voies de fait envers les agents des chemins de fer, dans l'exercice de leurs fonctions, sera punie des peines appliquées à la rébellion, suivant les distinctions faites par le Code pénal.

ART. 26.

L'article 463 du Code pénal est applicable aux condamnations qui seront prononcées en exécution de la présente loi.

ART. 27.

En cas de conviction de plusieurs crimes ou délits prévus par la présente loi ou par le Code pénal, la peine la plus forte sera seule prononcée.

Les peines encourues pour des faits postérieurs à la poursuite pourront être cumulées, sans préjudice des peines de la récidive.

Nº 2.

ORDONNANCE ROYALE

Du 15 novembre 1846

PORTANT RÈGLEMENT SUR LA POLICE, LA SURETÉ ET L'EXPLOITATION DES CHEMINS DE FER.

—

TITRE PREMIER.

Des Stations et de la Voie des Chemins de fer.

—

SECTION PREMIÈRE.

DES STATIONS.

ARTICLE PREMIER.

L'entrée, le stationnement et la circulation des voitures publiques ou particulières destinées, soit au transport des personnes, soit au transport des marchandises, dans les cours dépendant des stations des chemins de fer, seront réglés par des arrêtés du préfet du département. Ces arrêtés ne seront exécutoires qu'en vertu de l'approbation du ministre des travaux publics.

SECTION II.

DE LA VOIE.

ART. 2.

Le chemin de fer et les ouvrages qui en dépendent seront constamment entretenus en bon état.

La compagnie devra faire connaître au ministre des travaux publics les mesures qu'elle aura prises pour cet entretien.

Dans le cas où ces mesures seraient insuffisantes, le ministre des travaux publics, après avoir entendu la compagnie, prescrira celles qu'il jugera nécessaires.

ART. 3.

Il sera placé partout où besoin sera, des gardiens, en nombre suffisant, pour assurer la surveillance et la manœuvre des aiguilles des croisements et changements de voie ; en cas d'insuffisance, le nombre de ces gardiens sera fixé par le ministre des travaux publics, la compagnie entendue.

ART. 4.

Partout où un chemin de fer est traversé à niveau, soit par une route à voitures, soit par un chemin destiné au passage des piétons, il sera établi des barrières.

Le mode, la garde et les conditions de service des barrières seront réglés par le ministre des travaux publics, sur la proposition de la compagnie.

ART. 5.

Si l'établissement des contre-rails est jugé nécessaire dans l'intérêt de la sûreté publique, la compagnie sera tenue d'en placer sur les points qui seront désignés par le ministre des travaux publics.

ART. 6.

Aussitôt après le coucher du soleil et jusqu'après le passage du dernier train, les stations et les abords devront être éclairés.

Il en sera de même des passages à niveau pour lesquels l'administration jugera cette mesure nécessaire.

TITRE II.

Du Matériel employé à l'exploitation.

ART. 7.

Les machines locomotives ne pourront être mises en service qu'en vertu de l'autorisation de l'administration et après avoir été soumises à toutes les épreuves prescrites par les règlements en vigueur.

Lorsque, par suite de détérioration ou pour toute autre cause, l'interdiction d'une machine aura été prononcée, cette machine ne pourra être remise en service qu'en vertu d'une nouvelle autorisation.

ART. 8.

Les essieux des locomotives, des tenders et des voitures de toute espèce, entrant dans la composition des convois de voyageurs ou dans celle des trains mixtes de voyageurs et de marchandises, allant à grande vitesse, devront être en fer martelé de premier choix.

ART. 9.

Il sera tenu des états de service pour toutes les locomotives. Ces états seront inscrits sur des registres qui devront être constamment à jour et indiquer, à l'article de chaque machine, la date de sa mise en service, le travail qu'elle a accompli, les réparations ou modifications qu'elle a reçues, et le renouvellement de ses diverses pièces.

Il sera tenu en outre, pour les essieux de locomotives, tenders et voitures de toute espèce, des registres spéciaux sur lesquels, à côté du numéro d'ordre de chaque essieu, seront inscrits sa provenance, la date de sa mise en service, l'épreuve qu'il peut avoir subie, son travail, ses accidents et ses réparations ; à cet effet, le numéro d'ordre sera poinçonné sur chaque essieu.

Les registres mentionnés aux deux paragraphes ci-dessus seront représentés, à toute réquisition, aux ingénieurs et agents chargés de la surveillance du matériel et de l'exploitation.

ART. 10.

Il est interdit de placer, dans un convoi comprenant des voitures de voyageurs, aucune locomotive, tender ou autre voiture d'une nature quelconque, montés sur des roues en fonte.

Toutefois, le ministre des travaux publics pourra, par exception, autoriser l'emploi de roues en fonte, cerclées en fer, dans les trains mixtes de voyageurs et de marchandises et marchant à la vitesse d'au plus 25 kilomètres à l'heure.

ART. 11.

Les locomotives devront être pourvues d'appareils ayant pour objet d'arrêter les fragments de coke tombant de la grille et d'empêcher la sortie des flammèches par la cheminée.

ART. 12.

Les voitures destinées au transport des voyageurs seront d'une construction solide; elles devront être commodes et pourvues de ce qui est nécessaire à la sûreté des voyageurs.

Les dimensions de la place affectée à chaque voyageur devront être d'au moins $0^m,45$ en largeur, $0^m,65$ en profondeur et $1^m,45$ en hauteur; cette disposition sera appliquée aux chemins de fer existants, dans un délai qui sera fixé pour chaque chemin par le ministre des travaux publics.

27

Art. 13.

Aucune voiture pour les voyageurs ne sera mise en service sans une autorisation du préfet, donnée sur le rapport d'une commission constatant que la voiture satisfait aux conditions de l'article précédent.

L'autorisation de mise en service n'aura d'effet qu'après que l'estampille prescrite pour les voitures publiques par l'article 117 de la loi du 25 mars 1817, aura été délivrée par le directeur des contributions indirectes.

Art. 14.

Toute voiture de voyageurs portera, dans l'intérieur, l'indication apparente du nombre des places.

Art. 15.

Les locomotives, tenders et voitures de toute espèce devront porter : 1° le nom ou les initiales du nom du chemin de fer auquel il appartient; 2° un numéro d'ordre. Les voitures de voyageurs porteront, en outre, l'estampille délivrée par l'administration des contributions indirectes. Ces diverses indications seront placées d'une manière apparente sur la caisse ou sur les côtés des châssis.

Art. 16.

Les machines, locomotives, tenders et voitures de toute espèce, et tout le matériel d'exploitation, seront constamment maintenus dans un bon état d'entretien.

La compagnie devra faire connaître au ministre des travaux publics les mesures adoptées par elles à cet égard, et, en cas d'insuffisance, le ministre, après avoir entendu les observations de la compagnie, prescrira les dispositions qu'il jugera nécessaires à la sûreté de la circulation.

TITRE III.

De la composition des Convois.

ART. 17.

Tout convoi ordinaire de voyageurs devra contenir, en nombre suffisant, des voitures de chaque classe, à moins d'une autorisation spéciale du ministre des travaux publics.

ART. 18.

Chaque train de voyageurs devra être accompagné :

1º D'un mécanicien et d'un chauffeur par machine : le chauffeur devra être capable d'arrêter la machine en cas de besoin;

2º Du nombre de conducteurs gardes-freins qui sera déterminé pour chaque chemin, suivant les pentes et suivant le nombre de voitures, par le ministre des travaux publics, sur la proposition de la compagnie.

Sur la dernière voiture de chaque convoi ou sur l'une des voitures placées à l'arrière, il y aura toujours un frein, et un conducteur chargé de le manœuvrer.

Lorsqu'il y aura plusieurs conducteurs dans un convoi, l'un d'entre eux devra toujours avoir autorité sur les autres.

Un train de voyageurs ne pourra se composer de plus de vingt-quatre voitures à quatre roues. S'il entre des voitures à six roues dans la composition du convoi, le maximum du nombre de voitures sera déterminé par le ministre.

Les dispositions des paragraphes précédents sont applicables aux trains mixtes de voyageurs et de marchandises, marchant à la vitesse des voyageurs.

Quant aux convois de marchandises qui transportent en même temps des voyageurs et des marchandises, et qui ne marchent pas à la vitesse ordinaire des voyageurs, les mesures spéciales et les conditions de sûreté auxquelles ils devront être assujettis seront déterminées par le ministre, sur la proposition de la Compagnie.

ART. 19.

Les locomotives devront être en tête des trains.

Il ne pourra être dérogé à cette disposition que pour les manœuvres à exécuter dans le voisinage des stations ou pour le cas de secours. Dans ces cas spéciaux, la vitesse ne devra pas dépasser 25 kilomètres à l'heure.

ART. 20.

Les convois de voyageurs ne devront être remorqués que par une seule locomotive, sauf les cas où l'emploi d'une machine de renfort deviendrait nécessaire, soit pour la montée d'une rampe de forte inclinaison, soit par suite d'une affluence extraordinaire de voyageurs, de l'état de l'atmosphère, d'un accident ou d'un retard exigeant l'emploi de secours, ou de tout autre cas analogue ou spécial préalablement déterminé par le ministre des travaux publics.

Il est, dans tous les cas, interdit d'atteler simultanément plus de deux locomotives à un convoi de voyageurs.

La machine placée en tête devra régler la marche du train.

Il devra toujours y avoir en tête de chaque train, entre le tender et la première voiture de voyageurs, autant de voitures ne portant pas de voyageurs qu'il y aura de locomotives attelées.

Dans tous les cas où il sera attelé plus d'une locomotive à un train, mention en sera faite sur un registre à ce destiné, avec indication du motif de la mesure, de la station où elle aura été jugée nécessaire, et de l'heure à laquelle le train aura quitté cette station.

Ce registre sera représenté à toute réquisition aux fonctionnaires et agents de l'administration publique chargés de la surveillance de l'exploitation.

ART. 21.

Il est défendu d'admettre dans les convois qui portent des voyageurs, aucune matière pouvant donner lieu soit à des explosions, soit à des incendies.

ART. 22.

Les voitures entrant dans la composition des trains de voyageurs seront liées entre elles par des moyens d'attache tels, que les tampons à ressorts de ces voitures soient toujours en contact.

Les voitures des entrepreneurs de messagerie ne pourront être admises dans la composition des trains qu'avec l'autorisation du ministre des travaux publics, et que moyennant les conditions indiquées dans l'acte d'autorisation.

ART. 23.

Les conducteurs gardes-freins seront mis en communication avec le mécanicien, pour donner, en cas d'accident, le signal d'alarme, par tel moyen qui sera autorisé par le ministre des travaux publics, sur la proposition de la compagnie.

ART. 24.

Les trains devront être éclairés extérieurement pendan la nuit. En cas d'insuffisance du système d'éclairage, le ministre des travaux publics prescrira, la compagnie entendue, les dispositions qu'il jugera nécessaires.

Les voitures fermées, destinées aux voyageurs, devront être éclairées intérieurement pendant la nuit et au passage des souterrains qui seront désignés par le ministre.

TITRE IV.

Du Départ, de la Circulation et de l'Arrivée des Convois.

ART. 25.

Pour chaque chemin de fer, le ministre des travaux publics déterminera, sur la proposition de la compagnie, le sens du mouvement des trains et des machines isolées sur chaque voie, quand il y a plusieurs voies, ou les points de croisement quand il n'y en a qu'une.

Il ne pourra être dérogé, sous aucun prétexte, aux dispositions qui auront été prescrites par le ministre, si ce n'est dans le cas où la voie serait interceptée; et, dans ce cas, le changement devra être fait avec les précautions indiquées en l'article 34 ci-après.

ART. 26.

Avant le départ du train, le mécanicien s'assurera si toutes les parties de la locomotive et du tender sont en bon état, si le frein de ce tender fonctionne convenablement.

La même vérification sera faite par les conducteurs gardes-freins, en ce qui concerne les voitures et les freins de ces voitures.

Le signal du départ ne sera donné que lorsque les portières seront fermées.

Le train ne devra être mis en marche qu'après le signal du départ.

Art. 27.

Aucun convoi ne pourra partir d'une station avant l'heure déterminée par le règlement de service.

Aucun convoi ne pourra également partir d'une station avant qu'il se soit écoulé, depuis le départ ou le passage du convoi précédent, le laps de temps qui aura été fixé par le ministre des travaux publics, sur la proposition de la compagnie.

Des signaux seront placés à l'entrée de la station pour indiquer aux mécaniciens des trains qui pourraient survenir, si le délai déterminé en vertu du paragraphe précédent est écoulé.

Dans l'intervalle des stations, des signaux seront établis, afin de donner le même avertissement au mécanicien sur les points où il ne peut pas voir devant lui une distance suffisante. Dès que l'avertissement lui sera donné, le mécanicien devra ralentir la marche du train. En cas d'insuffisance des signaux établis par la compagnie, le ministre prescrira, la compagnie entendue, l'établissement de ceux qu'il jugera nécessaires.

Art. 28.

Sauf le cas de force majeure ou de réparation de la voie, les trains ne pourront s'arrêter qu'aux gares ou lieux de stationnement autorisés pour le service des voyageurs ou des marchandises.

Les locomotives ou les voitures ne pourront stationner sur les voies du chemin de fer affectées à la circulation des trains.

Art. 29.

Le ministre des travaux publics déterminera, sur la proposition de la compagnie, les mesures spéciales de précaution relatives à la circulation des trains sur les plans inclinés et dans les souterrains à une ou à deux voies, à raison de leur longueur et de leur tracé.

Il déterminera également, sur la proposition de la compagnie, la vitesse maximum que les trains de voyageurs pourront prendre sur les diverses parties de chaque ligne et la durée du trajet.

ART. 30.

Le ministre des travaux publics prescrira, sur la proposition de la compagnie, les mesures spéciales de précaution à prendre pour l'expédition et la marche des convois extraordinaires.

Dès que l'expédition d'un convoi extraordinaire aura été décidée, déclaration devra en être faite immédiatement au commissaire spécial de police, avec indication du motif de l'expédition du convoi et de l'heure du départ.

ART. 31.

Il sera placé le long du chemin, pendant le jour et pendant la nuit, soit pour l'entretien, soit pour la surveillance de la voie, des agents en nombre assez grand pour assurer la libre circulation des trains et la transmission des signaux ; en cas d'insuffisance, le ministre des travaux publics en réglera le nombre, la compagnie entendue.

Ces agents seront pourvus de signaux de jour et de nuit à l'aide desquels ils annonceront si la voie est libre et en bon état, si le mécanicien doit ralentir sa marche ou s'il doit arrêter immédiatement le train.

Ils devront, en outre, signaler de proche en proche l'arrivée des convois.

ART. 32.

Dans le cas où, soit un train, soit une machine isolée s'arrêterait sur la voie pour cause d'accident, le signal

d'arrêt indiqué en l'article précédent devra être fait à
500 mètres au moins à l'arrière.

Les conducteurs principaux des convois et les mécaniciens conducteurs des machines isolées devront être munis d'un signal d'arrêt.

ART. 33.

Lorsque des ateliers de réparation seront établis sur
une voie, des signaux devront indiquer si l'état de la voie
ne permet pas le passage des trains, ou s'il suffit de ralentir la marche de la machine.

ART. 34.

Lorsque, par suite d'un accident, de réparation ou de
toute autre cause, la circulation devra s'effectuer momen-
tanément sur une voie, il devra être placé un garde au-
près des aiguilles de chaque changement de voie.

Les gardes ne laisseront les trains s'engager dans la
voie unique réservée à la circulation, qu'après s'être assurés qu'ils ne seront pas rencontrés par un train venant
dans un sens opposé.

Il sera donné connaissance au commissaire spécial de
police du signal ou de l'ordre de service adopté pour assurer la circulation sur la voie unique.

ART. 35.

'La Compagnie sera tenue de faire connaître au ministre
des travaux publics le système de signaux qu'elle a adoptés ou qu'elle se propose d'adopter pour les cas prévus
par le présent titre. Le ministre prescrira les modifications qu'il jugera nécessaires.

ART. 36.

Le mécanicien devra porter constamment son attention
sur l'état de la voie, arrêter ou ralentir la marche en cas

d'obstacles, suivant les circonstances, et se conformer aux
signaux qui lui seront transmis ; il surveillera toutes les
parties de la machine, la tension de la vapeur et le niveau d'eau de la chaudière. Il veillera à ce que rien
n'embarrasse la manœuvre du frein du tender.

Art. 37.

A 500 mètres au moins avant d'arriver au point
où une ligne d'embranchement vient croiser la ligne
principale, le mécanicien devra modérer la vitesse de
telle manière que le train puisse être complétement arrêté avant d'atteindre ce croisement, si les circonstances
l'exigent.

Au point d'embranchement ci-dessus désigné, des signaux devront indiquer le sens dans lequel les aiguilles
sont placées.

A l'approche des stations d'arrivée, le mécanicien devra faire les dispositions convenables pour que la vitesse
acquise du train soit complétement amortie avant le point
où les voyageurs doivent descendre, et de telle sorte qu'il
soit nécessaire de remettre la machine en action pour
atteindre ce point.

Art. 38.

A l'approche des stations, des passages à niveau, des
courbes, des tranchées et des souterrains, le mécanicien
devra faire jouer le sifflet à vapeur, pour avertir de l'approche du train.

Il se servira également du sifflet comme moyen d'a-
vertissement, toutes les fois que la voie ne lui paraîtra
pas complétement libre.

Art. 39.

Aucune personne autre que le mécanicien et le chauffeur ne pourra monter sur la locomotive ou sur le tender,

à moins d'une permission spéciale et écrite du directeur de l'exploitation du chemin de fer.

Sont exceptés de cette interdiction les ingénieurs des ponts et chaussées, les ingénieurs des mines chargés de la surveillance, et les commissaires spéciaux de police. Toutefois, ces derniers devront remettre au chef de la station ou au conducteur principal du convoi une réquisition écrite et motivée.

ART. 40.

Des machines dites *de secours* ou *de réserve* devront être entretenues constamment en feu et prêtes à partir, sur les points de chaque ligne qui seront désignés par le ministre des travaux publics, sur la proposition de la compagnie.

Les règles relatives au service de ces machines seront également déterminées par le ministre, sur la proposition de la compagnie.

ART. 41.

Il y aura constamment, au lieu de dépôt des machines, un wagon chargé de tous les agrès et outils nécessaires en cas d'accident.

Chaque train devra d'ailleurs être muni des outils les plus indispensables.

ART. 42.

Aux stations qui seront désignées par le ministre des travaux publics, il sera tenu des registres sur lesquels on mentionnera les retards excédant dix minutes pour les parcours dont la longueur est inférieure à 50 kilomètres, et quinze minutes pour les parcours de 50 kilomètres et au delà. Ces registres indiqueront la nature et la composition des trains, le nom des locomotives qui les ont remorqués, les heures de départ et d'arrivée, la cause et la durée du retard.

Ces registres seront représentés à toute réquisition aux ingénieurs fonctionnaires et agents de l'administration publique chargés de la surveillance du matériel et de l'exploitation.

ART. 43.

Des affiches placées dans les stations feront connaître au public les heures de départ des convois ordinaires de toute sorte, les stations qu'ils doivent desservir, les heures auxquelles ils doivent arriver à chacune des stations et en partir.

Quinze jours au moins avant d'être mis à exécution, ces ordres de service seront communiqués en même temps aux commissaires royaux, au préfet du département et au ministre des travaux publics, qui pourra prescrire les modifications nécessaires pour la sûreté de la circulation ou pour les besoins du public.

TITRE V.

De la Perception des taxes et des Frais accessoires.

ART. 44.

Aucune taxe, de quelque nature qu'elle soit, ne pourra être perçue par la compagnie qu'en vertu d'une homologation du ministre des travaux publics.

Les taxes perçues actuellement sur les chemins dont les concessions sont antérieures à 1835, et qui ne sont pas encore régularisées, devront l'être avant le 1er avril 1847.

ART. 45.

Pour l'exécution du § 1er de l'article qui précède, la compagnie devra dresser un tableau des prix qu'elle a

l'intention de percevoir, dans la limite du maximum autorisé par le cahier des charges, pour le transport des
voyageurs, des bestiaux, marchandises et objets divers,
et en transmettre en même temps des expéditions au ministre des travaux publics, aux préfets des départements
traversés par le chemin de fer et aux commissaires
royaux.

ART. 46.

La compagnie devra, en outre, dans le plus court délai et dans les formes énoncées en l'article précédent,
soumettre ses propositions au ministre des travaux publics pour les prix de transport non déterminés par le
cahier des charges, et à l'égard desquels le ministre est
appeler à statuer.

ART. 47.

Quant aux frais accessoires, tels que ceux de chargement, de déchargement et d'entrepôt dans les gares et
magasins du chemin de fer, et quant à toutes les taxes
qui doivent être réglées annuellement, la compagnie devra en soumettre le règlement à l'approbation du ministre des travaux publics, dans le dixième mois de chaque année. Jusqu'à décision, les anciens tarifs continueront à être perçus.

ART. 48.

Les tableaux des taxes et des frais accessoires approuvés seront constamment affichés dans les lieux les plus
apparents des gares et stations des chemins de fer.

ART. 49.

Lorsque la compagnie voudra apporter quelques changements aux prix autorisés, elle en donnera avis au ministre des travaux publics, aux préfets des départements
traversés et aux commissaires royaux.

Le public sera en même temps informé par des affiches des changements soumis à l'approbation du ministre.

A l'expiration du mois à partir de la date de l'affiche, lesdites taxes pourront être perçues, si, dans cet intervalle, le ministre des travaux publics les a homologuées.

Si des modifications à quelques-uns des prix affichés étaient prescrites par le ministre, les prix modifiés devront être affichés de nouveau et ne pourront être mis en perception qu'un mois après la date des affiches.

ART 50.

La compagnie sera tenue d'effectuer avec soin, exactitude et célérité, et sans tour de faveur, les transports des marchandises, bestiaux et objets de toute nature qui lui seront confiés.

Au fur et à mesure que des colis, des bestiaux ou des objets quelconques arriveront au chemin de fer, enregistrement en sera fait immédiatement, avec mention du prix total dû pour le transport. Le transport s'effectuera dans l'ordre des inscriptions, à moins de délais demandés ou consentis par l'expéditeur, et qui seront mentionnés dans l'enregistrement.

Un récépissé devra être délivré à l'expéditeur, s'il le demande, sans préjudice, s'il y a lieu, de la lettre de voiture. Le récépissé énoncera la nature et le poids des colis, le prix total du transport et le délai dans lequel ce transport devra être effectué.

Les registres mentionnés au présent article seront représentés à toute réquisition des fonctionnaires et agents chargés de veiller à l'exécution du présent règlement.

TITRE VI.

De la Surveillance de l'Exploitation.

ART. 51.

La surveillance de l'exploitation des chemins de fer s'exercera concurremment :

Par les commissaires royaux ;

Par les ingénieurs des ponts et chaussées, les ingénieurs des mines, et par les conducteurs, les gardes-mines et autres agents sous leurs ordres ;

Par les commissaires spéciaux de police et les agents sous leurs ordres.

ART. 52.

Les commissaires royaux seront chargés :

De surveiller le mode d'application des tarifs approuvés à l'exécution des mesures prescrites pour la réception et l'enregistrement des colis, leur transport et leur remise aux destinataires ;

De veiller à l'exécution des mesures approuvées ou prescrites pour que le service des transports ne soit pas interrompu aux points extrêmes de lignes en communication l'une avec l'autre ;

De vérifier les conditions des traités qui seraient passés par les compagnies avec les entreprises de transport par terre ou par eau, en correspondance avec les chemins de fer, et de signaler toutes les infractions au principe de l'égalité des taxes ;

De constater le mouvement de la circulation des voyageurs et des marchandises sur les chemins de fer, les dépenses d'entretien et d'exploitation, et les recettes.

Art. 53.

Pour l'exécution de l'article ci-dessus, les compagnies seront tenues de représenter à toute réquisition aux commissaires royaux leurs registres de dépenses et de recettes, et les registres mentionnés à l'article 50 ci-dessus.

Art. 54.

A l'égard des chemins de fer pour lesquels les compagnies auraient obtenu de l'État soit un prêt avec intérêt privilégié, soit la garantie d'un minimum d'intérêt, ou pour lesquels l'État devrait entrer en partage des produits nets, les commissaires royaux exerceront toutes les autres attributions qui seront déterminées par les règlements spéciaux à intervenir dans chaque cas particulier.

Art. 55.

Les ingénieurs, les conducteurs et autres agents de service des ponts et chaussées seront spécialement chargés de surveiller l'état de la voie de fer, des terrassements et des ouvrages d'art et des clôtures.

Art. 56.

Les ingénieurs des mines, les gardes-mines et autres agents de service des mines seront spécialement chargés de surveiller l'état des machines fixes et locomotives employées à la traction des convois, et, en général, de tout le matériel roulant servant à l'exploitation.

Ils pourront être suppléés par les ingénieurs, conducteurs et autre agents de service des ponts et chaussées, et réciproquement.

Art. 57.

Les commissaires spéciaux de police et les agents sous leurs ordres sont chargés particulièrement de surveiller la composition, le départ, l'arrivée, la marche et les stationnements des trains, l'entrée, le stationnement et la circulation des voitures dans les cours et stations, l'admission du public dans les gares et sur les quais des chemins de fer.

ART. 58.

Les compagnies sont tenues de fournir des locaux convenables pour les commissaires spéciaux de police et les agents de surveillance.

ART. 59.

Toutes les fois qu'il arrivera un accident sur le chemin de fer, il en sera fait immédiatement déclaration à l'autorité locale et au commissaire spécial de police, à la diligence du chef du convoi. Le préfet du département, l'ingénieur des ponts et chaussées et l'ingénieur des mines, chargés de la surveillance, et le commissaire royal, en seront immédiatement informés par les soins de la compagnie.

ART. 60.

Les compagnies devront soumettre à l'approbation du ministre des travaux publics leurs règlements relatifs au service et à l'exploitation des chemins de fer.

TITRE VII.

Des Mesures concernant les Voyageurs et les Personnes étrangères au Service du Chemin de fer.

ART. 61.

Il est défendu à toute personne étrangère au service du chemin de fer :

28

1° De s'introduire dans l'enceinte du chemin de fer, d'y circuler ou stationner ;

2° D'y jeter ou déposer aucuns matériaux ni objets quelconques ;

3° D'y introduire des chevaux, bestiaux ou animaux d'aucune espèce ;

4° D'y faire circuler ou stationner aucunes voitures, wagons ou machines étrangères au service.

ART. 62.

Sont exceptés de la défense portée au premier paragraphe de l'article précédent, les maires et adjoints, les commissaires de police, les officiers de gendarmerie, les gendarmes et autres agents de la force publique, les préposés aux douanes, aux contributions indirectes et aux octrois, les gardes champêtres et forestiers dans l'exercice de leurs fonctions et revêtus de leurs uniformes ou de leurs insignes.

Dans tous les cas, les fonctionnaires et les agents désignés au paragraphe précédent seront tenus de se conformer aux mesures spéciales de précaution qui auront été déterminées par le ministre, la compagnie entendue.

ART. 63.

Il est défendu :

1° D'entrer dans les voitures sans avoir pris un billet, et de se placer dans une voiture d'une autre classe que celle qui est indiquée par le billet ;

2° D'entrer dans les voitures et d'en sortir autrement que par la portière qui fait face au côté extérieur de la ligne du chemin de fer ;

3° De passer d'une voiture dans une autre, de se pencher au dehors.

Les voyageurs ne doivent sortir des voitures qu'aux stations, et lorsque le train est complétement arrêté.

Il est défendu de fumer dans les voitures ou sur les voitures et dans les gares ; toutefois, à la demande de la compagnie et moyennant des mesures spéciales de précaution, des dérogations à cette disposition pourront être autorisées.

Les voyageurs sont tenus d'obtempérer aux injonctions des agents de la compagnie pour l'observation des dispositions mentionnées aux paragraphes ci-dessus.

ART. 64.

Il est interdit d'admettre dans les voitures plus de voyageurs que ne le comporte le nombre de places indiqué conformément à l'article 14 ci-dessus.

ART. 65.

L'entrée des voitures est interdite :

1° A toute personne en état d'ivresse ;

2° A tous individus porteurs d'armes à feu chargées ou de paquets qui, par leur nature, leur volume ou leur odeur, pourraient gêner ou incommoder les voyageurs.

Tout individu porteur d'une arme à feu devra, avant son admission sur les quais d'embarquement, faire constater que son arme n'est point chargée.

ART. 66.

Les personnes qui voudront expédier des marchandises de la nature de celles qui sont mentionnées à l'article 21 devront les déclarer au moment où elles les apporteront dans les stations du chemin de fer.

Des mesures spéciales de précaution seront prescrites, s'il y a lieu, pour le transport desdites marchandises, la compagnie entendue.

ART. 67.

Aucun chien ne sera admis dans les voitures servant

au transport de voyageurs ; toutefois, la compagnie pourra placer dans des caisses de voitures spéciales les voyageurs qui ne voudraient pas se séparer de leurs chiens, pourvu que ces animaux soient muselés, en quelque saison que ce soit.

Art. 68.

Les cantonniers, gardes-barrières et autres agents du chemin de fer devront faire sortir immédiatement toute personne qui se serait introduite dans l'enceinte du chemin, ou dans quelque portion que ce soit de ses dépendances où elle n'aurait pas le droit d'entrer.

En cas de résistance de la part des contrevenants, tout employé du chemin de fer pourra requérir l'assistance des agents de l'administration et de la force publique.

Les chevaux ou bestiaux abandonnés qui seront trouvés dans l'enceinte du chemin de fer seront saisis et mis en fourrière.

TITRE VIII.

Dispositions diverses.

Art. 69.

Dans tous les cas où, conformément aux dispositions du présent règlement, le ministre des travaux publics devra statuer sur la proposition d'une compagnie, la compagnie sera tenue de lui soumettre cette proposition dans le délai qu'il aura déterminé, faute de quoi le ministre pourra statuer directement.

Si le ministre pense qu'il y a lieu de modifier la proposition de la compagnie, il devra, sauf le cas d'urgence, entendre la compagnie avant de prescrire les modifications.

Art. 70.

Aucun crieur, vendeur ou distributeur d'objets quelconques ne pourra être admis par les compagnies à exercer sa profession dans les cours ou bâtiments des stations et dans les salles d'attente destinées aux voyageurs, qu'en vertu d'une autorisation spéciale du préfet du département.

Art. 71.

Lorsqu'un chemin de fer traverse plusieurs départements, les attributions conférées aux préfets par le présent règlement pourront être centralisées en tout ou en partie dans les mains de l'un des préfets des départements traversés.

Art. 72.

Les attributions données aux préfets des départements par la présente ordonnance seront, conformément à l'arrêté du 3 brumaire an IX, exercées par le préfet de police dans toute l'étendue du département de la Seine, et dans les communes de Saint-Cloud, Meudon et Sèvres, département de Seine-et-Oise.

Art. 73.

Tout agent employé sur les chemins de fer sera revêtu d'un uniforme ou porteur d'un signe distinctif; les cantonniers, gardes-barrières et surveillants pourront être armés d'un sabre.

Art. 74.

Nul ne pourra être employé en qualité de mécanicien conducteur de train, s'il ne produit des certificats de capacité délivrés dans les formes qui seront déterminées par le ministre des travaux publics.

ART. 75.

Aux stations désignées par le ministre, les compagnies entretiendront les médicaments et moyens de secours nécessaires en cas d'accident.

ART. 76.

Il sera tenu dans chaque station un registre coté et paraphé, à Paris, par le préfet de police, ailleurs, par le maire du lieu, lequel sera destiné à recevoir les réclamations des voyageurs qui auraient des plaintes à former, soit contre la compagnie, soit contre ses agents. Ce registre sera présenté à toute réquisition des voyageurs.

ART. 77.

Les registres mentionnés aux articles 9, 20 et 42 ci-dessus seront cotés et paraphés par le commissaire de police.

ART. 78.

Des exemplaires du présent règlement seront constamment affichés, à la diligence des compagnies, aux abords des bureaux des chemins de fer et dans les salles d'attente.

Le conducteur principal d'un train en marche devra également être muni d'un exemplaire du règlement.

Des extraits devront être délivrés, chacun pour ce qui le concerne, aux mécaniciens, chauffeurs, gardes-freins. cantonniers, gardes-barrières et autres agents employés sur le chemin de fer.

Des extraits, en ce qui concerne les règles à observer par les voyageurs pendant le trajet, devront être placés dans chaque caisse de voiture.

ART. 79.

Seront constatées, poursuivies et réprimées, conformément au titre III de la loi du 15 juillet 1845, sur la police des chemins de fer, les contraventions au présent règle- ment. aux décisions rendues par le ministre des travaux publics, et aux arrêtés pris, sous son approbation, par les préfets, pour l'exécution dudit règlement.

Art. 80.

Notre ministre secrétaire d'État des travaux publics est chargé de l'exécution de la présente ordonnance, qui sera insérée au *Bulletin des lois*.

N° 3.

CAHIER DES CHARGES

DONNÉ

AUX COMPAGNIES DE CHEMINS DE FER EN 1857 ET 1859.

———

TITRE PREMIER.

Tracé et construction.

ARTICLE PREMIER.

La concession des chemins de fer de .... comprend les lignes ci-après, etc.

ART. 2.

Les travaux devront être achevés dans les délais ci-après fixés, savoir : etc.

ART. 3.

Aucun travail ne pourra être entrepris, pour l'établissement des chemins de fer et de leurs dépendances, qu'avec l'autorisation de l'administration supérieure ; à cet effet, les projets de tous les travaux à exécuter seront dressés en double expédition et soumis à l'approbation du ministre, qui prescrira, s'il y a lieu, d'y introduire telles modifications que de droit : l'une de ces expéditions sera remise à la compagnie avec le visa du ministre, l'autre demeurera entre les mains de l'administration.

Avant comme pendant l'exécution, la compagnie aura la faculté de proposer aux projets approuvés les modifications qu'elle jugerait utiles ; mais ces modifications ne pourront être exécutées que moyennant l'approbation de l'administration supérieure.

ART. 4.

La compagnie pourra prendre copie de tous les plans, nivellements et devis qui pourraient avoir été antérieurement dressés aux frais de l'État.

ART. 5.

Le tracé et le profil du chemin de fer seront arrêtés sur la production de projets d'ensemble comprenant, pour la ligne entière ou pour chaque section de la ligne :

1° Un plan général à l'échelle de 1/10,000 ;

2° Un profil en long à l'échelle de 1/5,000 pour les longueurs et 1/1,000 pour les hauteurs dont les cotes seront rapportées au niveau moyen de la mer, pris pour plan de comparaison ; au-dessous de ce profil on indiquera, au moyen de trois lignes horizontales disposées à cet effet, savoir :

— Les distances kilométriques du chemin de fer, comptées à partir de son origine ;

— La longueur et l'inclinaison de chaque pente ou rampe ;

— La longueur des parties droites et le développement des parties courbes du tracé en faisant connaître le rayon correspondant à chacune de ces dernières ;

3° Un certain nombre de profils en travers, y compris le profil type de la voie ;

4° Un mémoire dans lequel seront justifiées toutes les dispositions essentielles du projet et un devis descriptif dans lequel seront reproduites, sous forme de tableaux, les indications relatives aux déclivités et aux courbes déjà données sur le profil en long.

La position des gares et stations projetées, celles des cours d'eau et des voies de communication traversés par le chemin de fer, des passages soit à niveau, soit en dessus, soit en dessous de la voie ferrée, devront être indiquées tant sur le plan que sur le profil en long : le tout sans préjudice des projets à fournir pour chacun de ces ouvrages.

Art. 6.

Les terrains seront acquis et les ouvrages d'art seront exécutés immédiatement pour deux voies ; les terrassements pourront être exécutés et les rails pourront être posés pour une voie seulement, sauf l'établissement d'un certain nombre de gares d'évitement.

La compagnie sera tenue d'ailleurs d'établir la deuxième voie, soit sur la totalité du chemin, soit sur les parties qui lui seront désignées, lorsque l'insuffisance d'une seule voie, par suite du développement de la circulation, aura été constatée par l'administration.

Les terrains acquis par la compagnie pour l'établissement de la seconde voie ne pourront recevoir une autre destination.

Art. 7.

La largeur de la voie entre les bords intérieurs des rails devra être de un mètre quarante-quatre (1ᵐ,44) à un mètre quarante-cinq centimètres (1ᵐ,45). Dans les parties à deux voies, la largeur de l'entrevoie mesurée entre les bords extérieurs des rails sera de deux mètres (2ᵐ,00).

La largeur des accotements, c'est-à-dire des parties comprises de chaque côté entre le bord extérieur du rail et l'arête supérieure du ballast, sera de 1 mètre (1ᵐ,00) au moins.

On ménagera au pied de chaque talus du ballast une banquette de cinquante centimètres (0m,50) de largeur.

La compagnie établira le long du chemin de fer des fossés ou rigoles qui seront jugés nécessaires pour l'asséchement de la voie et pour l'écoulement des eaux.

Les dimensions de ces fossés et rigoles seront déterminées par l'administration, suivant les circonstances locales, sur les propositions de la compagnie.

Art. 8.

Les alignements seront raccordés entre eux par des courbes dont le rayon ne pourra être inférieur à 350 mètres. Une partie droite de 100 mètres au moins de longueur devra être ménagée entre deux courbes consécutives, lorsqu'elles seront dirigées en sens contraire.

Le maximum de l'inclinaison des pentes et rampes est fixé à 10 millimètres par mètre.

Une partie horizontale de 100 mètres au moins devra être ménagée entre deux fortes déclivités consécutives, lorsque ces déclivités se succéderont en sens contraire, et de manière à verser leurs eaux au même point.

Les déclivités correspondant aux courbes de faible rayon devront être réduites autant que faire se pourra.

La compagnie aura la faculté de proposer aux dispositions de cet article et à celles de l'article précédent les modifications qui lui paraîtraient utiles ; mais ces modifications ne pourront être exécutées que moyennant l'approbation préalable de l'administration supérieure.

Art. 9.

Le nombre, l'étendue et l'emplacement des gares d'évitement seront déterminés par l'administration, la compagnie entendue.

Le nombre des voies sera augmenté, s'il y a lieu, dans les gares et aux abords de ces gares, conformément aux décisions qui seront prises par l'administration, la compagnie entendue.

Le nombre et l'emplacement des stations de voyageurs et des gares de marchandises seront également déterminés par l'administration, sur les propositions de la compagnie, après une enquête spéciale.

La Compagnie sera tenue, préalablement à tout commencement d'exécution, de soumettre à l'administration le projet desdites gares, lequel se composera :

1° D'un plan à l'échelle de 1/500, indiquant les voies, les quais, les bâtiments et leur distribution intérieure, ainsi que de la disposition de leurs abords;

2° D'une élévation des bâtiments à l'échelle de 1 centimètre par mètre;

3° D'un mémoire descriptif dans lequel les dispositions essentielles du projet seront justifiées.

ART. 10.

A moins d'obstacles locaux, dont l'appréciation appartiendra à l'administration, le chemin de fer, à la rencontre des routes impériales ou départementales, devra passer soit au-dessus, soit au-dessous de ces routes.

Les croisements à niveau seront tolérés pour les chemins vicinaux, ruraux ou particuliers.

ART. 11.

Lorsque le chemin de fer devra passer au-dessus d'une route impériale ou départementale ou d'un chemin vicinal, l'ouverture du viaduc sera fixée par l'administration, en tenant compte des circonstances locales; mais cette ouverture ne pourra, dans aucun cas, être inférieure à huit mètres (8m,00) pour la route impériale, à sept mètres (7m,00) pour la route départementale, à cinq mètres (5m,00) pour le chemin vicinal de grande communication, et à quatre mètres (4ᵐ,00) pour un simple chemin vicinal.

Pour les viaducs de forme cintrée, la hauteur sous-clef, à partir du sol de la route, sera de cinq mètres (5ᵐ,00) au moins. Pour ceux qui seront formés de poutres horizontales en bois ou en fer, la hauteur sous poutres sera de quatre mètres trente centimètres (4ᵐ,30) au moins.

La largeur entre les parapets sera au moins de huit mètres (8ᵐ,00). La hauteur de ces parapets sera fixée par l'administration, et ne pourra, dans aucun cas, être inférieure à quatre-vingts centimètres (0ᵐ,80).

ART. 12.

Lorsque le chemin de fer devra passer au-dessous d'une route impériale ou départementale ou d'un chemin vicinal, la largeur entre les parapets du pont qui supportera la route ou le chemin sera fixée par l'administration, en tenant compte des circonstances locales ; mais cette largeur ne pourra, en aucun cas, être inférieure à huit mètres (8ᵐ,00) pour la route impériale, à sept mètres (7ᵐ,00) pour la route départementale, à cinq mètres (5ᵐ,00) pour un chemin vicinal de grande communication, et à quatre mètres (4ᵐ,00) pour un simple chemin vicinal.

L'ouverture du pont entre les culées sera au moins de huit mètres (8ᵐ,00), et la distance verticale ménagée au-dessus des rails extérieurs de chaque voie pour le passage des trains ne sera pas inférieure à quatre mètres quatre-vingts centimètres (4ᵐ,80) au moins.

ART. 13.

Dans le cas où des routes impériales ou départementales, ou des chemins vicinaux, ruraux ou particuliers seraient traversés à leur niveau par le chemin de fer, les rails devront être posés sans aucune saillie ni dépression sur la surface de ces routes, et de telle sorte qu'il n'en résulte aucune gêne pour la circulation des voitures.

Le croisement à niveau du chemin de fer et des routes ne pourra s'effectuer sous un angle de moins de 45°.

Chaque passage à niveau sera muni de barrières; il y sera, en outre, établi une maison de gardes toutes les fois que l'utilité en sera reconnue par l'administration.

La compagnie devra soumettre à l'approbation de l'administration les projets types de ces barrières.

ART. 14.

Lorsqu'il y aura lieu de modifier l'emplacement ou le profil des routes existantes, l'inclinaison des pentes et rampes sur les routes modifiées ne pourra excéder trois centimètres ($0^m,03$) par mètre pour les routes impériales ou départementales, et cinq centimètres ($0^m,05$) pour les chemins vicinaux. L'administration restera libre, toutefois, d'apprécier les circonstances qui pourraient motiver une dérogation à cette clause, comme à celle qui est relative à l'angle de croisement des passages à niveau.

ART. 15.

La compagnie sera tenue de rétablir et d'assurer à ses frais l'écoulement de toutes les eaux dont le cours serait arrêté, suspendu ou modifié par ses travaux.

Les viaducs à construire à la rencontre des rivières, des canaux et des cours d'eau quelconques auront au moins huit mètres ($8^m,00$) de largeur entre les parapets, sur les chemins à deux voies, et quatre mètres cinquante centimètres ($4^m,50$) sur les chemins à une voie. La hauteur de ces parapets sera fixée par l'administration et ne pourra être inférieure à quatre-vingts centimètres ($0^m,80$).

La hauteur et le débouché du viaduc seront déterminés, dans chaque cas particulier, par l'administration, suivant les circonstances locales.

ART. 16.

Les souterrains à établir pour le passage du chemin de fer auront au moins huit mètres (8^m,00) de largeur entre les pieds-droits au niveau des rails, et six mètres (6^m,00) de hauteur sous-clef au-dessus de la surface des rails. La distance verticale entre l'intrados et le dessus des rails extérieurs de chaque voie ne sera pas inférieure à quatre mètres quatre-vingts centimètres (4^m,80). L'ouverture des puits d'aérage et de constructions des souterrains sera entourée d'une margelle en maçonnerie de deux mètres (2^m,00) de hauteur. Cette ouverture ne pourra être établie sur aucune voie publique.

ART. 16 *bis.*

Les articles 7, 8, 11, 12, 13, 14, 15 et 16 ci-dessus, relatifs aux conditions d'établissement du chemin de fer, ne s'appliquent pas aux voies, travaux et ouvrages d'art des lignes qui sont actuellement en exploitation ou en construction, et pour lesquelles les dispositions des projets approuvés sont maintenues.

Les parties de seconde voie et autres ouvrages qu'il pourra être nécessaire d'établir ultérieurement sur ces lignes seront exécutés conformément aux dispositions des projets précédemment approuvés pour les mêmes lignes.

ART. 17.

A la rencontre des cours d'eau flottables ou navigables, la compagnie sera tenue de prendre toutes les mesures et de payer tous les frais nécessaires pour que le service de la navigation ou du flottage n'éprouve ni interruption ni entrave pendant l'exécution des travaux.

A la rencontre des routes impériales ou départementales et des autres chemins publics, il sera construit des chemins et ponts provisoires, par les soins et aux frais de

la compagnie, partout où cela sera jugé nécessaire pour
que la circulation n'éprouve ni interruption ni gêne.

Avant que les communications existantes puissent être
interceptées, une reconnaissance sera faite par les ingénieurs de la localité à l'effet de constater si les ouvrages
provisoires présentent une solidité suffisante et s'ils peuvent assurer le service de la circulation.

Un délai sera fixé par l'administration pour l'exécution
des travaux définitifs destinés à rétablir les communications interceptées.

Art. 18.

La compagnie n'emploiera, dans l'exécution des ouvrages, que des matériaux de bonne qualité; elle sera
tenue de se conformer à toutes les règles de l'art, de manière à obtenir une construction parfaitement solide.

Tous les aqueducs, ponceaux, ponts et viaducs à construire à la rencontre des divers cours d'eau et des chemins publics ou particuliers, seront en maçonnerie ou en
fer, sauf les cas d'exception qui pourront être admis par
l'administration.

Art. 19.

Les voies seront établies d'une manière solide et avec
des matériaux de bonne qualité.

Le poids des rails sera au moins de 35 kilogrammes
par mètre courant sur les voies de circulation, si ces rails
sont posés sur traverses, et de 30 kilogrammes dans le
cas où ils seraient posés sur longrines.

Art. 20.

Le chemin de fer sera séparé des propriétés riveraines
par des murs, haies ou toute autre clôture dont le mode
et la disposition seront autorisés par l'administration, sur
la proposition de la compagnie.

ART. 21.

Tous les terrains nécessaires pour l'établissement du chemin de fer et de ses dépendances, pour la déviation de voies de communication et des cours d'eau déplacés, et, en général, pour l'exécution des travaux, quels qu'ils soient, auxquels cet établissement pourra donner lieu, seront achetés et payés par la compagnie concessionnaire.

Les indemnités pour occupation temporaire ou pour détérioration de terrains, pour chômage, modification ou destruction d'usines, et pour tous dommages quelconques résultant des travaux, seront supportées et payées par la compagnie.

ART. 22.

L'entreprise étant d'utilité publique, la compagnie est investie, pour l'exécution des travaux dépendants de sa concession, de tous les droits que les lois et règlements confèrent à l'administration en matière de travaux publics, soit pour l'acquisition des terrains par voie d'expropriation, soit pour l'extraction, le transport et le dépôt des terres, matériaux, etc.; et elle demeure en même temps soumise à toutes les obligations qui dérivent, pour l'administration, de ces lois et règlements.

ART. 23.

Dans les limites de la zone frontière et dans le rayon de servitude des enceintes fortifiées, la compagnie sera tenue, pour l'étude et l'exécution de ses projets, de se soumettre à l'accomplissement de toutes les formalités et de toutes les conditions exigées par les lois, décrets et règlements concernant les travaux mixtes.

ART. 24.

Si la ligne du chemin de fer traverse un sol déjà con-

29

cédé pour l'exploitation d'une mine, l'administration déterminera les mesures à prendre pour que l'établissement du chemin de fer ne nuise pas à l'exploitation de la mine, et réciproquement, pour que, le cas échéant, l'exploitation de la mine ne compromette pas l'existence du chemin de fer.

Les travaux de consolidation à faire dans l'intérieur de la mine à raison de la traversée en chemin de fer, et tous les dommages résultant de cette traversée pour les concessionnaires de la mine, seront à la charge de la compagnie.

ART. 25.

Si le chemin de fer doit s'étendre sur des terrains renfermant des carrières ou les traverser souterrainement, il ne pourra être livré à la circulation avant que les excavations qui pourraient en compromettre la solidité n'aient été remblayées ou consolidées. L'administration déterminera la nature et l'étendue des travaux qu'il conviendra d'entreprendre à cet effet, et qui seront d'ailleurs exécutés par les soins et aux frais de la compagnie.

ART. 26.

Pour l'exécution des travaux, la compagnie se soumettra aux décisions ministérielles concernant l'interdiction du travail les dimanches et jours fériés.

ART. 27.

La compagnie exécutera les travaux par des moyens et des agents à son choix, mais en restant soumise au contrôle et à la surveillance de l'administration.

Ce contrôle et cette surveillance auront pour objet d'empêcher la compagnie de s'écarter des dispositions prescrites par le présent cahier des charges et de celles qui résulteront des projets approuvés.

Art. 28.

A mesure que les travaux seront terminés sur des parties de chemins de fer susceptibles d'être livrées utilement à la circulation, il sera procédé, sur la demande de la compagnie, à la reconnaissance et, s'il y a lieu, à la réception provisoire de ces travaux par un ou plusieurs commissaires que l'administration désignera.

Sur le vu du procès-verbal de cette reconnaissance, l'administration autorisera, s'il y a lieu, la mise en exploitation des parties dont il s'agit ; après cette autorisation, la compagnie pourra mettre lesdites parties en service et y percevoir les taxes ci-après déterminées. Toutefois, ces réceptions partielles ne deviendront définitives que par la réception générale et définitive du chemin de fer.

Art. 29.

Après l'achèvement total des travaux, et dans le délai qui sera fixé par l'administration, la compagnie fera faire à ses frais un bornage contradictoire et un plan cadastral du chemin de fer et de ses dépendances. Elle fera dresser également à ses frais et contradictoirement avec l'administration, un état descriptif de tous les ouvrages d'art qui auront été exécutés ; ledit état accompagné d'un atlas contenant les dessins cotés de tous lesdits ouvrages.

Une expédition dûment certifiée des procès-verbaux de bornage, du plan cadastral, de l'état descriptif et de l'atlas sera dressée aux frais de la compagnie et déposée dans les archives du ministère.

Les terrains acquis par la compagnie postérieurement au bornage général, en vue de satisfaire aux besoins de l'exploitation, et qui par cela même deviendront partie intégrante du chemin de fer, donneront lieu, au fur et à mesure de leur acquisition, à des bornages supplémentaires, et seront ajoutés sur le plan cadastral ; addition sera également faite, sur l'atlas, de tous les ouvrages d'art exécutés postérieurement à sa rédaction.

TITRE II.

Entretien et exploitation.

ART. 30.

Le chemin de fer et toutes ses dépendances seront constamment entretenus en bon état, de manière que la circulation y soit toujours facile et sûre.

Les frais d'entretien et ceux auxquels donneront lieu les réparations ordinaires et extraordinaires seront entièrement à la charge de la compagnie.

Si le chemin de fer, une fois achevé, n'est pas constamment entretenu en bon état, il y sera pourvu d'office à la diligence de l'administration et aux frais de la compagnie, sans préjudice, s'il y a lieu, de l'application des dispositions indiquées ci-après dans l'article 40.

Le montant des avances faites sera recouvré au moyen de rôles que le préfet rendra exécutoires.

ART. 31.

La compagnie sera tenue d'établir à ses frais, partout où besoin sera, des gardiens en nombre suffisant pour assurer la sécurité du passage des trains sur la voie et celle de la circulation ordinaire sur les points où le chemin de fer sera traversé à niveau par des routes ou chemins.

ART. 32.

Les machines locomotives seront construites sur les meilleurs modèles ; elles devront consumer leur fumée et satisfaire d'ailleurs à toutes les conditions prescrites ou à prescrire par l'administration pour la mise en service de ce genre de machines.

Les voitures de voyageurs devront également être faites d'après les meilleurs modèles, et satisfaire à toutes les conditions réglées ou à régler pour les voitures servant au transport des voyageurs sur le chemin de fer. Elles seront suspendues sur ressorts et garnies de banquettes.

Il y en aura de trois classes au moins :

Les voitures de première classe seront couvertes, garnies et fermées à glaces.

Celles de deuxième classe seront couvertes, fermées à glaces et auront des banquettes rembourrées.

Celles de troisième classe seront couvertes, fermées à vitres et munies de banquettes à dossier.

L'intérieur de chacun des compartiments de toute classe contiendra l'indication du nombre des places de ce compartiment.

L'administration pourra exiger qu'un compartiment de chaque classe soit réservé, dans les trains de voyageurs, aux femmes voyageant seules.

Les voitures de voyageurs, les wagons destinés au transport des marchandises, des chaises de poste, des chevaux ou des bestiaux, les plates-formes et, en général, toutes les parties du matériel roulant, seront de bonne et solide construction.

La compagnie sera tenue, pour la mise en service de ce matériel, de se soumettre à tous les règlements sur la matière.

Les machines locomotives, tenders, voitures, wagons de toute espèce, plates-formes composant le matériel roulant, seront constamment entretenus en bon état.

ART. 33.

Des règlements d'administration publique rendus après que la compagnie aura été entendue, détermineront les mesures et les dispositions nécessaires pour assurer la police et l'exploitation du chemin de fer, ainsi que la conservation des ouvrages qui en dépendent.

Toutes les dépenses qu'entraînera l'exécution des mesures prescrites en vertu de ces règlements seront à la charge de la compagnie,

La compagnie sera tenue de soumettre à l'approbation de l'administration les règlements relatifs au service et à l'exploitation du chemin de fer.

Les règlements dont il s'agit dans les deux paragraphes précédents seront obligatoires non-seulement pour la compagnie concessionnaire, mais encore pour toutes celles qui obtiendraient ultérieurement l'autorisation d'établir des lignes de chemin de fer d'embranchement ou de prolongement, et, en général, pour toutes les personnes qui emprunteraient l'usage du chemin de fer.

Le ministre déterminera, sur la proposition de la compagnie, le minimum et le maximum de vitesse des convois de voyageurs et de marchandises et des convois spéciaux des postes, ainsi que la durée du trajet.

ART. 34.

Pour tout ce qui concerne l'entretien et les réparations du chemin de fer et de ses dépendances, l'entretien du matériel et le service de l'exploitation, la compagnie sera soumise au contrôle et à la surveillance de l'administration.

Outre la surveillance ordinaire, l'administration déléguera, aussi souvent qu'elle le jugera utile, un ou plusieurs commissaires pour reconnaître et constater l'état du chemin de fer, de ses dépendances et du matériel.

TITRE III.

Durée, rachat et déchéance de la concession.

ART. 35.

La durée de la concession, pour les lignes mentionnées à l'article 1ᵉʳ du présent cahier des charges, sera de quatre-vingt-dix-neuf ans (99 ans).....

ART. 36.

A l'époque fixée pour l'expiration de la concession, et par le seul fait de cette expiration, le gouvernement sera subrogé à tous les droits de la compagnie sur le chemin de fer et ses dépendances, et il rentrera immédiatement en jouissance de tous ses produits.

La compagnie sera tenue de lui remettre en bon état d'entretien le chemin de fer et tous les immeubles qui en dépendent, quelle qu'en soit l'origine, tels que les bâtiments des gares et stations, les remises, ateliers et dépôts, les maisons de garde, etc. Il en sera de même de tous les objets immobiliers dépendant également dudit chemin, tels que les barrières et clôtures, les voies, changements de voies, plaques tournantes, réservoirs d'eau, grues hydrauliques, machines fixes, etc.

Dans les cinq dernières années qui précéderont le terme de la concession, le gouvernement aura le droit de saisir les revenus du chemin de fer et de les employer à rétablir en bon état le chemin de fer et ses dépendances, si la compagnie ne se mettait pas en mesure de satisfaire pleinement et entièrement à cette obligation.

En ce qui concerne les objets mobiliers, tels que le

matériel roulant, les matériaux, combustibles et approvisionnements de tout genre, le mobilier des stations,
l'outillage des ateliers et gares, l'État sera tenu, si la
compagnie le requiert, de reprendre tous ces objets
sur l'estimation qui en sera faite à dire d'experts, et réciproquement, si l'État le requiert, la compagnie sera
tenue de les céder de la même manière.

Toutefois, l'État ne pourra être tenu de reprendre que
les approvisionnements nécessaires à l'exploitation du
chemin pendant six mois.

ART. 37.

A toute époque après l'expiration des quinze premières
années de la concession, le gouvernement aura la faculté de racheter la concession entière du chemin de fer.

Pour régler le prix du rachat, on relèvera les produits nets annuels obtenus pendant les sept années qui
auront précédé celle où le rachat sera effectué : on en
déduira les produits nets des deux plus faibles années,
et l'on établira le produit net moyen des cinq autres
années.

Ce produit net moyen formera le montant d'une annuité qui sera due et payée à la compagnie pendant
chacune des années restant à courir sur la durée de la
concession.

Dans aucun cas, le montant de l'annuité ne sera inférieur au produit net des sept années prises pour terme
de comparaison.

La compagnie recevra, en outre, dans les trois mois
qui suivront le rachat, les remboursements auxquels elle
aurait droit à l'expiration de la concession, selon l'article 36 ci-dessus.

ART. 38.

La compagnie est dispensée de tout cautionnement à
raison de la concession de***.

ART. 39.

Faute par la compagnie d'avoir terminé les travaux dans le délai fixé par l'art. 2, faute aussi par elle d'avoir rempli les diverses obligations qui lui sont imposées par le présent cahier des charges, elle encourra la déchéance, et il sera pourvu tant à la continuation et à l'achèvement des travaux qu'à l'exécution des autres engagements contractés par la compagnie, au moyen d'une adjudication que l'on ouvrira sur une mise à prix des ouvrages exécutés, des matériaux approvisionnés et des parties du chemin de fer déjà livrées à l'exploitation.

Les soumissions pourront être inférieures à la mise à prix.

La nouvelle compagnie sera soumise aux clauses du présent cahier des charges, et la compagnie évincée recevra d'elle le prix que la nouvelle adjudication aura fixé.

Si l'adjudication ouverte n'amène aucun résultat, une seconde adjudication sera tentée sur les mêmes bases, après un délai de trois mois; si cette seconde tentative reste également sans résultat, la compagnie sera définitivement déchue de tous droits, et alors les ouvrages exécutés, les matériaux approvisionnés et les parties de chemin de fer déjà livrées à l'exploitation appartiendront à l'État.

ART. 40.

Si l'exploitation du chemin de fer vient à être interrompue en totalité ou en partie, l'administration prendra immédiatement, aux frais et risques de la compagnie, les mesures nécessaires pour assurer provisoirement le service.

Si, dans les trois mois de l'organisation du service provisoire, la compagnie n'a pas valablement justifié qu'elle est en état de reprendre et de continuer l'exploitation, et si elle ne l'a pas effectivement reprise, la déchéance pourra être prononcée par le ministre. Cette déchéance prononcée, le chemin de fer et toutes ses dépendances seront mis en adjudication, et il sera procédé ainsi qu'il est dit à l'article précédent.

ART. 41.

Les dispositions des trois articles qui précèdent cesseraient d'être applicables, et la déchéance ne serait pas encourue, dans le cas où le concessionnaire n'aurait pu remplir ses obligations par suite de circonstances de force majeure dûment constatées.

TITRE IV.

Taxes et conditions relatives au transport des voyageurs et des marchandises.

ART. 42.

Pour indemniser la compagnie des travaux et dépenses qu'elle s'engage à faire par le présent cahier des charges, et sous la condition expresse qu'elle en remplira exactement toutes les obligations, le gouvernement lui accorde l'autorisation de percevoir, pendant toute la durée de la concession, les droits de péage et les prix de transport ci-après déterminés :

TARIF

1° Par tête et par kilomètre.

Grande vitesse.

	PRIX		
	de péage.	de transport	TOTAUX

VOYAGEURS.

	fr. c	fr. c.	fr. c.
Voitures couvertes, garnies et fermées à glaces (1ʳᵉ classe).	0 057	0 033	0 10
Voitures couvertes, fermées à glaces, et à banquettes rembourées (2ᵉ classe).	0 050	0 025	0 075
Voitures couvertes et fermées à vitres (3ᵉ classe).	0 037	0 018	0 055

ENFANTS.

Au-dessous de 3 ans, les enfants ne payent rien, à la condition d'être portés sur les genoux des personnes qui les accompagnent.

De 3 à 7 ans, ils payent demi-place, et ont droit à une place distincte; toutefois, dans un même compartiment, deux enfants ne pourront occuper que la place d'un voyageur.

Au-dessus de 7 ans, ils payent place entière.

Chiens transportés dans les trains de voyageurs.	0 010	0 005	0 015

Sans que la perception puisse être inférieure à 0 fr. 30 c.

Petite vitesse.

Bœufs, vaches, taureaux, chevaux, mulets, bêtes de trait	0 07	0 03	0 10
Veaux et porcs.	0 025	0 015	0 04
Moutons, brebis, agneaux, chèvres.	0 01	0 01	0 02

Lorsque les animaux ci-dessus dénommés seront, sur la demande des expéditeurs, transportés à la vitesse des trains de voyageurs, les prix seront doublés.

2° Par tonne et par kilomètre.

Marchandises transportées à grande vitesse.

Huîtres. — Poissons frais. — Denrées. — Excédants de bagage et marchandises de toute classe transportées à la vitesse des trains de voyageurs.	0 20	0 16	0 36

1ʳᵉ CLASSE.

Marchandises transportées à petite vitesse.

Spiritueux. — Huiles. — Bois de menuiserie, de teinture, et autres bois exotiques. — Produits chimiques non dénommés. — Œufs. — Viande fraîche. — Gibier. — Sucre. — Café. — Drogues. — Épiceries. — Tissus. — Denrées coloniales. — Objets manufacturés. — Armes.	0 09	0 07	0 16

	PRIX		
	de péage	de transport	TOTAUX
	fr. c.	fr. c.	fr. c.

2ᵉ CLASSE.

Blés. — Grains. — Farines. — Légumes fari-
neux. — Riz, maïs, châtaignes et autres denrées
alimentaires non dénommées.— Chaux et plâtre.
— Charbon de bois.—Bois à brûler, dit *de corde*.
— Perches. — Chevrons.— Planches.— Madriers.
— Bois de charpente.— Marbre en bloc. — Al-
bâtre.— Bitume.— Cotons.— Laines.— Vins.—
Vinaigres.— Boissons.— Bière.— Levûre sèche.
— Coke.— Fers. -- Cuivres. — Plomb et autres
métaux ouvrés ou non. — Fontes moulées . . .   0 08   0 06   0 14

3ᵉ CLASSE.

Houille.— Marne.— Cendres.—Fumiers et engrais.— Pierres à chaux et à plâtre.— Pavés et
matériaux pour la construction et la réparation
des routes. — Pierres de taille et produits de carrières. — Minerais de fer et autres. — Fonte
brute.— Sel. — Moellons. — Meulières.— Cailloux. — Sable. — Argiles. — Briques. — Ar-
doises.   0 06   0 04   0 10

**3° Voitures et matériel roulant transportés
à petite vitesse.**

Par pièce et par kilomètre.

Wagon ou chariot pouvant porter de 3 à 6
tonnes. 0 09   0 06   0 15

Wagon ou chariot pouvant porter plus de 6
tonnes. 0 12   0 08   0 20

Locomotive pesant de 12 à 18 tonnes (ne traî-
nant pas de convoi). 1 80   1 20   3 00

Locomotive pesant plus de 18 tonnes (ne traî-
nant pas de convoi). 2 25   1 50   3 75

Tender de 7 à 10 tonnes 0 90   0 60   1 50

Tender de plus de 10 tonnes. 1 35   0 90   2 25

Les machines locomotives seront considérées
comme ne traînant pas de convoi, lorsque le convoi remorqué, soit de voyageurs, soit de marchandises, ne comportera pas un péage au moins égal
à celui qui serait perçu sur la locomotive avec
son tender marchant sans rien traîner.

Le prix à payer pour un wagon chargé ne pourra
jamais être inférieur à celui qui serait dû pour
un wagon marchant à vide.

	PRIX		
	de péage.	de transport	TOTAUX
	fr. c.	fr. c.	fr. c.
Voitures à 2 ou 4 roues, à un fond et à une seule banquette dans l'intérieur	0 15	0 10	0 25
Voitures à 4 roues, à deux fonds et à deux banquettes dans l'intérieur, omnibus, diligences, etc.	0 18	0 14	0 32
Lorsque, sur la demande des expéditeurs, les transports auront lieu à la vitesse des trains de voyageurs, les prix ci-dessus seront doublés.			
Dans ce cas, deux personnes pourront, sans supplément de prix, voyager dans les voitures à une banquette, et trois dans les voitures à deux banquettes, omnibus, diligences, etc.; les voyageurs excédant ce nombre payeront le prix des places de 2e classe.			
Voitures de déménagement à 2 ou à 4 roues, à vide.	0 12	0 08	0 20
Ces voitures, lorsqu'elles seront chargées, en sus des prix ci-dessus, par tonne de chargement et par kilomètre.	0 08	0 06	0 14

4° Service des pompes funèbres et transport de cercueils.

Grande vitesse.

Une voiture des pompes funèbres, renfermant un ou plusieurs cercueils, sera transportée aux mêmes prix et conditions qu'une voiture à 4 roues, à deux fonds et à deux banquettes.	0 36	0 28	0 64
Chaque cercueil confié à l'administration du chemin de fer sera transporté, dans un compartiment isolé, au prix de	0 18	0 12	0 30

Les prix déterminés ci-dessus pour les transports à grande vitesse ne comprennent pas l'impôt dû à l'Etat.

Il est expressément entendu que les prix de transport ne seront dus à la compagnie qu'autant qu'elle effectuerait elle-même ces transports à ses frais et par ses propres moyens; dans le cas contraire, elle n'aura droit qu'aux prix fixés par le péage.

La perception aura lieu d'après le nombre de kilomètres

parcourus. Tout kilomètre entamé sera payé comme s'il avait été parcouru en entier.

Si la distance parcourue est inférieure à 6 kilomètres, elle sera comptée pour 6 kilomètres.

Le poids de la tonne est de 1,000 kilogrammes.

Les fractions de poids ne seront comptées, tant pour la grande que pour la petite vitesse, que par centième de tonne ou par 10 kilogrammes.

Ainsi, tout poids compris entre 0 et 10 kilogrammes, payera comme 10 kilogrammes entre 10 et 20 kilogrammes, comme 20 kilogrammes, etc.

Toutefois, pour les excédants de bagage et marchandises à grande vitesse, les coupures seront établies : 1° de 0 à 5 kilogrammes ; 2° au-dessus de 5 kilogrammes jusqu'à 10 kilogrammes ; 3° au-dessus de 10 kilogrammes par fraction indivisible de 10 kilogrammes.

Quelle que soit la distance parcourue, le prix d'une expédition quelconque, soit en grande, soit en petite vitesse, ne pourra être moindre de 40 centimes.

Dans le cas où le prix de l'hectolitre de blé s'élèverait sur le marché régulateur de Gray à 20 fr. ou au-dessus, le gouvernement pourra exiger de la compagnie que le tarif du transport des blés, grains, riz, maïs, farines et légumes farineux, péage compris, ne puisse s'élever au maximum qu'à 17 centimes par tonne et par kilomètre.

ART. 43.

A moins d'une autorisation spéciale et révocable de l'administration, tout train régulier de voyageurs devra contenir des voitures de toute classe en nombre suffisant pour toutes les personnes qui se présenteraient dans les bureaux du chemin de fer.

Dans chaque train de voyageurs, la compagnie aura la faculté de placer des voitures à compartiments spéciaux pour lesquels il sera établi des prix particuliers, que l'ad-

ministration fixera sur la proposition de la compagnie ;
mais le nombre des places à donner dans ces compartiments ne pourra dépasser le cinquième du nombre total
des places du train.

Art. 44.

Tout voyageur dont le bagage ne pèsera pas plus de
30 kilogrammes n'aura à payer, pour le port de ce bagage, aucun supplément du prix de sa place.

Cette franchise ne s'appliquera pas aux enfants transportés gratuitement, et elle sera réduite à 20 kilogrammes pour les enfants transportés à moitié prix.

Art. 45.

Les animaux, denrées, marchandises, effets et autres
objets non désignés dans le tarif seront rangés, pour les
droits à percevoir, dans les classes avec lesquelles ils auront
le plus d'analogie, sans que jamais, sauf les exceptions
formulées aux articles 46 et 47 ci-après, aucune marchandise non dénommée puisse être soumise à une taxe supérieure à celle de la première classe du tarif ci-dessus.

Les assimilations de classes pourront être provisoirement réglées par la compagnie ; mais elles seront soumises immédiatement à l'administration, qui prononcera
définitivement.

Art. 46.

Les droits de péage et les prix de transport déterminés
au tarif ne sont point applicables à toute masse indivisible pesant plus de trois mille kilogrammes (3,000 kil.).

Néanmoins, la compagnie ne pourra se refuser à transporter les masses indivisibles pesant de 3,000 à 5,000 kilogrammes ; mais les droits de péage et les prix de transport seront augmentés de moitié.

La Compagnie ne pourra être contrainte à transporter

les masses pesant plus de cinq mille kilogrammes (5,000 kilog.).

Si, nonobstant la disposition qui précède, la compagnie transporte des masses indivisibles pesant plus de 5,000 kilogrammes, elle devra, pendant trois mois au moins, accorder les mêmes facilités à tous ceux qui en feraient la demande.

Dans ce cas, les prix de transport seront fixés par l'administration, sur la proposition de la compagnie.

Art. 47.

Les prix de transport déterminés au tarif ne sont point applicables :

1° Aux denrées et objets qui ne sont pas nommément énoncés dans le tarif, et qui ne pèseraient pas 200 kilogrammes sous le volume d'un mètre cube;

2° Aux matières inflammables ou explosibles, aux animaux et objets dangereux, pour lesquels des règlements de police prescriraient des précautions spéciales;

3° Aux animaux dont la valeur déclarée excéderait 5,000 francs;

4° A l'or, à l'argent, soit en lingots, soit monnayés ou travaillés, au plaqué d'or ou d'argent, au mercure et au platine, ainsi qu'aux bijoux, dentelles, pierres précieuses, objets d'art et autres valeurs;

5° Et, en général, à tous paquets, colis, excédants de bagages, pesant isolément 40 kilogrammes et au-dessous.

Toutefois, les prix de transport déterminés au tarif sont applicables à tous paquets ou colis, quoique emballés à part, s'ils font partie d'envois pesant ensemble plus de 40 kilogrammes d'objets envoyés par une même personne à une même personne. Il en sera de même pour les excédants de bagages qui pèseraient ensemble ou isolément plus de 40 kilogrammes.

Le bénéfice de la disposition énoncée dans le paragraphe précédent, en ce qui concerne les paquets et colis, ne peut être invoqué par les entrepreneurs de messagerie et de roulage et autres intermédiaires de transport, à moins que les articles par eux envoyés ne soient réunis en un seul colis.

Dans les cinq cas ci-dessus spécifiés, les prix de transport seront arrêtés annuellement par l'administration, tant pour la grande que pour la petite vitesse, sur la proposition de la compagnie.

En ce qui concerne les paquets ou colis mentionnés au paragraphe 5 ci-dessus, les prix de transport devront être calculés de telle manière qu'en aucun cas un de ces paquets ou colis ne puisse payer un prix plus élevé qu'un article de même nature pesant plus de 40 kilogrammes.

Art. 48.

Dans le cas où la compagnie jugerait convenable, soit pour le parcours total, soit pour les parcours partiels de la voie de fer, d'abaisser, avec ou sans conditions, au-dessous des limites déterminées par le tarif, les taxes qu'elle est autorisée à percevoir, les taxes abaissées ne pourront être relevées qu'après un délai de trois mois au moins pour les voyageurs et d'un an pour les marchandises.

Toute modification de tarif proposée par la compagnie sera annoncée un mois d'avance par des affiches.

La perception des tarifs modifiés ne pourra avoir lieu qu'avec l'homologation de l'administration supérieure, conformément aux dispositions de l'ordonnance du 15 novembre 1846.

La perception des taxes devra se faire indistinctement et sans aucune faveur.

Tout traité particulier qui aurait pour effet d'accorder

30

à un ou plusieurs expéditeurs une réduction sur les tarifs approuvés demeure formellement interdit.

Toutefois cette disposition n'est pas applicable aux traités qui pourraient intervenir entre le gouvernement et la compagnie, dans l'intérêt des services publics, ni aux réductions ou remises qui seraient accordées par la compagnie aux indigents.

En cas d'abaissement des tarifs, la réduction portera proportionnellement sur le péage et sur le transport.

Art. 49.

La compagnie sera tenue d'effectuer constamment avec soin, exactitude et célérité, et sans tour de faveur, le transport des voyageurs, bestiaux, denrées, marchandises et objets quelconques qui lui seront confiés.

Les colis, bestiaux et objets quelconques seront inscrits à la gare d'où ils partent et à la gare où ils arrivent, sur des registres spéciaux, au fur et à mesure de leur perception; mention sera faite, sur les registres de la gare de départ du prix total dû pour leur transport.

Pour les marchandises ayant une même destination, les expéditions auront lieu suivant l'ordre de leur inscription à la gare de départ.

Toute expédition de marchandises sera constatée, si l'expéditeur le demande, par une lettre de voiture dont un exemplaire restera aux mains de la compagnie et l'autre aux mains de l'expéditeur. Dans le cas où l'expéditeur ne demanderait pas de lettres de voiture, la compagnie sera tenue de lui délivrer un récépissé qui énoncera la nature et le poids du colis, le prix total du transport et le délai dans lequel ce transport devra être effectué.

Art. 50.

Les animaux, denrées, marchandises et objets quelconques seront expédiés et livrés de gare en gare, dans les délais résultant des conditions ci-après exprimées :

1° Les animaux, denrées, marchandises et objets quelconques, à grande vitesse, seront expédiés par le premier train de voyageurs comprenant des voitures de toutes classes, et correspondant avec leur destination, pourvu qu'ils aient été présentés à l'enregistrement trois heures avant le départ de ce train.

Ils seront mis à la disposition des destinataires, à la gare, dans le délai de deux heures, après l'arrivée du même train.

2° Les animaux, denrées, marchandises et objets quelconques, à petite vitesse, seront expédiés dans le jour qui suivra celui de la remise ; toutefois, l'administration supérieure pourra étendre ce délai à deux jours.

Le maximum de durée du trajet sera fixé par l'administration, sur la proposition de la compagnie, sans que ce maximum puisse excéder vingt-quatre heures par fraction indivisible de 125 kilomètres.

Les colis seront mis à la disposition des destinataires dans le jour qui suivra celui de leur arrivée effective en gare.

Le délai total résultant des trois paragraphes ci-dessus sera seul obligatoire pour la compagnie.

Il pourra être établi un tarif réduit, approuvé par le ministre, pour tout expéditeur qui acceptera des délais plus longs que ceux déterminés ci-dessus pour la petite vitesse.

Pour le transport des marchandises, il pourra être établi, sur la proposition de la compagnie, un délai moyen entre ceux de la grande et de la petite vitesse. Le prix correspondant à ce délai sera un prix intermédiaire entre ceux de la grande et de la petite vitesse.

L'administration supérieure déterminera, par des règlements spéciaux, les heures d'ouverture et de fermeture des gares et stations, tant en hiver qu'en été, ainsi que les dispositions relatives aux denrées apportées par les trains de nuit et destinées à l'approvisionnement des marchés des villes.

Lorsque la marchandise devra passer d'une ligne sur une autre sans solution de continuité, les délais de livraison et d'expédition au point de jonction seront fixés par l'administration, sur la proposition de la compagnie (1).

ART. 51.

Les frais accessoires non mentionnés dans les tarifs, tels que ceux d'enregistrement, de chargement, de déchargement et de magasinage dans les gares et magasins du chemin de fer, seront fixés annuellement par l'administration, sur la proposition de la compagnie.

ART. 52.

La compagnie sera tenue de faire, soit par elle-même, soit par un intermédiaire dont elle répondra, le factage et le camionnage, pour la remise au domicile des destinataires de toutes les marchandises qui lui sont confiées.

Le factage et le camionnage ne seront point obligatoires en dehors du rayon de l'octroi, non plus que pour les gares qui desserviraient soit une population agglomérée de moins de cinq mille habitants, soit un centre de population de cinq mille habitants situé à plus de 5 kilomètres de la gare du chemin de fer.

Les tarifs à percevoir seront fixés par l'administration, sur la proposition de la compagnie. Ils seront applicables à tout le monde sans distinction.

Toutefois, les expéditeurs et destinataires resteront libres de faire eux-mêmes et à leurs frais le factage et le camionnage des marchandises.

---

(1) Voyez *infrà* l'arrêté ministériel du 15 avril 1859.

Art. 53.

A moins d'une autorisation spéciale de l'administration, il est interdit à la compagnie, conformément à l'article 14 de la loi du 15 juillet 1845, de faire directement ou indirectement avec des entreprises de transport de voyageurs ou de marchandises par terre ou par eau, sous quelque dénomination ou forme que ce puisse être, des arrangements qui ne seraient pas consentis en faveur de toutes les entreprises desservant les mêmes voies de communication.

L'administration, agissant en vertu de l'article 33 ci-dessus, prescrira les mesures à prendre pour assurer la plus complète égalité entre les diverses entreprises de transport dans leurs rapports avec le chemin de fer.

TITRE V.

Stipulations relatives à divers services publics.

Art. 54.

Les militaires ou marins voyageant en corps, aussi bien que les militaires ou marins voyageant isolément pour cause de service, envoyés en congé limité ou en permission, ou rentrant dans leurs foyers après libération, ne seront assujettis, eux, leurs chevaux et leurs bagages, qu'au quart de la taxe du tarif fixé par le présent cahier des charges.

Si le gouvernement avait besoin de diriger des troupes et un matériel militaire ou naval sur l'un des points desservis par le chemin de fer, la compagnie serait tenue de mettre immédiatement à sa disposition, pour la moitié de la taxe du même tarif, tous ses moyens de transport.

ART. 55.

Les fonctionnaires ou agents chargés de l'inspection, du contrôle et de la surveillance du chemin de fer seront transportés gratuitement dans les voitures de la compagnie.

La même faculté est accordée aux agents des contributions indirectes et des douanes chargés de la surveillance des chemins de fer dans l'intérêt de la perception de l'impôt.

ART. 56.

Le service des lettres et dépêches sera fait comme il suit :

1° A chacun des trains de voyageurs et de marchandises circulant aux heures ordinaires de l'exploitation, la compagnie sera tenue de réserver gratuitement deux compartiments spéciaux d'une voiture de deuxième classe, ou un espace équivalent, pour recevoir les lettres, les dépêches et les agents nécessaires au service des postes, le surplus de la voiture restant à la disposition de la compagnie.

2° Si le volume des dépêches ou la nature du service rend insuffisante la capacité de deux compartiments à deux banquettes, de sorte qu'il y ait lieu de substituer une voiture spéciale aux wagons ordinaires, le transport de cette voiture sera également gratuit.

Lorque la compagnie voudra changer les heures de départ de ses convois ordinaires, elle sera tenue d'en avertir l'administration des postes quinze jours à l'avance.

3° Un train spécial régulier, dit *train journalier de la poste*, sera mis gratuitement chaque jour, à l'aller et au retour, à la disposition du ministre des finances, pour le transport des dépêches sur toute l'étendue de la ligne.

4° L'étendue du parcours, les heures de départ et d'arrivée, soit de jour, soit de nuit, la marche et les stationnements de ce convoi, sont réglés par le ministre de l'agriculture, du commerce et des travaux publics, et le ministre des finances, le compagnie entendue.

5° Indépendamment de ce train, il pourra y avoir tous les jours, à l'aller et au retour, un ou plusieurs convois spéciaux, dont la marche sera réglée comme il est dit ci-dessus. La rétribution payée à la compagnie pour chaque convoi ne pourra excéder 75 centimes par kilomètre parcouru pour la première voiture, et 25 centimes pour chaque voiture en sus de la première.

6° La compagnie pourra placer dans les convois spéciaux de la poste des voitures de toutes classes, pour le transport, à son profit, des voyageurs et des marchandises.

7° La compagnie ne pourra être tenue d'établir des convois spéciaux ou de changer les heures de départ, la marche ou le stationnement de ces convois, qu'autant que l'administration l'aura prévenue, par écrit, quinze jours à l'avance.

8° Néanmoins, toutes les fois qu'en dehors des services réguliers l'administration requerra l'expédition d'un convoi extraordinaire, soit de jour, soit de nuit, cette expédition devra être faite immédiatement, sauf l'observation des règlements de police. Le prix sera ultérieurement réglé, de gré à gré ou à dire d'experts, entre l'administration et la compagnie.

9° L'administration des postes fera construire à ses frais les voitures qu'il pourra être nécessaire d'affecter spécialement au transport et à la manutention des dépêches. Elle réglera la forme et les dimensions de ces voitures, sauf l'approbation, par le ministre de l'agriculture, du commerce et des travaux publics, des dispositions qui intéressent la régularité et la sécurité de la circulation. Elles seront montées sur châssis et sur roues. Leur poids ne dépassera pas 8,000 kilogrammes, chargement compris. L'administration des postes fera entretenir à ses frais ses voitures spéciales ; toutefois, l'entretien des châssis et des roues sera à la charge de la compagnie.

10° La compagnie ne pourra réclamer aucune augmentation des prix ci-dessus indiqués, lorsqu'il sera nécessaire d'employer des plates-formes au transport des malles-postes ou des voitures spéciales en réparation.

11° La vitesse moyenne des convois spéciaux mis à la disposition de l'administration des postes ne pourra être moindre de 40 kilomètres à l'heure, temps d'arrêt compris ; l'administration pourra consentir une vitesse moindre, soit à raison des pentes, soit à raison des courbes à parcourir, ou bien exiger une plus grande vitesse, dans le cas où la compagnie obtiendrait plus tard dans la marche de son service une vitesse supérieure.

12° La compagnie sera tenue de transporter gratuitement, par tous les convois de voyageurs, tout agent des postes chargé d'une mission ou d'un service accidentel et porteur d'un ordre de service régulier, délivré à Paris par le directeur général des postes.

Il sera accordé à l'agent des postes en mission une place de voiture de deuxième classe, ou de première classe, si le convoi ne comporte pas de voiture de deuxième classe.

13° La compagnie sera tenue de fournir à chacun des points extrêmes de la ligne, ainsi qu'aux principales stations intermédiaires qui seront désignées par l'administration des postes, un emplacement sur lequel l'administration pourra faire construire des bureaux de poste ou d'entrepôt, des dépêches et des hangars pour le chargement et le déchargement des malles-poste. Les dimensions de cet emplacement seront au maximum de 64 mètres carrés dans la gares des départements, et du double à Paris.

14° La valeur locative du terrain ainsi fourni par la compagnie lui sera payée de gré à gré ou à dire d'experts.

15° La position sera choisie de manière que les bâtiments qui y seront construits aux frais de l'administration des Postes ne puissent entraver en rien le service de la compagnie.

16° L'administration se réserve le droit d'établir à ses frais, sans indemnité, mais aussi sans responsabilité pour la compagnie, tous poteaux ou appareils nécessaires à l'échange des dépêches sans arrêt de train, à la condition que ces appareils, par leur nature ou leur position, n'apportent pas d'entraves aux différents services de la ligne ou des stations.

17° Les employés chargés de la surveillance du service, les agents préposés à l'échange ou à l'entrepôt des dépêches, auront accès dans les gares ou stations pour l'exécution de leur service, en se conformant aux règlements de police intérieure de la compagnie.

Art. 57.

La compagnie sera tenue, à toute réquisition, de faire partir, par convoi ordinaire, les wagons ou voitures cellulaires employés au transport des prévenus, accusés ou condamnés.

Les wagons et les voitures employés au service dont il s'agit seront construits aux frais de l'État ou des départements ; leurs formes et dimensions seront déterminées de concert par le ministre de l'intérieur et par le ministre de l'agriculture, du commerce et des travaux publics, la compagnie entendue.

Les employés de l'administration, les gardiens et les prisonniers placés dans les wagons ou voitures cellulaires, ne seront assujettis qu'à la moitié de la taxe applicable aux places de troisième classe, telle qu'elle est fixée par le présent cahier des charges.

Les gendarmes placés dans les mêmes voitures ne payeront que le quart de la même taxe.

Le transport des wagons et des voitures sera gratuit.

Dans le cas où l'administration voudrait, pour le transport des prisonniers, faire usage des voitures de la compagnie, celle-ci serait tenue de mettre à sa disposition un ou plusieurs compartiments spéciaux de voitures de deuxième classe à deux banquettes. Le prix de location en sera fixé à raison de vingt centimes (0 fr. 20 c.) par compartiment et par kilomètre.

Les dispositions qui précèdent seront applicables au transport des jeunes délinquants recueillis par l'administration pour être transférés dans les établissements d'éducation.

Art. 58.

Le gouvernement se réserve la faculté de faire, le long des voies, toutes les constructions, de poser tous les appareils nécessaires à l'établissement d'une ligne télégraphique, sans nuire au service du chemin de fer.

Sur la demande de l'administration des lignes télégraphiques, il sera réservé, dans les gares des villes et des localités qui seront désignées ultérieurement, le terrain nécessaire à l'établissement des maisonnettes destinées à recevoir le bureau télégraphique et son matériel.

La compagnie concessionnaire sera tenue de faire garder par ses agents les fils et appareils des lignes électriques, de donner aux employés télégraphiques connaissance de tous les accidents qui pourraient survenir, et de leur en faire connaître les causes. En cas de rupture du fil télégraphique, les employés de la compagnie auront à raccrocher provisoirement les bouts séparés, d'après les instructions qui leur seront données à cet effet.

Les agents de la télégraphie voyageant pour le service de la ligne électrique auront le droit de circuler gratuitement dans les voitures du chemin de fer.

En cas de rupture du fil télégraphique ou d'accidents graves, une locomotive sera mise immédiatement à la

disposition de l'inspecteur télégraphique de la ligne pour
le transporter sur le lieu de l'accident avec les hommes
et les matériaux nécessaires à la réparation. Ce transport
sera gratuit, et il devra être effectué dans les conditions
telles qu'il ne puisse entraver en rien la circulation publique.

Dans le cas où des déplacements de fils, appareils ou
poteaux deviendraient nécessaires par suite de travaux
exécutés sur le chemin, ces déplacements auraient lieu,
aux frais de la compagnie, par les soins de l'administration des lignes télégraphiques.

La compagnie pourra être autorisée et au besoin re-
quise par le ministre de l'agriculture, du commerce et
des travaux publics, agissant de concert avec le ministre
de l'intérieur, d'établir à ses frais les fils et appareils télégraphiques destinés à transmettre les signaux nécessaires pour la sûreté et la régularité de son exploitation.

Elle pourra, avec l'autorisation du ministre de l'intérieur, se servir des poteaux de la ligne télégraphique de
l'État, lorsqu'une semblable ligne existera le long de la
voie.

La compagnie sera tenue de se soumettre à tous les
règlements d'administration publique concernant l'établissement et l'emploi de ces appareils, ainsi que l'organisation, aux frais de la compagnie, du contrôle de ce service par les agents de l'État.

TITRE VI.

Clauses diverses.

ART. 59

Dans le cas où le gouvernement ordonnerait ou auto-
riserait la construction de routes impériales, départemen-

tales ou vicinales, de chemins de fer ou de canaux qui
traverseraient la ligne objet de la présente concession, la
compagnie ne pourra s'opposer à ces travaux; mais toutes.
les dispositions nécessaires seront prises pour qu'il n'en
résulte aucun obstacle à la construction ou au service du
chemin de fer, ni aucuns frais pour la compagnie.

ART.ᵉ 60.

Toute exécution ou autorisation ultérieure de route, de
canal, de chemin de fer, de travaux de navigation dans
la contrée où est situé le chemin de fer, objet de la présente concession, ou dans toute autre contrée voisine ou
éloignée, ne pourra donner ouverture à aucune demande
d'indemnité de la part de la compagnie.

ART. 61.

Le gouvernement se réserve expressément le droit d'accorder de nouvelles concessions de chemins de fer s'em-
branchant sur le chemin qui fait l'objet du présent cahier
des charges, ou qui seraient établis en prolongement du
même chemin.

La compagnie ne pourra mettre aucun obstacle à ces
embranchements, ni réclamer, à l'occasion de leur établissement, aucune indemnité quelconque, pourvu qu'il
n'en résulte aucun obstacle à la circulation ni aucuns
frais particuliers pour la compagnie.

Les compagnies concessionnaires de chemins de fer
d'embranchement ou de prolongement auront la faculté,
moyennant les tarifs ci-dessus déterminés et l'observation
des règlements de police et de service établis ou à établir,
de faire circuler leurs voitures, wagons et machines, sur
le chemin de fer, objet de la présente concession, pour
lequel cette faculté sera réciproque à l'égard desdits embranchements et prolongements.

Dans le cas où les diverses compagnies ne pourraient
s'entendre entre elles sur l'exercice de cette faculté, le

gouvernement statuerait sur les difficultés qui s'élèveraient entre elles à cet égard.

Dans le cas où une compagnie d'embranchement ou de prolongement joignant la ligne qui fait l'objet de la présente concession n'userait pas de la faculté de circuler sur cette ligne, comme aussi dans le cas où la compagnie concessionnaire de cette dernière ligne ne voudrait pas circuler sur les prolongements et embranchements, les compagnies seraient tenues de s'arranger entre elles, de manière que le service de transport ne soit jamais interrompu aux points de jonction des diverses lignes.

Celle des compagnies qui se servira d'un matériel qui ne serait pas sa propriété paiera une indemnité en rapport avec l'usage et la détérioration de ce matériel. Dans le cas où les compagnies ne se mettraient pas d'accord sur la quotité de l'indemnité ou sur les moyens d'assurer la continuation du service sur toute la ligne, le gouvernement y pourvoirait d'office et prescrirait toutes les mesures nécessaires.

La compagnie pourra être assujettie, par les décrets qui seront ultérieurement rendus pour l'exploitation des chemins de fer de prolongement ou d'embranchement joignant celui qui lui est concédé, à accorder aux compagnies de ces chemins une réduction de péage ainsi calculée :

1º Si le prolongement ou l'embranchement n'a pas plus de 100 kilomètres, dix pour cent (10 0/0) du prix perçu par la compagnie ;

2º Si le prolongement ou l'embranchement excède 100 kilomètres, quinze pour cent (15 0/0) ;

3º Si le prolongement ou l'embranchement excède 200 kilomètres, vingt pour cent (20 0/0) ;

4º Si le prolongement ou l'embranchement excède 300 kilomètres, vingt-cinq pour cent (25 0/0).

Art. 62.

La compagnie sera tenue de s'entendre avec tout propriétaire de mines ou d'usines qui, offrant de se soumettre aux conditions prescrites ci-après, demanderait un nouvel embranchement ; à défaut d'accord, le gouvernement statuera sur la demande, la compagnie entendue.

Les embranchements seront construits aux frais des propriétaires des mines et d'usines, et de manière à ce qu'il ne résulte de leur établissement aucune entrave à la circulation générale, aucune cause d'avarie pour le matériel, ni aucuns frais particuliers pour la compagnie.

Leur entretien devra être fait avec soin aux frais de leurs propriétaires et sous le contrôle de l'administration. La compagnie aura le droit de faire surveiller par ses agents cet entretien, ainsi que l'emploi de son matériel sur les embranchements.

L'administration pourra, à toutes époques, prescrire les modifications qui seraient jugées utiles dans la soudure, le tracé ou l'établissement de la voie desdits embranchements, et les changements seront opérés aux frais des propriétaires.

L'administration pourra même, après avoir entendu les propriétaires, ordonner l'enlèvement temporaire des aiguilles de soudure, dans le cas où les établissements embranchés viendraient à suspendre en tout ou en partie leurs transports.

La compagnie sera tenue d'envoyer ses wagons sur tous les embranchements autorisés destinés à faire communiquer des établissements de mines ou d'usines avec la ligne principale du chemin de fer.

La compagnie amènera ses wagons à l'entrée des embranchements.

Les expéditeurs ou destinataires feront conduire les wagons dans leurs établissements pour les charger ou décharger, et les ramener au point de jonction avec la ligne principale, le tout à leurs frais.

Les wagons ne pourront, d'ailleurs, être employés qu'au transport d'objets et marchandises destinés à la ligne principale du chemin de fer.

Le temps pendant lequel les wagons séjourneront sur les embranchements particuliers ne pourra excéder six heures lorsque l'embranchement n'aura pas plus d'un kilomètre. Le temps sera augmenté d'une demi-heure par kilomètre en sus du premier, non compris les heures de la nuit, depuis le coucher jusqu'au lever du soleil.

Dans le cas où les limites de temps seraient dépassées nonobstant l'avertissement spécial donné par la compagnie, elle pourra exiger une indemnité égale à la valeur du droit de loyer des wagons, pour chaque période de retard après l'avertissement.

Les traitements des gardiens d'aiguilles et de barrières des embranchements autorisés par l'administration seront à la charge des propriétaires des embranchements. Ces gardiens seront nommés et payés par la compagnie, et les frais qui en résulteront lui seront remboursés par lesdits propriétaires.

En cas de difficulté, il sera statué par l'administration, la compagnie entendue.

Les propriétaires d'embranchements seront responsables des avaries que le matériel pourrait éprouver pendant son parcours ou son séjour sur ces lignes.

Dans le cas d'inexécution d'une ou de plusieurs des conditions énoncées ci-dessus, le préfet pourra, sur la plainte de la compagnie et après avoir entendu le propriétaire de l'embranchement, ordonner par un arrêté la suspension du service et faire supprimer la soudure, sauf recours à l'administration supérieure et sans préjudice de tous dommages-intérêts que la compagnie serait en droit de répéter pour la non-exécution de ces conditions.

Pour indemniser la compagnie de la fourniture et de

l'envoi de son matériel sur les embranchements, elle est autorisée à percevoir un prix fixe de douze centimes (0 fr. 12 c.) par tonne pour le premier kilomètre, et, en outre, quatre centimes (0 fr. 04 c.) par tonne et par kilomètre en sus du premier, lorsque la longueur de l'embranchement excédera un kilomètre.

Tout kilomètre entamé sera payé comme s'il avait été parcouru en entier.

Le chargement et le déchargement sur les embranchements s'opéreront aux frais des expéditeurs ou destinataires, soit qu'ils les fassent eux-mêmes, soit que la compagnie du chemin de fer consente à les opérer.

Dans ce dernier cas, ces frais seront l'objet d'un règlement arrêté par l'administration supérieure, sur la proposition de la compagnie.

Tout wagon envoyé par la compagnie sur un embranchement devra être payé comme wagon complet, lors même qu'il ne serait pas complétement chargé.

La surcharge, s'il y en a, sera payée au prix du tarif légal et au prorata du poids réel. La compagnie sera en droit de refuser les chargements qui dépasseraient le maximum de 3,500 kilogrammes déterminé en raison des dimensions actuelles des wagons.

Le maximum sera révisé par l'administration de manière à être toujours en rapport avec la capacité des wagons.

Les wagons seront pesés à la station d'arrivée par les soins et aux frais de la compagnie.

ART. 63.

La contribution foncière sera établie en raison de la surface des terrains occupés par le chemin de fer et ses dépendances ; la cote en sera calculée, comme pour les canaux, conformément à la loi du 25 avril 1803.

Les bâtiments et magasins dépendant de l'exploitation

du chemin de fer seront assimilés aux propriétés bâties de la localité. Toutes les contributions auxquelles ces édifices pourront être soumis seront, aussi bien que la contribution foncière, à la charge de la compagnie.

ART. 64.

Les agents et gardes que la compagnie établira, soit pour la perception des droits, soit pour la surveillance et la police du chemin de fer et de ses dépendances, pourront être assermentés et seront, dans ce cas, assimilés aux gardes champêtres.

ART. 65.

Un règlement d'administration publique désignera, la compagnie entendue, les emplois dont la moitié devra être réservée aux anciens militaires de l'armée de terre et de mer libérés du service.

ART. 66.

Il sera institué près de la compagnie un ou plusieurs inspecteurs ou commissaires, spécialement chargés de surveiller les opérations de la compagnie, pour tout ce qui ne rentre pas dans les attributions des ingénieurs de l'État.

ART. 67.

Les frais de visite, de surveillance et de réception des travaux, et les frais de contrôle de l'exploitation, seront supportés par la compagnie. Ces frais comprendront le traitement des inspecteurs ou commissaires dont il a été question dans l'article précédent.

Afin de pourvoir à ces frais, la compagnie sera tenue de verser chaque année à la caisse centrale du Trésor public une somme de 120 francs par chaque kilomètre de chemin de fer concédé. Toutefois, cette somme sera ré-

31

duite à 50 francs par kilomètre pour les sections non
encore livrées à l'exploitation.

Dans lesdites sommes n'est pas comprise celle qui sera
déterminée, en exécution de l'article 58 ci-dessus, pour
frais de contrôle du service télégraphique de la compagnie par les agents de l'État.

Si la compagnie ne verse pas les sommes ci-dessus réglées aux époques qui auront été fixées, le préfet rendra
un rôle exécutoire, et le montant en sera recouvré comme
en matière de contributions publiques.

ART. 68.

La compagnie devra faire élection de domicile à
Paris.

Dans le cas où elle ne l'aurait pas fait, toute notifica-
tion ou signification à elle adressée sera valable lorsqu'elle
sera faite au secrétariat général de la préfecture de la
Seine.

ART. 69.

Les contestations qui s'élèveraient entre la compagnie
et l'administration au sujet de l'exécution et de l'interprétation des clauses du présent cahier des charges seront
jugées administrativement par le conseil de préfecture du
département de la Seine, sauf recours au conseil d'État.

ART. 70.

Le présent cahier des charges, la convention du *** et
le traité y annexé ne seront passibles que du droit fixe
de un franc.

N° 4.

ARRÊTÉ MINISTÉRIEL

Du 15 avril 1859,

SUR LES DÉLAIS DE TRANSPORTS ET DE LIVRAISON ET SUR L'OUVERTURE ET LA FERMETURE DES GARES.

—

Le ministre secrétaire d'État au département de l'agriculture, du commerce et des travaux publics,

Vu les arrêtés ministériels des 25 mai et 1er septembre 1856 et 15 février 1857, portant fixation des délais dans lesquels les marchandises reçues dans les gares de départ, pour être transportées à grande et petite vitesse sur les chemins de fer, doivent être mises à la disposition des destinataires dans les gares d'arrivée;

Vu les cahiers des charges qui régissent les concessions de chemins de fer;

Vu l'article 50 de l'ordonnance réglementaire du 15 novembre 1846;

Considérant qu'il importe de rendre les dispositions des arrêtés susvisés conformes auxdits cahiers des charges;

Les compagnies entendues,

ARRÊTE :

ARTICLE PREMIER.

Les animaux, denrées, marchandises et objets quelconques remis aux divers chemins de fer seront expédiés, transportés et livrés, de gare en gare, dans les délais résultant des conditions ci-après exprimées :

Grande vitesse.

Art. 2.

Les animaux, denrées, marchandises et objets quelconques, à grande vitesse, seront expédiés par le premier
train de voyageurs comprenant des voitures de toutes
classes et correspondant avec leur destination, pourvu
qu'ils aient été présentés à l'enregistrement trois heures
au moins avant l'heure réglementaire du départ de ce
train; faute de quoi, ils seront remis au départ suivant.

Art. 3.

Pour les animaux, denrées, marchandises et objets
quelconques, passant d'une ligne sur une autre sans solution de continuité, le délai de transmission sera de trois
heures à compter de l'arrivée du train qui les aura apportés au point de jonction, et l'expédition, à partir de ce
point, aura lieu par le premier train de voyageurs comprenant des voitures de toutes classes dont le départ
suivra l'expiration de ce délai.

Le délai de transmission entre les lignes qui, aboutissant dans une même localité, n'ont pas encore de gare
commune, sera porté à huit heures, non compris le temps
pendant lequel les gares sont fermées, conformément aux
deuxième et troisième paragraphes de l'article 5 ci-dessous, et il sera de la même durée entre les diverses gares
de Paris, jusqu'à ce que le service de la grande vitesse ait
été organisé sur le chemin de fer de ceinture, le surplus
des conditions énoncées au paragraphe 1er du présent article restant applicable dans ces deux derniers cas.

Art. 4.

Les expéditions seront mises à la disposition des destinataires, à la gare, deux heures après l'arrivée du train
mentionné aux articles 2 et 3.

ART. 5.

Les expéditions arrivant de nuit ne seront mises à la disposition des destinataires que deux heures après l'ouverture de la gare.

Du 1er avril au 30 septembre, les gares seront ouvertes, pour la réception et la livraison des marchandises à grande vitesse, à 6 heures du matin, au plus tard, et fermées, au plus tôt, à 8 heures du soir.

Du 1er octobre au 31 mars, elles seront ouvertes à 7 heures du matin, au plus tard, et fermées, au plus tôt, à 8 heures du soir.

Les dispositions des trois paragraphes qui précèdent ne sont pas applicables au lait, aux fruits, à la volaille, à la marée et autres denrées destinées à l'approvisionnement des marchés de la ville de Paris et des autres villes qui seraient ultérieurement désignées par l'administration supérieure, les compagnies entendues.

Ces marchandises seront mises à la disposition des destinataires, de nuit comme de jour, dans le délai fixé à l'article 4.

Petite vitesse.

ART. 6.

Les animaux, denrées, marchandises et objets quelconques, à petite vitesse, seront expédiés dans le jour qui suivra celui de la remise.

ART. 7.

La durée du trajet, pour les transports à petite vitesse, sera calculée à raison de vingt-quatre heures par fraction indivisible de 125 kilomètres.

Ne seront pas comptés les excédants de distance jusques et y compris 25 kilomètres. Ainsi, 150 kilomètres compteront comme 125, 275 comme 250, etc.

ART. 8.

Pour les animaux, denrées, marchandises et objets quelconques, passant d'une ligne sur une autre, sans solution de continuité, le délai d'expédition fixé à l'article 6 ne sera compté qu'à la gare originaire et une seule fois; mais il est accordé aux compagnies un jour de délai pour la transmission d'une ligne à l'autre, la durée du trajet, pour chaque compagnie, restant fixée comme il est dit à l'article 7.

Toutefois, à Paris, pour la transmission d'une gare à l'autre par le chemin de fer de ceinture, le délai sera de deux jours; mais il comprendra la durée du trajet sur ledit chemin.

Le délai de transmission entre les lignes qui, aboutissant dans une même localité, n'ont pas encore de gare commune, sera porté à trois jours, le surplus des conditions énoncées au paragraphe 1er du présent article restant applicable dans ce dernier cas.

ART. 9.

Les expéditions seront mises à la disposition des destinataires dans le jour qui suivra celui de leur arrivée effective en gare.

ART. 10.

Le délai total résultant des articles 6, 7, 8 et 9, sera seul obligatoire pour les compagnies.

ART. 11.

Des délais plus longs que ceux déterminés ci-dessus pour l'expédition, le transport et la livraison des marchandises à petite vitesse, sont maintenus dans les tarifs spéciaux où ils ont été introduits, avec l'approbation de l'administration supérieure, comme compensation d'une réduction de prix.

ART. 12.

Du 1er avril au 30 septembre, les gares seront ouvertes, pour la réception et la livraison des marchandises à petite vitesse, à 6 heures du matin, au plus tard, et fermées, au plus tôt, à 6 heures du soir.

Du 1er octobre au 31 mars, elles seront ouvertes à 7 heures du matin, au plus tard, et fermées, au plus tôt, à 5 heures du soir.

Par exception, les dimanches et jours fériés, les gares de marchandises à petite vitesse seront fermées à midi, et les livraisons restant à faire avant la fin de la journée seront remises à la première moitié du jour suivant.

Dans ce dernier cas, le délai fixé pour la perception du droit de magasinage, soit par les tarifs généraux, soit par les tarifs spéciaux homologués par l'administration supérieure, sera augmenté de tout le temps compris entre l'heure de midi et l'heure réglée aux paragraphes 1 et 2 du présent article pour la fermeture des gares.

Dispositions générales.

ART. 13.

Aux délais fixés ci-dessus, tant pour la grande que pour la petite vitesse, seront ajoutés les délais nécessaires pour l'accomplissement des formalités de douanes.

ART. 14.

Toute expédition de marchandises sera constatée, si l'expéditeur le demande, par une lettre de voiture dont un exemplaire restera aux mains de la compagnie et l'autre aux mains de l'expéditeur. Dans le cas où l'expéditeur ne demanderait pas de lettre de voiture, la compagnie sera tenue de lui délivrer un récépissé qui énoncera la nature et le poids des colis, le prix total du transport et le délai dans lequel ce transport devra être effectué.

ART. 15.

Des exemplaires du présent arrêté seront affichés, d'une manière permanente et à la diligence des compagnies, dans l'intérieur et aux abords des gares de voyageurs et de marchandises, et notamment près des bureaux d'enregistrement des marchandises, tant à grande qu'à petite vitesse.

ART. 16.

Les arrêtés susvisés des 25 mai et 1er septembre 1856 et 15 février 1857 sont rapportés.

ART. 17.

Le présent arrêté sera notifié aux diverses compagnies des chemins de fer.

Les préfets, les fonctionnaires et agents du contrôle sont chargés d'en surveiller l'exécution.

Paris, le 15 avril 1859.

E. ROUHER.

Nº 5.

ARRÊTÉ MINISTÉRIEL.

du 25 janvier 1860,

SUPPRIMANT LES TARIFS D'ABONNEMENT.

———

Le ministre secrétaire d'État au département de l'agriculture, du commerce et des travaux publics,

Vu l'article 48 du cahier des charges qui régit les concessions de chemins de fer ;

Vu les articles 44 et 49 de l'ordonnance réglementaire du 15 novembre 1846 sur la police, la sûreté et l'exploitation des chemins de fer ;

Vu les tarifs *dits d'abonnement*, d'après lesquels les expéditeurs s'engagent vis-à-vis des compagnies à remettre au chemin de fer, à l'exclusion de toute autre voie de transport, toutes les marchandises dont ils auront la libre disposition ;

Vu les décisions qui ont autorisé *à titre provisoire* diverses compagnies à mettre ces tarifs en application, et spécialement la réserve suivante, insérée dans les autorisations provisoires accordées aux compagnies :

« La compagnie prendra l'engagement de se conformer à la décision qui interviendra sur la question de l'abonnement ; étant bien entendu d'ailleurs qu'elle aura le droit de retirer son tarif à l'expiration du délai d'application qui sera fixé par l'administration, dans le cas où la condition d'abonnement serait rejetée ; »

Vu les réclamations dont les tarifs *dits d'abonnement* ont été l'objet de la part des conseils généraux des départements, des chambres de commerce et des expéditeurs ;

Vu la décision ministérielle du 16 novembre 1857, qui institue une commission prise dans le sein du comité consultatif des chemins de fer à l'effet de procéder à une enquête sur le principe et l'application des tarifs *dits d'abonnement*, ainsi que sur les réclamations auxquelles ces tarifs ont donné lieu ;

Vu les pièces de l'enquête et le rapport de la commission ;

Vu l'avis du comité consultatif des chemins de fer, en date du 13 novembre 1858 ;

Considérant que les traités particuliers entre certains expéditeurs et les compagnies de chemins de fer sont interdits par les cahiers des charges de ces compagnies ;

Considérant que l'engagement pris par un expéditeur de confier, pendant un temps déterminé, au chemin de fer, à l'exclusion de toutes autres voies de transport, toutes les marchandises dont il pourra disposer, porte atteinte au principe de la liberté du commerce et constitue un véritable traité particulier,

ARRÊTE :

ARTICLE PREMIER.

Sont interdits les tarifs *dits d'abonnement*, d'après lesquels les expéditeurs s'engagent à remettre au chemin de fer, à l'exclusion de toute autre voie de transport, toutes les marchandises dont ils auront la libre disposition.

Art. 2.

Les autorisations *provisoires* accordées par l'administration supérieure à diverses compagnies de chemins de fer pour la mise en application de ces tarifs, cesseront d'avoir leur effet à partir du 1er avril 1860.

Art. 3.

Le présent arrêté sera notifié aux compagnies.

Les préfets et les fonctionnaires du contrôle sont chargés d'en assurer l'exécution.

Paris, le 25 janvier 1860.

E. Rouher.

TABLE DES CHAPITRES.

CHAPITRE PREMIER.

DU CONTRAT DE TRANSPORT EN GÉNÉRAL.

Comment il se forme et se contracte. — Lettres de voiture.

CHAPITRE II.

OBLIGATIONS DES ENTREPRENEURS DE TRANSPORTS.

Section première. — Remise au destinataire. — Tenue de registres.
— Responsabilité.

Section deuxième. — Responsabilité de l'entrepreneur de trans-
ports en cas de perte totale.

Section troisième. — Responsabilité en cas d'avarie.

Section quatrième. — Responsabilité en cas de retard.

CHAPITRE III.

DE L'ACTION EN RESPONSABILITÉ.

Section première. — *De l'exercice de l'action en responsabilité.*

Section deuxième. — *De l'extinction de l'action en responsabilité.*

CHAPITRE IV.

DES AGENTS INTERMÉDIAIRES.

120. Transports opérés par des agents intermédiaires. — 121. Le voiturier ou commissionnaire est responsable des agents inter-

CHAPITRE V.

DES OBLIGATIONS DE L'EXPÉDITEUR ET DU DESTINATAIRE.

Section unique. — Paiement du prix du transport. — Privilége de l'entrepreneur de transports.

CHAPITRE VI.

COMPÉTENCE POUR LES ACTIONS QUI NAISSENT DU CONTRAT DE TRANSPORT.

Section unique. — Compétence à raison de la nature du contrat. — Compétence à raison du lieu. — Domicile et siége social des compagnies de chemins de fer.

CHAPITRE VII.

DE L'ÉTABLISSEMENT DES TARIFS ET DE LA FIXATION DES TAXES

POUR LES CHEMINS DE FER.

Section unique. — Cahiers des charges. — Arrêtés ministériels.

159. Du caractère des cahiers des charges des compagnies de
chemins de fer. — 160. Nulle taxe ne peut être perçue par
les compagnies, sans une concession du gouvernement contenue, soit dans le cahier des charges, soit dans un acte postérieur. — 161. Les taxes, même autorisées, ne peuvent être
perçues qu'après avoir été homologuées par le ministre des
travaux publics. — 162. Motifs de ces dispositions. — 163.
Comment sont établis les tarifs. — 164. Les compagnies doivent

CHAPITRE VIII.

DES DIVERSES ESPÈCES DE TARIFS.

Section unique. — Tarifs à prix réduits. — Tarifs différentiels. Tarifs conditionnels.

CHAPITRE IX.

DU CARACTÈRE ADMINISTRATIF DES TARIFS ET DES CONSÉQUENCES QUI EN DÉCOULENT.

Section unique. — Réclamations. — Compétence administrative.

196. Les tarifs sont des actes administratifs; aussi les tribunaux ordinaires ne peuvent-ils connaître des réclamations qui s'élè-

CHAPITRE X.

RÈGLES SUR L'APPLICATION DES TARIFS.

Section unique.— Bagages.— Masses indivisibles. — Groupage.

CHAPITRE XI.

OBLIGATIONS SPÉCIALES DES COMPAGNIES DE CHEMINS DE FER,
CONSIDÉRÉES COMME ENTREPRISES DE TRANSPORTS.

*Section unique. — Ordonnance du 15 novembre 1846.— Cahier
des charges de 1857-1859. — Arrêté ministériel du 15 avril
1859.*

CHAPITRE XII.

TRANSPORTS AU DELA DE LA VOIE DE FER.

Section unique. — Camionnage. — Services de correspondance.

CHAPITRE XIII.

DES OBJETS ABANDONNÉS DANS LES BUREAUX ET GARES.

Section unique. — Droit de l'État. — Droit de magasinage.

CHAPITRE XIV.

DE QUELQUES TRANSPORTS DONNANT LIEU A L'APPLICATION DE
DISPOSITIONS PÉNALES.

*Section unique. — Transport des lettres. — Transport du gibier.
Transport d'objets frappés de droits de douane.*

Pages.

CHAPITRE XV.

DISPOSITIONS FISCALES.

Section unique. — Timbre des lettres de voiture.

Pages.

TABLE ANALYTIQUE

DES MATIÈRES

PAR ORDRE ALPHABÉTIQUE.

www.ingramcontent.com/pod-product-compliance
Lightning Source LLC
Chambersburg PA
CBHW060915220326
41599CB00020B/2974